Les premières générations

La Poésie du XVIe siècle

Ouvrages de

ROBERT SABATIER
de l'Académie Goncourt

aux Éditions Albin Michel

Essais :

HISTOIRE DE LA POÉSIE FRANÇAISE :

1. La Poésie du Moyen Age
2. La Poésie du XVIe siècle
3. La Poésie du XVIIe siècle
4. La Poésie du XVIIIe siècle
5. La Poésie du XIXe siècle
   * Les Romantismes
   ** Naissance de la poésie moderne
6. La Poésie du XXe siècle
   * Tradition et Évolution
   ** Révolutions et Conquêtes
   En préparation :
   *** Poésie immédiate. Francophonie

L'ÉTAT PRINCIER
DICTIONNAIRE DE LA MORT

Poésie :

LES FÊTES SOLAIRES
DÉDICACE D'UN NAVIRE
LES POISONS DÉLECTABLES
LES CHÂTEAUX DE MILLIONS D'ANNÉES
ICARE ET AUTRES POÈMES
L'OISEAU DE DEMAIN

Romans :

LES ALLUMETTES SUÉDOISES
TROIS SUCETTES A LA MENTHE
LES NOISETTES SAUVAGES
LES FILLETTES CHANTANTES
LES ENFANTS DE L'ÉTÉ
ALAIN ET LE NÈGRE
LE MARCHAND DE SABLE
LE GOÛT DE LA CENDRE
BOULEVARD
CANARD AU SANG
LA SAINTE FARCE
LA MORT DU FIGUIER
DESSIN SUR UN TROTTOIR
LE CHINOIS D'AFRIQUE

Robert Sabatier
de l'Académie Goncourt

HISTOIRE DE LA POÉSIE FRANÇAISE

★★

La Poésie
du XVIe siècle

Albin Michel

IL A ÉTÉ TIRÉ DE CET OUVRAGE
SOIXANTE EXEMPLAIRES SUR VÉLIN
CUVE PUR CHIFFON DE RIVES,
DONT CINQUANTE NUMÉROTÉS
DE 1 À 50, ET DIX HORS COM-
MERCE NUMÉROTÉS DE I À X.

© Éditions Albin Michel, 1975.
22, rue Huyghens, 75014 Paris.
ISBN 2-226-00143-3

I

Pour entrer dans le siècle

Le siècle savant.

L ES spécialistes marquent volontiers les débuts de la Renaissance au moment des guerres d'Italie, vers 1480 et sa fin à la mort de Henri IV ou vers 1624. Il est vrai que, dans le domaine poétique, le changement ne se fait pas sentir au tournant du siècle historique. N'imposons donc point de frontières à ces temps de transition et disons que, après un entracte, le spectacle continue.

La poésie ne s'est pas dévêtue de son habit gothique. Les grands rhétoriqueurs ne se différencient guère apparemment de leurs prédécesseurs immédiats, de même que Marot et les marotiques ne s'en distingueront que par des changements de ton progressifs. Insensiblement, seront abandonnés certains jeux devenus dérisoires pour que place soit faite à un certain sens de la fête rythmant une époque grandiose malgré ses horreurs, à une plus parfaite maîtrise de la science poétique et des lois du nombre conduisant vers les voies du baroquisme ou vers celles du mysticisme ésotérique et religieux quand ce n'est vers de nouvelles clartés.

Nous choisirons de saluer les premières générations qui sont celles des derniers grands Rhétoriqueurs, jusqu'à 1530 environ, puis l'époque de l'école de Marot jusque vers 1550, l'épanouissement de la Pléiade, entre 1550 et 1580, avant d'en venir à la génération des guerres civiles et au temps du Baroque.

Durant les siècles du moyen âge, la poésie a assumé la partie la plus importante de la littérature, la poésie ou tout au moins le poème véhicule d'idées. La fin de l'esprit épique, la libération progressive de l'enseignement, l'épanouissement de la prose ont correspondu à des périodes intermédiaires pendant lesquelles la poésie a cherché sa spécificité.

C'est le temps des Rhétoriqueurs, ces grands raillés et dédaignés de l'histoire, ces méconnus que nous essaierons toujours de comprendre. La première génération du siècle, comme celle qui l'a précédée, semble intermédiaire, sacrifiée, puérile, attardée. Malgré ses tâtonnements, ses maladresses, ses faux pas, ses recherches factices, ses jeux, elle n'est pas étrangère au mouvement qui prépare la Primavera.

Des hommes tentent de retrouver les perles du savoir ancien. Leur Bible, *le Roman de la Rose,* si elle limite parfois les pouvoirs de l'imagination, les guide aussi sur des chemins moins abstraits qu'il n'y paraît.

Le mot *Renaissance* date du XIXᵉ siècle, mais l'idée de restauration existe déjà chez les contemporains de Jean Lemaire de Belges, et l'on dit aussi : restitution, ce qui veut dire restitution du savoir perdu. On pourrait dire aussi : réanimation, tant il est vrai que Virgile ou Ovide, Stace ou Aristote ne cessèrent d'être lus durant des siècles. On pourrait parler aussi de mise au net car il s'agit de laver les textes originaux de leurs malfaçons et de leurs gloses. Cette redécouverte sera inséparable de la poésie.

Ce siècle qui connaît la monarchie absolue voit rois et princes assumer leur rôle traditionnel de défenseurs et protecteurs des arts et lettres, quand ils ne sont pas eux-mêmes des créateurs, comme François Iᵉʳ et Marguerite de Navarre. Bien des seigneurs les imiteront : le cardinal François de Tournon, le connétable Henri de Montmorency ou les cardinaux Jean de Lorraine et Jean Du Bellay, tandis que les cercles lettrés, les groupes de poètes, les établissements d'enseignement humaniste naîtront partout en France.

L'entourage de la poésie est enthousiasmant. L'imprimerie amorce la lutte contre l'ignorance par la diffusion des textes. L'archéologie naît. Les découvertes des navigateurs ouvrent de nouvelles perspectives à la connaissance. Les échanges européens gagnent en fréquence. Les textes classiques sont abordés directement, sans passer par de mauvais filtres. Tout art, toute science, toute recherche va progressant très vite. Dans tous les domaines, il y a ce que nous appelons aujourd'hui accélération.

Ardent, intelligent, conquérant, ce siècle offre une grande diversité. Il a ses novateurs, il a ses attardés, avec chez les uns et chez les autres une vive ardeur combative. Comme aujourd'hui où des romanciers naturalistes ou traditionnels cohabitent avec des théoriciens d'avant-garde, les lecteurs de la Renaissance font encore leurs délices des chansons de geste mises en prose tout en lisant les poètes nouveaux.

L'influence des Rhétoriqueurs se poursuit bien avant dans le siècle. La tête bien faite et la tête bien pleine ne s'opposent qu'en apparence. Des contradictions se complètent. Rabelais et Marot, Ronsard et Montaigne, poètes et prosateurs, ont des points de ralliement. L'ardente physionomie du temps naît de la richesse et du foisonnement. Il est baigné d'intelligence et de sensualité, et quand apparaîtront les graves poètes protestants, les charmes du baroquisme adouciront leur poésie.

Nous trouverons des poètes désireux de versifier la science et d'employer les ressources poétiques pour mener à bien des élucidations scientifiques. Pour tenter de les comprendre, il faut errer parmi des labyrinthes tant leurs sujets d'inspiration sont complexes. Si le lecteur amateur ne peut pas toujours les suivre dans toutes leurs intentions, il existe heureusement des séductions plus directes sous des signes englobant maniérisme et baroquisme, et la luminosité renaissante prend des tons, du sombre au doré, du clair-obscur au multicolore, permettant des visions infinies. Certains poètes, maîtres de leur art et aussi d'autres sciences, ont su ne jamais glisser vers un didactisme facile et ils auraient pu constituer le meilleur garde-fou pour les bavards versifiants du XVIIIe siècle. Au savoir, ces poètes de la Renaissance ont ajouté un supplément de savoir né de leur art. Ainsi, les sciences, la connaissance se sont trouvées soumises à un nouvel éclairage duquel on ne peut les dissocier. Le poète assume alors ses plus nobles fonctions.

La poésie est intégrée dans le grand ensemble de la pensée de son temps. Marot, Scève, Ronsard, D'Aubigné n'en sont pas isolés, et non plus des grands courants politiques et religieux. La poésie participe à toutes les aventures intellectuelles et humanistes. Aussi salue-t-on au passage, sur les chemins de la poésie, les grands écrivains du siècle, les frères, les amis des poètes que nous n'aurons garde d'oublier.

Dès le XVe siècle, Pic de La Mirandole et Marsile Ficin ont remis Platon à l'honneur. Le XVIe siècle a un père nourricier, Érasme, et des maîtres comme Claude de Seyssel, traducteur de Xénophon, Thucydide, Appien, comme Guillaume Budé et Jacques Lefèvre d'Étaples, gens de rigueur, humanistes exemplaires, et contemporains des Rhétoriqueurs.

Lorsque nous rencontrerons les poètes de la génération de François Ier, de Marot et des siens, nous saurons bien que les accompagnent Étienne Dolet, martyr de la traduction, Robert Estienne, François Rabelais et son rire qui retentit jusqu'à nous, Jean Calvin, Pierre Ramus, Théodore de Bèze, Jacques Cujas.

Au milieu du siècle, lorsque triomphera la Pléiade, ce seront Étienne Pasquier, Bernard Palissy, Ambroise Paré, Jacques Amyot, La Boétie qui est aussi poète, et surtout Michel de Montaigne, le maître des *Essais*. Et puis, il y a Guillaume Du Vair, orateur, Béroalde de Verville, conteur baroque, Brantôme, savoureux glaneur d'anecdotes, Jean Bodin, le premier sociologue, Pierre Charron, essayiste, saint François de Sales, prédicateur et poète en prose.

Sans tirer vers la poésie ou le poétique la prose de ce siècle, l'examen attentif de certaines traductions, celles des Anciens notamment, permet de découvrir au cours des phrases de véritables séquences de poésie. On distingue là l'influence des Rhétoriqueurs dont nous avons parlé.

De nombreux poètes vont continuer de s'exprimer en latin, prenant pour modèles Virgile, Ovide, Horace ou Martial. Si en Italie la poésie néo-latine pullule, à Naples notamment et dans les petites cours, et si maints Italiens viennent en France, avec, entre autres, Robert Gaguin, Salmon Macrin, Guillaume du Bellay, Pierre de Bur, Diophilax, Pierre Antravane, Humbert de Montmoret, Valerand de la Varanne, Nicolas Barthélemy, Pierre Rosset, Brixius, Jean Olivier, J.-C. Scaliger, Remacle, George Buchanan, Geoffroy Tory, et encore Jean Bonnefons, Pierre Busseron, Hugues de Colonges, André Des Freux, Pierre Fauveau, Louis-François Le Duchat, Jean Lézeau, Jean Nicodon, sans oublier les Lyonnais Jean Visagier, Nicolas Bourbon, Étienne Dolet, Martin Dolet, Gilbert Ducher, Guillaume Scève, la poésie néo-latine et l'humanisme, dans notre pays, ont des tenants de valeur.

Le plus influent des poètes néo-latins sur la poésie française sera un Hollandais, Jean Everaerts, dit Jean Second (1511-1536) dont les posthumes *Basia,* auprès d'élégies, épigrammes, odes, tombeaux, silves, épîtres, feront toute la gloire. *Les Baisers* seront pour les poètes français la révélation de la sensualité, de la lascivité, de l'érotisme. Une foule de poètes se partageront les dépouilles de Jean Second, et cela durera longtemps, de Rémi Belleau à Claude-Joseph Dorat, Antoine Bertin et à Mirabeau.

La poésie française ne peut être isolée de son contexte européen. L'enseignement a souvent dans le passé oublié de dire quelle est la part des étrangers dans notre florissante poésie que l'on a tendance à prendre pour un phénomène spontané. Au risque d'attenter à une idée étroite de vague orgueil national, avouons, enfants de l'Europe, que la part de l'imitation est à ce point immense, qu'on se demande ce qu'il en serait des plus grands sans leurs fréquentations internationales. Ces phénomènes d'interprétations, on ne peut que s'en réjouir. Le moyen âge français a apporté beaucoup aux autres nations. Ces dernières nous paieront de retour, et notamment les sœurs latines, l'Italie et l'Espagne. Qu'on ne s'étonne pas de voir revenir des noms de poètes italiens en même temps que ceux de l'Antiquité : auprès d'Anacréon, Ausone, Catulle, Horace ou Ovide, apparaissent l'Arioste, Bembo, Berni et les Bernesques, Chariteo, Navagero, Rinieri, Sasso, Sannazar, Seraphino, Tebaldeo, et, avant tous, Pétrarque et son cortège d'imitateurs. La mode est à l'Italie. On trouve en France, et dans toutes provinces, notamment à Lyon, des intellectuels italiens émigrés dont les bagages ne sont pas vides. En retour, il existe une influence française sur l'Italie du xvie siècle et souvent des poètes ayant bu à la source italienne sont à leur tour imités par nos voisins. On apprécie toujours nos vieilles gestes comme on prend chez Pierre de Ronsard ou Guillaume de Salluste Du Bartas. Tout cela est positif ou heureux.

Si, depuis le moyen âge, les Espagnols sont en grande partie délivrés des influences françaises, nous tournons un premier regard vers cette nation, du côté des romans de chevalerie, des *Amadis,* vers des œuvres qu'on connaît parfois par leurs traductions italiennes comme celles de Diego de San Pedro ou de Juan de Flores, vers un Antoine de Guevara que Montaigne connaît bien, vers des Espagnols résidant en France comme Julian de Medrano, mais il ne s'agit que d'un flirt qui sera plus poussé au xviie siècle.

En bref, au xvie siècle, la poésie est celle des frontières ouvertes.

Le rôle du poète dans la société.

A la Renaissance, alors que la civilisation se métamorphose pour un très long cycle, qu'est le poète? qu'est sa fonction dans le cadre général de la société? d'où vient-il? quels sont ses centres d'attraction? quelle est la place de la poésie dans ce siècle brasseur d'idées? Les réponses sont individuelles et les pages qui suivent tentent de les donner. On peut cependant procéder à un regard d'ensemble.

Le rôle apparent du poète parmi les hommes est moins considérable qu'on ne l'imagine, son influence étant souterraine. Pour la plupart, il reste une sorte d'histrion, de domestique supérieur au service du prince, voire un pédant, un faiseur, qui ne peut s'exprimer comme tout un chacun, un décorateur ajoutant ses harangues policées aux guirlandes des cérémonies en l'honneur des naissances, des mariages, des entrées dans les villes, des funérailles des grands. Les jeunes nobles de la Pléiade, en montrant qu'on peut être poète sans déroger, vont combattre ces préjugés, en même temps que leur attitude les laisse plus clairement apparaître. Heureusement, des souverains comme les Valois ne dédaignant pas l'exercice de la poésie vont lui donner un certain lustre.

Toute vie littéraire est dépendante de la cour, c'est-à-dire d'une minorité qui tient le pays en main. L'inexistence des droits d'auteur soumet le poète à la nécessité de se lier à la royauté ou à quelque grand seigneur. Le rôle des protectrices de la cour, Marguerite de Navarre, Diane de Poitiers ou Catherine de Médicis, n'est pas négligeable. L'Église peut aussi être un soutien, mais son emprise sur la société se relâche. Itinérante, la cour va de château en château dans ces pays de Loire propices à la poésie. Le sort des paysans et du petit peuple préoccupe médiocrement. Le grand événement, c'est la guerre qui fait rage, surtout au milieu du siècle. Les malheurs du temps, les espoirs de paix, les grands débats religieux apportent une source d'inspiration qui se mêle à celles de l'amour, de la science et de la nature.

Sur le plan artistique, c'est le temps de Philibert Delorme, de François Clouet, l'ami de Ronsard et de la Pléiade, de l'École de Fontainebleau. On s'éloigne de la représentation religieuse pour sonder l'homme et saisir, à travers une pose plastique, un visage, un regard, une intériorité. Les musiciens paraissent attachés au siècle précédent, que ce soit Clément Janequin, Roland de Lassus ou Josquin des Prés qui n'hésite pas à recourir aux chants populaires et laisse poindre la montée de l'harmonie. Il y aura une création mixte : celle de l'Académie de poésie et de musique.

Le poète ne peut rester en marge des affaires de l'État, de la religion, de la société. S'il parvient à s'imposer, c'est par son attachement religieux, son patriotisme, l'image qu'il projettera de lui-même dans sa vie et dans ses œuvres. Malherbe n'est pas encore venu pour affirmer son inutilité. Certes, il y aura des poètes en marge, opposant la juste révolte de l'individualité contre les clichés sociaux. Intéressants, ils ne figureront pas parmi les reconnus.

Petite géographie poétique.

Paris est, avec Lyon, le plus grand centre intellectuel. La capitale rhodanienne, sur le chemin de Genève et de l'Italie, avec ses imprimeurs, ses humanistes, ses savants, ses poètes français et néolatins, est à peine en retrait. Autour des mécènes et des amateurs, apparaissent Maurice Scève, Louise Labé et Pernette du Guillet. A Poitiers, tout au long du siècle, on trouve une pépinière de poètes. De Toulouse, d'Anjou, des rives de Loire, viennent les Ronsard, les Du Bellay, les Desportes. A Bordeaux sont Montaigne, La Boétie, De Brach, Du Bartas. En Normandie, Bertaut, Robert Garnier, Du Perron, Montchrestien, La Fresnaye ouvrent la voie aux grands Normands du siècle suivant, Pierre Corneille en tête. Partout, à La Rochelle, à Agen, à Montpellier existent des centres intellectuels qui n'ont rien à envier à ceux de Paris. La poésie de langue d'oc, sans cesse étouffée, tente difficilement de se survivre.

C'est vers la capitale de la France que, grâce à un attrait naturel, au mécénat, à l'argent, à la tradition, aux centres d'enseignement, comme le Collège de France créé par François Ier, que convergent les savants, les artistes et les poètes, sans cependant que la centralisation soit totale. Si l'apport de l'Académie fondée par Baïf et Thibaud de Courville est important, il ne s'éloigne pas de celui des académies provinciales. Protégée par Charles IX, puis par Henri III, c'est là que les poètes rencontrent scientifiques, politiques, théologiens et philosophes.

Il existe aussi dans la capitale des préfigurations des salons mondains des XVIIe et XVIIIe siècles. Le pétrarquisme règne au faubourg Saint-Honoré, à l'hôtel de Dampierre où la maréchale de Retz a ouvert un « Cabinet de Dictynne » réunissant Marguerite de Valois, Hélène de Surgères, Pontus de Tyard, Étienne Jodelle, Philippe Desportes, Amadis Jamyn, Guillaume de Salluste Du Bartas. Pétrarquisme aussi chez Madeleine de L'Aubespine, dame de Villeroy, sous les signes rivaux de Ronsard et de Desportes. D'autres animatrices sont madame de Lignerolles, madame de Rohan, madame de Crussol ou mademoiselle de Vitry. Entre les cours d'amour et l'hôtel de Rambouillet, il existe une maintenance où la femme assume le rôle qu'elle peut.

Sous la forme du poème, la poésie reste éloignée du peuple. Si l'avènement de l'imprimerie a multiplié la divulgation des œuvres, s'il existe une nette amélioration, les proportions sont encore bien réduites. Ce que sait le petit peuple de cet art vient plus souvent de la transmission orale que du livre imprimé. Les premiers fabricants de livres, soucieux de rivaliser avec la beauté des œuvres faites par des copistes, s'attachent à la qualité plus qu'à la quantité. La littérature de colportage s'intéresse surtout aux traités moraux et religieux.

L'importance de l'augmentation des tirages sera lente : où l'on tirait cinq cents exemplaires à la fin du xvᵉ siècle, on ne parviendra qu'à multiplier le chiffre par cinq au xviiiᵉ. Le sort des ouvrages de poésie est à peu près le même qu'aujourd'hui. Dans ce domaine, le best-seller n'existe pas. La poésie se venge par sa durée. Mais le poète pour faire fortune, ou simplement vivre, devra trouver ses ressources ailleurs. Seule la louange des princes peut payer assez bien. Il fallait bien tracer ce tableau réaliste avant d'entrer de nouveau dans cette histoire poétique si souvent humiliée, et pourtant si durable, si riche.

2

Les amants de rhétorique au XVIe siècle

Ars Poetica.

Donc, à l'aube du siècle où sera la Renaissance, les « chambres de rhétorique » sont les lieux où le langage est soumis à tous les supplices, à toutes les contorsions, comme pour mieux éprouver sa résistance.

C'est l'enchaînement des traités qui sont de mode depuis Eustache Deschamps. En 1501, cela continue avec *le Jardin de Plaisance* et *l'Instructif de Seconde Rhétorique* d'Infortunatus. Puis c'est le traité de Pierre Fabri en 1521; celui d'Antoine Du Saix que Rabelais traitera de « jambonnier », en 1532; celui de Gratien Du Pont qui nous apprend que l'alexandrin a été inventé par le roi Alexandre (!) en 1539. Il faudra attendre Thomas Sébillet (1512-1589) pour avoir un *Art poétique françois* renouvelé qu'effacera sans lui enlever ses qualités *la Défense et Illustration de la langue française* publiée un an après.

L'ouvrage signé de l'Infortunatus est sérieux. Il constitue un manuel exhaustif et méthodique des moyens prosodiques du temps. Vingt ans plus tard, *le Grand et vrai art de pleine rhétorique* ne change guère. Il propose Alain Chartier pour modèle, traite du langage mesuré, des variétés de rimes, et ajoute aux principaux genres bergerette et pastourelle, chapelet et palinod. Pierre Fabri, en proscrivant latinismes et picardismes, use d'une langue qui fait penser à Rabelais :

> En prohibiant le berengaudiser
> N'escumez point vocabules latines,
> Ne putez point tel vocabuliser

Vous diriger en perpulchres termines,
Mais cogitez les vies et termines
Pour dulcorer vostre tres alme elogue.

Dans *le Brief sommaire des sept Vertus* de Guillaume Télin (mort en 1550), après un survol du genre, on trouve cette définition de la poésie : « divine matière d'infusion de grâce », ce qui est un heureux signe.

Contre la « bimbeloterie » dont nous avons vu et verrons encore des exemples, lutteront Jean Lemaire de Belges, puis Clément Marot, sans se refuser à ces jeux fortement ancrés dans la tradition, dont on trouve encore trace chez les meilleurs poètes de la Pléiade, et qui se perpétueront chez maints précieux et burlesques du XVIIᵉ siècle.

Chose merveilleuse, la poésie demeure dans des pièces dont l'ordonnancement savant garde sa part de mystère et de magie. A travers les siècles, on ne dédaignera pas les jeux de rimes. Passons sur Louis de Neufgermain au XVIIᵉ siècle, et si l'on veut sur Voltaire ou François Panard au siècle suivant, mais le Victor Hugo de *la Chasse du burgrave,* Théodore de Banville nous incitent à ne pas sabrer le genre en trois lignes hargneuses.

Sous l'influence du Surréalisme, Louis Aragon et Paul Éluard, soucieux d'autopsier le corps poétique, ont découvert chez les Rhétoriqueurs, parmi les acrobaties et jongleries de rimes, une connaissance des possibilités poétiques du langage, et ils en ont parfois subi heureusement l'influence.

Se plonger dans Deschamps, Molinet ou Fabri n'est pas indispensable au poète d'aujourd'hui et les meilleures démonstrations sont fournies par les poèmes. Mais si, par curiosité, on veut trouver les ressorts de la technique savante des assouplisseurs de notre langue, on s'étonnera bientôt de la diversité des formes. Auprès des ballades, chants royaux, lais et virelais, rondels et rondeaux, fatras et fatrasies, que de genres, de l'arbalétrière royale à la sotte amoureuse en passant par l'arbre fourchu, l'audengière, la riqueraque, la rotruenge et les baguenaudes! De toutes ces « épiceries », les gens de la Pléiade furent moins dédaigneux qu'ils ne l'ont dit : il n'est que de voir comme un Jodelle ou un Du Bellay savent tourner des vers rapportés.

Le Raminagrobis de Rabelais.

Guillaume Crétin (vers 1460-1525) prit pour devise (comme c'était de mode) « Mieulx que pis ». D'entrée de jeu, disons que

Jean Lemaire de Belges en fait un prince des Rhétoriqueurs, que Marot l'appelle « souverain poète françois », que Geoffroy Tory affirme « que Homère ne Virgiles, ne Dantes n'eurent oncques plus d'excellence en leur stile ». François Rabelais remettra les choses à leur place en faisant du pauvre Guillaume Crétin son Raminagrobis qui répond à Panurge par des conseils sur le mariage dans un triste rondeau tiré, dit-on, des œuvres de Crétin (d'autres disent de Jean Lemaire de Belges) :

> Prenez la, ne la prenez pas.
> Si vous le prenez, c'est bien faict.
> Si vous ne la prenez, en effect,
> Ce sera ouvré par compas.
> Galopez, mais allez le pas.
> Recullez, entrez y de faict.
>   Prenez la, ne...

Guillaume Crétin fut considéré comme un maître de la rime équivoquée. Dans ses décasyllabes, riment non seulement les trois derniers pieds, mais aussi les quatre premiers :

> Quel signe avrai de voir cœurs contrits tant
> Qu'es si navré et te vas contristant
> Comme s'avant l'effroi ne susse pas
> Qu'homme savant dût souffrir sur ce pas ?
> Souffrir hélas ! quand feu où souffre irait
> S'offrir ès lacs, l'eau claire en souffrirait
> Sous franc courage en souffrette souffrons
> Souffrants qu'orage au nez nous blesse au front ?

Il tente aussi de donner une vie physique aux sentiments, de mettre en mouvement une psychologie, et s'il y a échec, simple cliquetis de mots, au niveau de la recherche, l'ambition est respectable. Cet extrait de sa *Plainte sur le trépas de Messire de Byssipat* fournit un intéressant exemple :

> L'adversité
> Du repentin cas fatal récité
> Me rendit lors en sa perplexité
> D'aspre dépit; parquoy fus excité
>   Me mettre en couche :
> Ou l'aguillon de dure et fière touche,
> Les cœurs navrez si treffort pique, et touche,
> Que le plus sain par tristesse en accouche.

A la demande de François Ier, historiographe comme nombre de poètes de la rhétorique, il composa les douze livres de vers des *Chroniques de France*. Des plaintes, déplorations ou débats furent aussi l'objet de commandes. Lorsqu'il s'affranchit de l'obsession du jeu, comme dans ses épîtres, il se montre excellent poète. Clément Marot qui l'appelle « le bon Crétin au vers équivoqué » le suit parfois dans cette voie qui n'est pas pour lui la meilleure.

Comme ses amis, Crétin veut faire entrer dans son poème tant de choses qu'il le rend obèse. De l'érudition, de la science vraie ou tenue pour telle, du latin parfois de cuisine (le franlatin comme le franglais...), des calembours ou des à-peu-près, des rimes tambourinantes, des fioritures inutiles, voilà bien des abus qui conduisent sa poésie hors des limites réjouissantes ou burlesques vers un boursouflage constant qui fait qu'on retient le manieur de mots et qu'on oublie le poète.

André de La Vigne, inspirateur d'Éluard.

André de La Vigne (1457-avant 1527) a eu, dans une même perspective, des réussites. Dans ses *Complaintes et épitaphes du roi de la Basoche,* on trouve ces poèmes qui laissent imaginer des sources pour Rabelais :

> O Atropos, pluthonique, scabreuse,
> Furie aride, sulphurinée, umbreuse,
> Fière boucquine, bugle, cerbère, cabre,
> Beste barbare, rapace, ténébreuse,
> Gloute celindre, cocodrille vibreuse,
> Chymere amere, megerin candalabre,
> Arpie austere, theziphonic alabre,
> Gargarineux, steril, colubrin abre,
> Lac cochitif, comble de pleurs et plains,
> Palut boueux, vil, acheronic mabre,
> Lubre matrone du cru tartarin flabre.

En ce temps-là, libre, plus que libre, la langue était riche, et lisant André de La Vigne, l'image future d'Alfred Jarry ou celle d'Henri Michaux nous apparaît. Et voici qu'il choisit une suite d'épithètes en *A* qui fait perdre le souffle :

> Adverse, aguë, ardante, agonieuse,
> Accidieuse, avare, ambicieuse,
> Ambigueuse, amertume, aggrotee,
> Anagliphere, acerbe, audacieuse,
> Aigre, angoisseuse, aquatique, animeuse,
> Affine affreuse, amoureuse affaictee,
> Antidatee, apocriffe, affectee,
> Acraventee, apostacque, afflictee,
> Alymentee, abominable a voir,
> Agricultee, advortee, assotee,

Aspre, arrestee, , adoptee,
Art angelic affiert a t'esmouvoir.

Antidatée, apocryphe... on le croirait presque de cette poésie gourmande de mots. Ces litanies donnent une idée de conjuration magique de la mort ainsi traitée. C'est le même procédé, mais avec toute la sensibilité et tout le goût dont il est capable, qu'emploiera Paul Éluard dans *Poésie ininterrompue*.

A la matière ancienne, André de La Vigne se fait connaître en signant son poème :

De mes raisins le maculé verjus,
Cy j'est*andré de la vigne* ung vert jus.

Il a fallu un poète comme Éluard pour citer André de La Vigne que les érudits renvoient souvent en l'englobant dans la masse des « inintelligibles ». Ils s'attachent plus volontiers à son journal de l'expédition de Charles VIII en Italie écrit en collaboration avec Octavien de Saint-Gelais où la poésie et l'allégorie cernent la prose. Dans *le Vergier d'honneur,* Bon Conseil et « Je ne sais pas qui » débattent. On pense au *Songe du Verger.* Un sommeil, un rêve, et voilà qu'une noble dame implore le secours de la France. Ici, le poète, relatant l'expédition, déçoit. Commynes a fait mieux. André de La Vigne rime quand il en a le temps, sinon il met en prose. Ce qui est le plus frappant : toilettes, réceptions, entrées dans les villes, brillant, panache. Et s'il y a d'aventure quelque grandeur dans l'expédition, sa poésie reste monotone, ennuyeuse comme de la copie forcée. On le préfère dans ses jeux et les fous des mots s'enchantent où les puristes font la moue :

Au point perfis que spondille et musculle
Sens vernacule, cartilage, auricule,
D'Isis aculle Diana crépuscule
Et l'heure aculle pour son lustre assoupir
Aurora vient qui la cicatrule...

Isis, Diana, Aurora, ces noms propres chargés de mystère ne cesseront de plaire aux poètes : on le verra au temps de Gérard de Nerval.

André de La Vigne fut fécond. En 1496, à Seurre, en Bourgogne, furent représentées les œuvres suivantes : *le Mystère de saint Martin, la Moralité de l'aveugle et du boiteux, la Farce du Meunier.* Metteur en scène, aidé par quelque Sotte confrérie, auteur, il est, dans la farce, plaisant et naturel. On lui attribue aussi deux soties, l'une à huit, l'autre à dix personnages.

Le bon Janot de Clément Marot.

Protégé de la duchesse Anne de Bretagne, Jean Marot (vers 1450-1526) l'accompagna à la cour de France et suivit le roi Louis XII en Italie, puis il fut valet de chambre de François Iᵉʳ. Né d'une famille pauvre de Caen, il dut faire son éducation lui-même, apprendre le latin comme un autodidacte, former son esprit à la lecture du *Roman de la Rose*. On le vit chapelier et sans doute fit-il d'autres métiers ou commerces avant d'être poète de cour.

Si sa gloire fut éclipsée par celle de son fils Clément, il a laissé la trace d'un homme ayant une haute idée de son art. Attaché par l'esprit à la famille des Rhétoriqueurs, il ne partage pas toutes leurs idées. Pour lui, la poésie est chose grave et il en bannit jeux de mots et libertinages. Son fils lui a rendu hommage en l'appelant « le bon Janot » avec tendresse.

Vingt-quatre rondeaux composent son *Doctrinal des Princesses et Nobles Dames* où il donne un art de vivre et des règles de politesse :

> En sa maison doibt la princesse avoir
> Gens bien lettrez. Car ainsi qu'on peut veoir
> Que l'arbre et le fruict le verger embellit,
> L'homme sçavant sa demeure ennoblist
> Par la doctrine yssant de son sçavoir.

Plus que les rondeaux et ballades de *la Vray Disante Advocate des Dames,* son œuvre à retenir est un ouvrage de circonstance supérieur à ses vers amoureux : *Jean Marot de Caen sur les deux heureux voyages de Gênes et Venise, victorieusement mys a fin par le tres chretien roy Loys douziesme de ce nom.* Les rythmes y sont variés, et, malgré le symbolisme allégorique, tout en gardant souci de vérité, son imagination se donne libre cours. Lorsqu'il montre l'entrée de Louis XII à Milan, il retrouve le ton descriptif et magnifiant de certaines gestes :

> Ainsi vestu, luisant comme cristal,
> Sur un coursier blanc caparaçonné,
> Entre a Milan : lors sembloit Hannibal,
> Ou Alexandre estant sur Bucifal,
> En son triomphe heureux et fortuné.
> Un aultre curre au devant fut mené,
> Plein de guidons, enseignes, estendars,
> Pavois, armets, cuiraces, flesches, dars,
> Lances, bourdons, targes, harnois dorés :
> Onques Scipions, Pompees ou Cesars,

A Rome entrans dessoubs triumphans arcs
Ne furent tant pour un jour décorés.

Jean Marot fait suivre son bataillon de vers par une musique plus délicate, ajoutant un air de fête, ainsi qu'en témoigne ces vers énumératifs dignes de Ronsard :

Trompes et buccines,
Clairons et doulcines,
Luths, rebecs, orguines,
Tabours, chalemines
Sonnent qui mieulx mieulx
Chansons, motets, hymnes,
Luanges divines
En voix argentines
Des gestes insignes
Du Victorieux.

Ce goût des sonorités musicales, on le retrouve dans cet extrait hors musique de la fresque de Clément Janequin : *la Bataille de Marignan* en remarquant au passage que cela commence comme le poème *Tournez, tournez bons chevaux de bois...* de Paul Verlaine et continue comme *le Grand Combat* d'Henri Michaux.

Soufflez, jouez, soufflez toujours,
Tournez, virez, faictes vos tours,
Phifrez, soufflez, frappez tabours...
Tournez, tournez, brayez, tournez,
Gros courtault et faucons,
Pour resjouir les compagnies,
Pour resjouir les compagnons.

Donnez des horions, pati patac,
Tricque, tricque, tricque, tricque,
Chipe, chope, serre, serre, serre...

Les grands événements de l'époque sont rythmés par la voix de ces poètes qu'on a toujours eu tort de réduire aux seuls jeux rhétoriques. Au temps de Charles VIII, de Louis XII, de François Ier, aucun d'eux ne reste étranger aux mouvements de l'histoire et de la politique. De Guillaume Crétin, poète national engagé qui, dans le monument enfoui des quarante mille vers de ses *Chroniques,* reste sans cesse présent et attentif, que ce soit à la journée des Éperons où il invective les fuyards, aux Flamands et Bourguignons qu'il admoneste parce qu'ils manquent de respect envers le roi, ou au vœu des Parisiennes de voir le souverain quitter les dames d'Amboise pour la capitale, de Guillaume Crétin donc à André de La Vigne, Jean d'Auton, Alione d'Asti, Jean Lemaire de Belges, Pierre Gringore, chacun se montre inséparable des événements du temps.

Le bon Janot, même soumettant son art à ces nécessités, sait le préserver. S'il sert Louis XII pour sa lutte contre le pape Jules II dans son *Voyage de Gênes* et si dans celui de *Venise* il remonte à Attila, il dépasse l'engagement et l'histoire par son amour de la description somptueuse des triomphes et de leurs arcs, des draps d'or, des vêtements de cérémonie, bijoux et parures. Il sait par d'ingénieuses variations des tons et des rythmes briser la monotonie des chroniques rimées. Bien sûr, sa manière d'introduire les dieux de l'Olympe dans ses narrations peut faire sourire, mais il faut accepter la convention de l'époque et le côté grand opéra de ces œuvres.

Il existe des négligences, des tours forcés, des césures mal situées, des rimes faussement assemblées comme *Hercules* et *Achilles, genre et guerre,* etc. Il prend ces libertés des auteurs de geste qui n'y regardaient pas de si près, mais il sait décrire, donner une bonne architecture, il emploie un vocabulaire étendu, adapte le mètre au sujet. En bref, un poète critiquable, un poète dont la manière est respectable, un poète vrai comme l'a rapporté son fils Clément Marot évoquant ses paroles :

> C'est un sçavoir tant pur et innocent,
> Qu'on n'en sauroit à créature nuyre.
> Par preschemens le peuple on peut seduyre,
> Par marchander tromper on le peut bien,
> Par plaiderie on peut mener son bien,
> Par medecine on le peut bien tuer,
> Mais ton bel art ne peut tels coups ruer.

D'autres rhétoriqueurs « nationaux ».

Une rhétorique rompue aux usages de cour servait donc à chanter l'histoire. Ainsi, Jean d'Auton, cet « équivoqueur » dans le goût de Molinet et de Crétin qui, comme Jean Marot, célébra *la Chute de Gênes la Superbe,* haut fait d'armes inattendu qui surprit l'Europe. Ce partisan d'une victoire sans quartier put triompher, mais Louis XII sut se montrer magnanime, ce dont le félicita Jean de Saint-Gelais, frère d'Octavien le poète, avant que Jean d'Auton se rallie à cette idée. Dans son poème il tente de s'élever à l'héroïque en s'aidant des dieux de la mythologie et des grands hommes du passé.

De même, la victoire de Venise lui inspirera une *Épître au nom des trois états de France,* louangeuse à l'excès, avec interventions d'Hector, de Vulcain, de Minerve, de Pallas, et du cheval Pégase.

Béni par tous, Louis XII le sera aussi par Église, Noblesse et Labeur. Ces poèmes valent pour la curiosité plus que pour la poésie ou même pour l'histoire car on a fait mieux en prose. Il n'empêche que Jean Bouchet flatte le roi en vers et que Jean Lemaire de Belges lui promet l'immortalité.

Un Piémontais, Alione d'Asti (1460-1523) écrivit un *Voyage et conquête de Naples.* Maniant bien le décasyllabe, il sut traduire ses sentiments francophiles dans des vers à l'école des Rhétoriqueurs, en terminant ses strophes par des maximes. Apologie de la France jusqu'à l'amphigouri lyrique, sans doute cela s'ajoutant à un esprit indépendant et satirique lui valut-il de connaître les prisons italiennes. Ayant célébré les Français de Charles VIII, il recommence avec ceux de Louis XII dans *la Prise de Milan,* allègre, enlevée, en couplets dignes de tenter la musique, avec l'utilisation pour se moquer des Suisses défaits d'un baragouin mi-français, mi-allemand fort curieux. Notre francisant aimait manier les langues et les mêler, nous nous en apercevrons plus loin.

Si un *Gouvernement des trois états du temps qui court* est signé de P. de La Vacherie, si un *Couronnement du roi François Ier* est composé en vers et en prose par Pasquier Lemoyne, si la détention des enfants du même roi inspire à Jean de Clauso *la Complainte de la France,* si Jean Divry ajoute *les Triomphes* de la France, si Clément Janequin compose sa *Chanson de la Guerre* qu'on reprendra au XIXe siècle, si le grand humaniste Guillaume Budé lui-même écrit un médiocre poème lent et docte, bien des contributions sont anonymes. On trouve une *Complainte sur le départ du roi Charles VIII en Italie* où, dans un nouveau songe du verger, le poète fait apparaître une dame gémissante.

Le Traverseur des Voies périlleuses.

Jean Bouchet (1476-vers 1550) était procureur à Poitiers, ville de poètes où l'on peut citer pour cette première période du siècle Jean Bresche, Germain Émery, Pierre Gervaise, François Thibault, Pierre Rivière, Jacques Godard et... François Rabelais. De Jean Bouchet, on peut dire « il fut homme de bien et cultiva les lettres », publiant épîtres, dicts, chansons, bergeries, moralités, triolets, rondeaux, ballades, épitaphes pour les rois de France, cantiques, et aussi comme il nous le dit :

> Dizains d'amour, épistres, élégies
> Des accidents et choses mal régies
> En l'art d'aimer...

Prenant le nom de « Traverseur des Voies périlleuses », il se composa une anagramme : « Ha bien touché » qui s'accorde à son goût de la satire. Auteur lui aussi d'ouvrages historiques en prose et en vers, il n'excella en aucun endroit sans être cependant négligeable. Pédant, monotone, il ne l'est pas plus que ses contemporains. Ayant vécu longtemps, de Villon à Ronsard, pourrait-on dire, il ne repoussa pas les courants nouveaux. Il a laissé des indications sur le nouvel usage de pratiquer l'élision, de mêler rimes masculines et féminines, et cela en prose ou en vers didactiques.

Honnête homme, grand bourgeois cultivé, témoin de son temps, il a fait figure de chef d'école. Rabelais le complimente :

> Et quant je liz tes œuvres il me semble
> Que j'aperçoy ces deux pointz tout ensemble,
> Esquels le prix est donné en doctrine,
> C'est à sçavoir : doulceur et discipline.

Des titres : le *Jugement poétique de l'honneur féminin, l'Amant transi* qu'il reniera, un didactique *Patron selon l'ordre de l'ABC* pour les filles désireuses d'apprendre à écrire, *les Angoisses et remèdes d'amour,* etc. Occupé par la procédure, il ne demanda au Temps qu'une heure par jour pour sa poésie et sa production fut copieuse.

Il est amusant de savoir que, après Eustache Deschamps, il se mêla de donner en vers des conseils aux nourrices sur l'allaitement. On trouve également des considérations sur « les suites déshonnêtes de l'ivrognerie féminine ». On le préfère faisant l'éloge de notre langue, ce qui n'empêchera pas Du Bellay de renvoyer ces « Traverseurs » à la Table Ronde. *Le Quintil Horatian,* traité dont nous parlerons lorsqu'il sera temps, le défend en ces termes : « Le Traverseur Bouchet, pour son temps, a été loué et l'est encore comme chaste et chrétien scripteur, non lascif et paganisant comme ceux du jourd'huy et il a fait et poursuivi grands et continuels œuvres, pas petites sonneries. » Cet homme né au XVe siècle fut l'ami de Clément Marot, de Mellin de Saint-Gelais et de Rabelais.

Jean Parmentier, le navigateur.

Jean Bouchet jeta quelques fleurs à Jean Parmentier (1494-1529) le disant « poète altiloquent, historien, orateur excellent ». Remarquable, Jean Parmentier l'est tout d'abord par sa biographie aventureuse. Ce marin dieppois mourut à Sumatra. Il avait été, dit-on, le premier Français qui eût abordé au Brésil. Il était donc marin, pionnier des terres inconnues, cosmographe, et en même temps humaniste connaissant bien l'œuvre de Pic de La Mirandole, savant, et traducteur de Salluste. Son bateau s'appelait « la Pensée » et celui que pilotait son frère Raoul Parmentier, « le Sacré ». Parmi les voyageurs, se trouvait Pierre Grignon qui fit imprimer Jean Parmentier et ajouta un prologue et une *Déploration sur la mort desdits Parmentier,* faisant la relation du voyage tragique où moururent ses amis; il laissa des poèmes publiés dans les recueils du puy de Rouen. Des compagnons, pour cette vaste expédition, il en était en nombre, de Jean Masson qui connaissait la langue malaise à tout un cortège de « matelots, canonniers, arquebusiers, tambours, fifres, trompettes, chapelains, argentiers, barbiers, médecins, interprètes, astrologues » comme en témoigne le journal de bord de Pierre Grignon. L'armateur qui finançait de tels voyages était le Dieppois Jean Ango, le « Jacques Cœur de l'Océan » qui entretenait autour de lui une atmosphère d'humanisme et d'art, recevant dans sa demeure, décorée par les plus illustres Italiens renaissants, le roi François Ier.

Les deux frères Parmentier furent victimes d'une épidémie. Tant en mer que sur terre, Jean n'avait cessé d'écrire ballades, chants royaux, rondeaux, moralités, participant aux puys de Dieppe et de Rouen. Il composa avec son frère Raoul :

> Astrolabes, sphères et mappemondes,
> Cartes aussi pour connoistre le monde.

il écrivit surtout ses *Merveilles de Dieu et de la dignité de l'homme* donnant à la mer une poésie vivante, faite d'art et d'expérience, en se montrant digne de Victor Hugo, de Charles Baudelaire ou de Lautréamont. Les périls et le merveilleux sont évoqués avec chaleur et le poète voyage sur la Pensée et le Sacré, noms de ses navires. La perfection formelle s'unit à un lyrisme cosmique qui sera celui des poètes renaissants. Une récente édition des œuvres de Jean Parmentier, due à Françoise Ferrand, l'a bien montré. Ce poète a su libérer la poésie de bien des conventions avec la hardiesse d'un découvreur de terres. Voici un hommage à la mer :

> Qui congnoistra les merveilles de la mer,
> L'horrible son, plein de peril amer,
> Des flots esmeus et troublez sans mesure?
> Qui la verra par gros ventz escumer,
> Pousser, fumer, sublimer, s'abysmer,
> Et puis soubdain tranquille sans fracture?
> Qui congnoistra son ordre et sa nature?
> Mais qui dira : j'ay veu telle adventure,

> Sinon celuy qui navigue dessus ?
> Celuy la peult bien dire par droicture :
> O merveilleuse et terrible facture
> Du Merveilleux qui habite la sus.

Ceux-là aussi bien oubliés...

Ils eurent leur temps de succès, puis la Renaissance à son début les enterra. Ainsi, Laurent Desmoulins et sa satire en décasyllabes : *Catholicon des Maladvisez, autrement dit le cymetière des malheureux* où les morts sortent du cercueil pour venir lui raconter misères, vices et regrets. Ainsi, Simon Bougoing, valet de chambre de Louis XII, traducteur de Lucien, auteur de *l'Espinette du jeune prince conquérant le royaume de Bonne Renommée* où un poème, *le Véritable amant,* commence ainsi :

> Les bons amants deux cœurs en un rassemblent,
> Penser, vouloir, mettent en un désir,
> Un chemin vont, jamais ne se dessemblent,
> Ce que l'un veut, l'autre l'a à plaisir.

Allégorique est Guillaume Michel dans son pédantesque ouvrage, *la Forêt de Conscience contenant la Chasse des Princes spirituelle* où Contrition, Confession et Restitution déguisées en lévriers mettent péché en fuite.

La poésie didactique se perpétue avec Nicolas de La Chesnaye, mêlant vers et prose dans *la Nef de santé* ou, dans la manière des Enfants sans Souci, *la Condamnation de Banquet,* avec Ambroise Sergent qui donne un *Traité de la Peste* traduit d'un livre latin de De Atila. Elle incline vers le religieux quand Olivier Conrard mêle à sa prose vers latins et français dans son *Miroir des pécheurs,* quand Jehan Venette étend son *Livre des trois Maries* à toute leur famille, quand Nicolas Mauroy donne *les Hymnes de l'année,* quand le chanoine Destrées écrit des poèmes hagiographiques tirés de *la Légende dorée* de Jacques de Voragine. Elle sert à l'histoire quand le chroniqueur Nicole Volcyr de Sérouville fait une *Chronique abrégée par petits vers huitains des empereurs, rois et ducs d'Austrasie.* Elle devient moraliste quand Jean Divry dit *les Étrennes des filles de Paris* ou *les Secrets et lois du mariage.* Il excelle dans la satire narquoise, mais s'il quitte son naturel, il se montre pédant et plat, cet ennemi de Plate-Bourse dans la tradition villonesque, et ce bohème va nous amener à considérer quelques « natures » triomphant par leur joyeuseté.

3

Grand bal à la fête des fous

Un personnage pour Hugo : Pierre Gringore.

Entre Villon et Marot coule le fleuve des Rhétoriqueurs. Certains, malgré leur goût des jeux, affirment une personnalité attachante. Préservés par le théâtre ou la tradition populaire, leurs habiletés paraissent moins gratuitement employées. Leurs muses sont gaillardes, ils n'ont pas oublié la tradition des fabliaux, et ces gothiques que sont Pierre Gringore, Jehan du Pont-Alais et Roger Collerye ou Pierre Grognet et Charles de Bourdigné appartiennent bien à la race noctambule des coureurs de tavernes. Parallèlement aux cercles littéraires, des lieux comme « la Pomme de Pin » connue de Villon, glorifiée par Mathurin Régnier et Saint-Amant, sont propres à inspirer de francs lurons, de joyeux drilles, des fols qui n'en oublient pas pour autant d'être respectueux de la bonne Vierge et de son Fils.

Après des années aventureuses passées à suivre les armées d'Italie, Pierre Gringore se rangea sous la bannière des Enfants sans Souci et eut l'honneur d'accéder à la dignité seconde de cette confrérie, celle de Mère Sotte tandis que le nommé Pont-Alais était Prince des Sots.

Pierre Gringore, de 1502 à 1517, dirige l'exécution des Mystères à Paris. Son *Cri du Prince des Sots,* en forme de ballade, marqué par la verve énumératrice des rhétoriqueurs, est significatif d'un état d'esprit :

> Sotz lunatiques, sotz estourdis, sotz rages,
> Sotz de villes, de chasteaulx, de villages,

> Sotz rassotés, sotz niais, sotz subtilz,
> Sotz amoureux, sotz privés, sotz sauvages,
> Sotz vieux, nouveaux et sotz de tous âges,
> Sotz barbares, estrangerz et gentilz,
> Sotz raisonnables, sotz pervers, sotz retifz,
> Vostre Prince, sans nulles intervalles,
> Le mardy gras, jouera ses jeux aux Halles.

Auprès de ce coup de tambour annonciateur d'une représentation, Pierre Gringore a écrit des poèmes moraux et didactiques comme ses *Proverbes* en quatrains :

> Selon la beste on doibt donner fardeau;
> On bat souvent le cheval pour mieulx tire;
> Paovre ignorant des folz souffre martyre;
> Le laboureur de vin boit souvent eau.

Son *Chasteau de Labour* met en scène des allégories donnant des conseils à un jeune couple. Son *Chasteau d'Amour* s'en prend aux femmes. Dans *les Folles entreprises, les Abus du monde, les Feintises du monde,* il manie la satire. Dans *le Blason des hérétiques,* contre Luther, dans *les Heures Nostre-Dame, les Chants royaux, les Paraphrases des Sept Psaumes,* il entretient de piété.

Ses œuvres de théâtre lui assurent un succès public. Le théâtre des Mystères le tente avec son *Mystère de Saint Louis,* celui des moralités avec *l'Homme obstiné,* celui des farces avec *le Jeu du Prince des Sotz et de Mère Sotte, les Fantaisies* ou *les Menus Propos de Mère Sotte.* Avec ses confrères Simon Bougoing, auteur du *Juste et le Mondain* et Nicolas de La Chesnaye, de *la Condamnation de Banquet,* moralités, et aussi Jehan d'Abondance, il fait régner le théâtre en maître, qu'il soit religieux ou profane, moraliste ou politique.

Dans *le Jeu du Prince des Sots,* Pierre Gringore n'hésite pas à faire monter le pape Jules II sur les tréteaux des Halles pour le livrer aux risées de la foule. Cette comédie politique se place à la tête d'une tradition reprise aujourd'hui par le jeune théâtre engagé. Ces réunions autour de Sots et Sottes, à grand renfort de trompes et de tambourins, tenaient du meeting populaire. Unissant liberté, franchise, joyeuseté, elles disaient la vérité. Nos ancêtres, tout en étant pieux, ne se gênaient pas pour se gausser du pape, et cette audace montre que sous Louis XII régnait la liberté de parole. Il faut dire aussi qu'attaquer le pape était dans le sens de l'histoire.

Au nom de sa devise : « Tout par Raison, Raison partout, Partout Raison », Pierre Gringore attaqua tout ce qui pouvait porter ombrage au roi : le pape et l'Église, les bourgeois, les médecins, les membres des confréries eux-mêmes, sans oublier les étrangers comme les Vénitiens qu'il ne ménage pas. Pamphlétaire, il l'est par tous les moyens, du poème au théâtre. Sa verve en fait une sorte d'Aristophane français. Il excelle à dire les méfaits de la guerre et les bienfaits de la paix :

> Les anciens et vieulx tiennent propos
> Du temps passé, buvans vins à plein potz,
> On voit en bruit sciences et disciplines,
> Et jeunes gens instruitz en lois divines.
> Filles on voit pourveues par honneur
> De bons maris; mères alors ont cueur
> Délibéré faire leur délivrance.
> Mais quant guerre est mise sus par oultrance,
> Hélas, vray Dieu! que peult-on estimer,
> Sinon que c'est une très grande mer
> Qui de tous maulx débordant vous inonde,
> En submergeant toutes choses du monde.

Épousant la cause nationale, il va jusqu'à l'injure dans *la Complainte des Milanais, l'Entreprise de Venise, l'Obstination des Suisses* ou *l'Espoir de la Paix.* Sa *Chasse au Cerf des Cerfs,* contre le pape, joue sur un jeu de mots avec le titre de *servus servorum* que se donnait le souverain pontife.

Homme cultivé, universel, metteur en scène, auteur, moraliste, pamphlétaire, sermonneur, dévot à la fin de sa vie, nourri du *Roman de la Rose,* ce qu'il a de meilleur naît de la voix populaire et l'on assiste à des oppositions villonesques entre les périodes de joie et de jouissance et celles des regrets, de la pauvreté, de la solitude. Vigoureux dans ses œuvres satiriques, profond dans son Mystère, il montre une solennité au-dessus de la valeur de ses vers. En effet, il a quelque chose de heurté, de négligé, et il n'équilibre pas toujours l'art et la spontanéité, ce qui l'arrête au seuil de la très grande poésie.

A défaut du génie d'un Rabelais, cet auteur fécond et sincère reste la figure originale de son époque. Victor Hugo, par un coup de pouce chronologique, le met en scène en le romantisant dans *Notre-Dame de Paris,* de même que Théodore de Banville dans *Gringoire.* L'anachronisme hugolien montre bien que dans l'esprit du poète, Pierre Gringore se rattache plus volontiers au moyen âge qu'à la Renaissance.

Songecreux et Bontemps.

Jehan de l'Espine du Pont-Alais, Prince des Sots, se fait aussi appeler Songecreux. Ce bateleur des Halles qui plante ses tréteaux à la pointe Sainte-Eustache, au pont des Alais, semble avoir été fier compagnon si l'on se réfère à Bonaventure Despériers qui vante ses bons tours, ses farces joyeuses. Dans ces dernières, il allait un peu loin et lorsque sa plume s'exerçait contre les gens de cour, il l'acérait à ce point que François Ier, moins libéral que ses prédécesseurs à l'égard de ce genre de théâtre, lui fit faire un tour en prison. On dit qu'il s'en évada.

Pont-Alais est l'ennemi des préjugés qui enfantent la bêtise. Ses *Contredits de Songecreux,* âpres, chargés d'ironie, s'en prennent à divers états, ceux du drapier, du boucher, du médecin, du notaire, du soldat, du noble, du courtisan, et il parle des arts de forger, de naviguer, de chasser, de pêcher. Il trace une peinture de la société où l'on retrouve des types éternels, des caractères inhérents aux professions. Il s'attaque avec force au pouvoir de l'argent :

> Qui argent a, la guerre il entretient,
> Qui argent a, gentilhomme devient,
> Qui argent a, chacun lui fait honneur :
> C'est monseigneur;
> Qui argent a, les dames il maintient,
> Qui argent a, bon bruit lui advient,
> Qui argent a, c'est du monde le cueur,
> C'est la fleur.
> Sur tous vivants, c'est cil qui peult et vault;
> Mais aux meschans, toujours l'argent leur fault.

Fougueux, audacieux, il utilise une langue du peuple, haute en couleur, digne de la satire bouffonne. Cette célébrité populaire sera mentionnée par Bonaventure Despériers, et aussi Clément Marot et François Rabelais.

Roger de Collerye (mort en 1536) est de même race. S'y ajoute la faconde bourguignonne : il fut longtemps secrétaire de l'évêque d'Auxerre. Son nom « Roger Bontemps » tout prêt pour Béranger est sans cesse justifié :

> Or qui m'aymera, si me suyve
> Je suis *Bon Temps,* vous le voyez.

Éclatant de santé, se mêlant de chansons et mascarades, se faisant le mari de Mère Folle, ami du vin de Bourgogne, il est goguenard dans *le Dialogue des Abusés* ou *le Sermon pour une noce.* Gaillard comme Villon, il eut comme lui sa part de misères. Sincère, franc, il s'en prend à Faulte d'Argent, cette allégorie qui rend l'homme « triste et pensif, tremblant comme la feuille ». De modeste origine, ce qui, soit dit en passant, est le cas de bien des Rhétoriqueurs dont les noms fleurent la roture, il dut se mêler de tâches flagorneuses, comme tous. Voici le début d'un rondeau, genre où il excelle :

> D'ung tel ennuy que je souffre et endure,
> Femme, fleur, fruyt, ne plaisante verdure,
> Ne me sçauraient nullement resjouyr;
> Faulte d'Argent me faict esvanouyr;
> Jà long temps a que ce malheur me dure.

Curieux, bohèmes et macaroniques.

Chaque année, lors du 1er avril, on cite le nom d'Eloy d'Amerval car dans son poème *la Grande Dyablerie,* il est fait allusion au fameux poisson. Cet ecclésiastique de Béthune publia une première édition en 1495 et une deuxième en 1508 sous le titre que nous connaissons.

Il s'agit d'un dialogue en octosyllabes entre Lucifer et Satan. Ils échangent des kyrielles d'injures. On ne recrute pas assez pour l'Enfer. Il y a là une occasion à préceptes moraux lorsque défilent pécheurs et pécheresses, mais il est à penser que les contemporains d'Eloy d'Amerval durent plutôt se réjouir du tableau salé des vices et défauts.

C'est le thème des danses macabres, mais ici les humains sont pris sur le fait même de l'existence. D'un chapitre à l'autre défilent garçons et filles, maris et femmes, écoliers et étudiants, et tous les corps de métiers, de l'arracheur de dents menteur aux vignerons de Satan en passant par magistrats, marchands, meuniers, bouchers, taverniers, etc. L'ensemble est prosaïque, mais d'une narration souple et imagée, avec une complaisance déjà rabelaisienne à décrire des défauts exacerbés et caricaturés. Le naturalisme va jusqu'à la grossièreté et si ce livre n'avait pas été pour la correction des péchés, il aurait mérité son enfer. Son réalisme descriptif, sa fermeté de ton font que ce poème sans fard se lit mieux que certaines œuvres plus achevées, plus compliquées des contemporains de ce curieux abbé Eloy d'Amerval.

Nos provinces donnèrent d'autres poètes de la lignée des Pierre Gringore et Jehan du Pont-Alais, joyeux et prolixes. On a comparé à Collerye son compatriote Auxerrois Pierre Grognet (mort en 1540), sans doute pour son rondeau *Contre les taverniers qui brouillent les vins,* mais il n'en a pas les qualités. Qu'il donne une *Louange des Femmes* ou paraphrase Sénèque, il se montre pesant et sentencieux. Mais ses blasons des villes comme Auxerre, Lyon, Orléans, Tours, Sens, Paris ont un intérêt historique.

Pierre Vachot a plus de vigueur dans une ballade chauvine et patriotique dont le refrain est *Car France est cimetière aux Anglais.* Jacques d'Adonville, de la confrérie des Enfants sans souci, est connu par ses *Regrets et peines des Malavisés.* Sa devise est « Mieulx que pourra ». Il sait traduire les vœux d'un peuple aspirant à la paix et au bien-être, ce qui ne va pas sans banalité, mais l'on apprécie le ton narquois, le côté facile et détendu, bien que le poète s'égare dans de bien longues énumérations.

Robert Gobin décrit les vices avec délectation en les appelant comme il intitule son poème : *les Loups ravissants.* Les vers de Pierre Blanchet (1459-1519) qu'on voit faire une *Départie d'Amour* avec Octavien de Saint-Gelais et Blaise d'Auriol pourraient s'appliquer à maints poètes :

> En son vivant poète satirique,
> Hardi sans lettre et fort joyeux comique.

Dans la lignée de François Villon et de Jean Bouchet, un autre poète est plus intéressant : Charles de Bourdigné (mort en 1555), Angevin, auteur de *la Légende de Pierre Faifeu,* composée de quarante-neuf contes en vers. Pierre Faifeu est un écolier facétieux, fripon et débauché qui finit par mourir de tristesse parce qu'il s'est marié. Tout le vieil esprit provincial se retrouve dans ces pièces amusantes, prosaïques, mais originales. Bourdigné fait alterner masculines et féminines avec assez d'art. On va de la malice outrée à des traits grossiers hérités du moyen âge.

Pierre Faifeu est un personnage amoral. Dès l'enfance, il vole. Plus tard, s'il enlève un cheval, il lui coupe la queue ou les oreilles. S'il vole de l'argent à sa tante, il place en échange un renard vivant dans un coffre. Il fornique avec dames et chambrières, il a des démêlés avec les chevaliers du guet, il gobe des mouches pour étonner la cour. Punition : ce farfelu finira par épouser une femme acariâtre avec pour dot une belle-mère atteinte de mélancolie.

Certaines scènes sont drôles et habilement contées. Charles de Bourdigné prend ses sources dans des légendes qu'il tient pour vraies. On aime le parfum médiéval de son style peu élevé mais plein d'agrément. Sainte-Beuve dira que chez lui l'esprit gaulois « fait des miracles ». Déjà au XVIIIe siècle, *Pierre Faifeu* avait fait les délices de ses lecteurs.

Quelques présences encore : Maximien, serviteur de Louis XII qu'il suivit en Italie avec Jean Marot et Jean d'Auton : ses débats sur les mérites comparés des dames de France ont un intérêt rétrospectif; Jean Drouyn (1478-1507), Amiénois, aux titres curieux :

Ballade contre la maladie vénérienne ou *la Nef des folles selon les cinq sens de la nature.* Enfin, il y a les macaroniques.

Cela vient de l'italien *macaronico.* Il s'agit d'une préparation langagière où les mots latins se mêlent aux mots français latinisés par une terminaison burlesque, avec l'emploi selon le même traitement de mots d'autres langues au besoin. Avant que Rabelais fasse ainsi parler un de ses personnages, avant que Molière en glisse dans la scène finale du *Malade imaginaire,* depuis les fatrasies, maints poètes se sont servis du style macaronique.

C'est le Provençal Antoine Arena qui le fit connaître en France lorsqu'il composa le récit drolatique de la désastreuse expédition de Charles Quint en Provence ou lorsque, en vers, il fit un portrait-charge des Huguenots, ce dernier sujet repris plus tard, toujours selon les lois macaroniques, par Rémi Belleau. Disciple de Folengo, l'auteur de *Merlin Coccaie,* père du genre, ancêtre de Scarron, Arena en 2 396 vers composés en distiques célèbre la victoire du coq gaulois sur l'aigle Charles Quint devenu « Janot d'Espagne », matamore et fanfaron entouré de personnages caricaturaux. Dans cette *Maigre Entreprise,* héroïco-burlesque, il y a du Rabelais de cuisine et de l'Homère bouffon. Faible, incorrect, débridé, ce mélange de français, de provençal, de latin de cuisine et de centons virgiliens vaut par son entraînement enthousiaste et son rire ensoleillé bien du midi de la France.

On le rapproche d'Alione d'Asti, déjà rencontré ici, qui fait ses propres mélanges de latin, de latin macaronique, de français, de provençal et de piémontais. Nous sommes à la source des traditions estudiantines qui firent apprécier au xviiie siècle la plaisante oraison de *Micheli Morini funestissimus trepassus,* et aussi du style des confréries vigneronnes, des lettres de Père Cent ou du peu convenable *De Profundis Morpionibus.*

Les curiosités ne manquent pas et nous en parlons parce que le jeu de langage participe de la poésie. Lorsque le Bourguignon Jean de Marigny, descendant du fameux Enguerrand, publie le récit des guerres de Bourgogne, il le fait précéder d'une énigme indiquant la date de composition de son ouvrage :

> Prends les quatre pieds d'un étel
> Et les quatre fers d'un cheval
> Et onze signes accomplis
> Que l'on fait devant les ennemis
> Et vous saurez pour vérité
> Quand ce livre fut composé.

Il faut donner la clef : quatre pieds d'un étau (M), quatre fers d'un cheval (CCCC) et onze croix (X...) font 1510.

Ce jeu qui se rapporte au goût des poètes de l'époque précédant Clément Marot vient de l'héritage latin. Ainsi un chroniqueur indique dans un poème la date de nomination de l'abbé Geoffroy Fare à l'évêché d'Évreux :

> Prends la tête d'un Maquerel,
> D'un Chien, d'un Comte et d'un Carpel,
> De six Vivres et de quatre Itres...

Les premières lettres des mots indiquent MCCC, six V et quatre I, soit 1334. De même, 1465, date de la bataille de Montlhéry sera indiqué ainsi :

> à CheVal, à CheVal, gendarMes, à CheVal...

Ces jeux plairont à Étienne Tabourot des Accords que nous rencontrerons. Après ces curiosités et récréations, nous en reviendrons à une ligne poétique plus grave et plus directe.

4

Les héritages

Les tréteaux.

CES présences montrent qu'il reste, si l'on peut dire, du moyen
âge au XVIᵉ siècle. Avant qu'apparaisse, au temps de la
Pléiade, et surtout avec Robert Garnier, un théâtre laissant augurer le classicisme, les moralités, les mystères, les soties, les farces
triomphent. Pierre Gringore, Jehan de Pont-Alais participent du
vieil art. Jehan d'Abondance, basochien, notaire royal dans le
Gard, à Pont-Saint-Esprit, compose une œuvre importante, donnant par exemple une *Moralité par personnages sur la Passion de
Jésus,* un *Mystère joyeux des trois rois,* le monologue dramatique des
Grands et merveilleux faits de Nemo, des farces : une pour le Mardi
gras, *le Testament de Carmentrant* (Carême-Prenant) ou *Farce de la
Cornette.* Il fera une *Épître sur le trépas de Clément Marot :* c'est
dire s'il vit avant dans le siècle.

On peut placer près de lui un maître Cruche qui faisait jouer
selon l'anonyme témoignage du *Journal d'un bourgeois de Paris*
soties, sermons, moralités et farces, sur les échafauds de la place
Maubert. On trouve aussi Claude Dolesson auteur d'un *Mystère de
l'édification* à Notre-Dame-du-Puy et Guillaume Le Doyen qui
donnait des Mystères à Laval en bon chroniqueur de la Mayenne
qu'il était par ailleurs. De Louis Choquet, *l'Apocalypse de saint
Jean Zébédée* fut jouée à Paris en l'hôtel de Flandres en 1541.

La plupart des pièces du début du XVIᵉ siècle sont cependant
anonymes : on ne connaît guère, dans le deuxième tiers du siècle,
qu'un Jean Louvet, grainetier-fleuriste, qui fit jouer un Miracle

comique à Paris. Les derniers Mystères seront raccourcis et leur démarche théâtrale marquera un léger glissement vers le théâtre tragique tel qu'il sera entendu au xviie siècle.

Le genre périclitera. Après Pierre Gringore, aucun auteur de qualité ne s'y intéressera. Clément Marot et les siens prendront, bien avant l'avènement de Ronsard et de ses amis, leurs distances. Ces représentations disparaîtront des échafauds de Paris, puis de la province peu à peu. De la farce, Cyrano de Bergerac et Molière seront les héritiers. Les Mystères seront remplacés par la tragédie classique avec la transition de Robert Garnier. Ces formes de théâtre étaient loin d'être inintéressantes. Dans la seconde moitié du xxe siècle, un nouveau théâtre, plus proche du public, s'y mêlant ou le faisant participer, reprendra ces tentatives dans le domaine tant religieux que profane.

Métamorphoses des poèmes en romans.

Il serait faux d'imaginer que les lecteurs de la Renaissance ne se passionnent que pour les poètes marquants que nous allons rencontrer dans cet ouvrage. La matière épique des chansons de geste intéresse toujours autant, mais sous de nouvelles formes, celles de la prose. Ce sont les romans qui pourront émerveiller don Quichotte et cette âme chevaleresque qui n'a pas disparu subitement. Mise en prose aussi des romans antiques et des romans arthuriens dont la mode se propage malgré les progrès de l'humanisme et sans qu'on tienne compte du dédain des lettrés pour ces récits d'aventures, d'histoire et d'amour, qu'ils jugent inférieurs.

Dans ce domaine qui n'est plus celui de la poésie, mais naît du poème et témoigne un désir d'évasion poétique, le plus grand succès est réservé aux romans d'*Amadis de Gaule*. On dit « des amadis » comme on dit aujourd'hui « des policiers ». L'Espagne qui a tant reçu durant le moyen âge des gestes françaises nous renvoie, en même temps que bien des œuvres que nous rencontrerons au cours de cette narration, cet *Amadis* traduit en français, dès 1624, par Nicolas d'Herberay des Essarts, tandis que Bernardo Tasso, père du Tasse, procède à la même opération en italien. Des suites formeront jusqu'à vingt-quatre livres avec pour adaptateurs Jacques Gohory, Claude Colet, Guillaume Aubert, Michel Sevin d'Orléans qui ajoutera en 250 vers un *Discours sur les Amadis,* Antoine Thory, Gabriel Chappuis, Antoine Tyron, Nicolas de Montreux, avant que plus tard le comte de Tressan et Creuzé de Lesser s'intéressent de nouveau au sujet, mais les siècles entre-temps auront coulé. Mentionnons enfin une suite interminable d'aventures parallèles à celles de ce héros.

Il s'agit plus d'adaptations que de traductions fidèles. L'imagination romanesque de ces prédécesseurs d'Alexandre Dumas se donne libre cours. Auprès des *Amadis,* on peut trouver près d'une centaine d'œuvres dont les titres sont à peu près ceux des romans en vers du moyen âge et qu'il serait fastidieux de citer ici. Tous les cycles sont fouillés, épuisés, remaniés, complétés. Le souci des auteurs est avant tout de plaire, mais ils songent aussi à l'instruction et il existe des réussites. Ces romans perpétuent, auprès de l'aventure, les thèmes de l'amour courtois médiéval, et cet idéal amoureux nouveau cheminera parallèlement avec le pétrarquisme italien qui vient des mêmes sources. La Pléiade, si éloignée des vieux romans, écrivant ses *Amours* procédera du vieil héritage français même si les modèles sont italiens.

A la fin du xvie siècle, tout en gardant les motifs aventureux ou tragiques, le roman ira vers la recherche psychologique ou symbolique en oubliant les Lancelot et les Fierabras. On ne saurait omettre un autre type de roman populaire comme ces *Chroniques de Gargantua* qui seront un modèle pour Rabelais. Héritier de méthodes narratives médiévales et d'une forme comique qui en descend, le grand François ne sera pas tendre pour le moyen âge. Ajoutons que ce goût du roman d'aventures venu du début de notre langue conduira à translater aussi des œuvres antiques comme celles d'Apulée et d'Héliodore en même temps que les œuvres étrangères.

Sous couverture.

Le Roman de la Rose a été mis en prose en 1483 par Jean Molinet mais là, c'est le texte en vers qui continue à prévaloir. Nous l'avons vu, l'art des Rhétoriqueurs en procède. Les fictions allégoriques, comme l'a montré Henri Chamard, sont présentes non seulement chez ces derniers, Jean Molinet ou Jean Marot, mais aussi chez Jean Lemaire de Belges et Clément Marot. Thomas Sébillet et Étienne Pasquier seront pleins d'admiration pour les poèmes de Guillaume de Lorris et Jean de Meun. Joachim Du Bellay, Pierre de Ronsard, Jean-Antoine de Baïf, dans des poèmes, des sonnets, ont rendu, chacun à sa manière, hommage au célèbre poème.

Il en est, au contraire, du *Roman de Renart,* comme des gestes et romans d'aventures : il faut un remaniement en prose, celui de

Jehan Tenessax dans *le Docteur en malice, maistre Regnard*, pour lui assurer un regain d'intérêt.

Enfin, par Clément Marot, le grand François Villon restera présent et on éditera et rééditera des danses macabres, on refera des *Cris de Paris* et des *Rues de Paris* dans le goût médiéval tandis que des traités amoureux comme *les Arrêts d'amour* de Martial d'Auvergne seront sans cesse lus.

Mais, d'une manière générale, les lettrés, les humanistes, les poètes, parce que cela leur paraît indispensable à leur tâche de rénovation et de révolution, jettent l'opprobre sur ces siècles passés devenus étrangers, même si deux admirateurs de Ronsard, Étienne Pasquier et Claude Fauchet jettent des regards nostalgiques de ce côté-là. C'est déjà beaucoup. Mais après eux, quel long silence!

Le goût des devises.

Du temps de Charles VIII est venu le goût des devises et des emblèmes. Les intellectuels, les poètes, les imprimeurs, les bibliophiles se choisiront une courte phrase en français ou en latin parfois par anagramme : Jehan Bouchet prendra « Ha bien touché » et Charles Fontaine « Hante le François ». Lorsque Joachim Du Bellay se moquera de « ces Dépourvus, ces Humbles Espérans, ces Bannis de Liesse », il oubliera qu'il a, dans un esprit voisin, sa devise : *Caelo Musa Beat*. Dans le *Manuel du Libraire* de Jacques-Charles Brunet, on trouve ces devises qu'oublieront les écrivains de la fin du siècle mais que garderont éditeurs et bibliophiles.

Les mots d'amour et de mort reviennent souvent, comme chez les poètes. Pontus de Tyard : *Amour immortelle*. Nicolas Bargedé : *Immortalité*. Michel Du Bois : *Mors et Vita*. Clément Marot : *La Mort n'y mord*. Michel Leconte : *Mourir pour vivre*. Le nom divin aussi. Jean Touchard : *Ce que Dieu touche ard*. Michel d'Amboise : *Dieu et non plus*. Noël Du Fail : *Le Fol n'a Dieu*. Louis Meigret : *A un seul Dieu honneur et gloire*.

Le goût de la sentence morale se manifeste souvent. Antoine Du Breuil : *Bâti lieu d'honneur*. Guillaume Guéroult : *Patience victorieuse*. Jacques Dubois : *Vertu se plainct*. Béroalde de Verville : *Selon la fortune, la valeur*. Jacques Peletier : *Moins et meilleur*. Étienne Pasquier : *Genio et Ingenio*. François Habert : *Fy de soulas*. Claude Colet : *Nec sorte nec morte*.

Tandis que Maurice Scève choisit bien dans sa manière *Souffrir non souffrir* ou *Non si non là*, on voit ailleurs les mêmes courtes

phrases sibyllines. Michel Leconte : *De bien à mieulx.* Étienne Forcadel : *Espoir sans espoir.* Jacques Yver : *J'acquiers vie.* Guillaume
Crétin : *Mieulx que pis.* Jean Du Bellay : *Ou là ou non.* Gilles Corrozet : *Plus que moins.* Arnaud Sorbin : *Plus bien que rien.*

Il est le plus souvent difficile de trouver le rapport entre l'œuvre
et la devise dont se réclame l'auteur, mais il s'agit là d'un petit
champ de recherches en marge qui demanderait à être exploré.

5

Vers l'avenir : Jean Lemaire

Choix et itinéraires.

Nous nous éloignons des réjouissances burlesques. De la race des grands Rhétoriqueurs, mais homme d'avenir, Jean Lemaire de Belges (1473-avant 1525) tente d'explorer de nouvelles voies. D'origine flamande, il est né à Belges dont le nom est aujourd'hui Bavai. Ses qualités : érudit, théoricien de la poésie et poète, grand voyageur et bon connaisseur de l'Italie, ami des peintres, sculpteurs et architectes, contribuant à l'érection de l'église de Brou, novateur, un des premiers poètes en prose.

Ses maîtres médiévaux lui ont légué le souci de trouver des mètres rares et il a reçu la tradition allégorique et courtoise de Guillaume de Lorris. Il choisira de concilier ces illustres héritages avec les apports des humanistes. Artisan du changement qui s'opère, il veut garder les richesses du moyen âge, celles-là mêmes que Du Bellay rejettera avec force. Mais les gens de la Pléiade, Ronsard en tête, sauront le citer en exemple.

Déjà Clément Marot qui a fait siennes ses règles de prosodie a une dette envers lui. Précurseur, on lui doit surtout l'introduction du tercet en France, la réhabilitation de l'alexandrin, l'emploi de strophes de douze ou quatorze vers sur deux rimes, l'alliance du décasyllabe et du vers de six pieds, et l'exemple d'une recherche bien au-dessus du jeu formel des autres Rhétoriqueurs.

Parent de Molinet auprès de qui il fit ses études à Valenciennes avant de recevoir la tonsure et de s'inscrire à l'université de Paris, il fut au service de divers princes. On le trouve clerc des Finances auprès du duc de Bourbon, Pierre de Beaujeu, puis chez Pierre de Ligny avant qu'il succède à Molinet comme bibliothécaire de Marguerite d'Autriche, sœur du roi d'Espagne, elle-même poète et mécène. En 1513, il est l'historiographe de Louis XII qui le charge de missions diplomatiques. Mais que de corvées en échange de ces protections! Poèmes pour les trépas : Pierre de Bourbon, Pierre de Ligny, Philibert le Beau dont il faut célébrer les vertus. Toute son œuvre se rattache à des circonstances historiques ou biographiques, mais l'exercice qualitatif de la poésie, par lui, dépasse les servitudes.

Il choisit la langue française parce qu'il la jugeait « gente, propice, suffisante assez et du tout élégante pour exprimer en bonne foi tout ce que l'on saurait excogiter soit en amour, soit autrement ». A l'exception d'un traité historique : *les Trois Livres des Illustrations de la Gaule belgique* qui servira de modèle à Ronsard, de pamphlets politiques : *la Légende des Vénitiens* et *le Promptuaire des Conciles,* d'un *Traité des Schismes* qui fait de lui un véritable Démosthène unissant à la science un sens violent de l'apostrophe, son œuvre est en vers.

Il fit ses armes avec *le Temple d'Amour et de Vertu* dédié à la reine de France, Anne de Bretagne, tout comme il lui dédiera ses *Couplets de la valitude.* Ce poème s'ouvre par une pastorale où les provinces devenues bergères et bergers chantent Pierre de Bourbon et Anne de France qui sont Pan et Aurore. Puis, employant la rime tierce, Jean Lemaire joue de l'églogue en pétrarquisant sans oublier qu'il érige un Temple. A travers l'allégorie disposée en une artificieuse architecture, l'émotion parvient à passer. Guillaume Crétin qui préfaça l'œuvre demanda la couronne de laurier pour son auteur.

L'influence du *Roman de la Rose* est aussi présente dans *la Couronne margaritique* écrite à la mort de l'époux de Marguerite d'Autriche. Ici, la montagne se nomme Laboricité Spirituelle, le roi Honneur, le premier ministre Mérite et ces abstractions tressent une couronne de louange à la reine dans un ballet laborieux, érudit avec fantaisie, au fond assez froid.

Ici, Vertu confie à l'orfèvre Mérite le soin de présenter la couronne à Marguerite. Dix nymphes, une par lettre de son nom, sont habillées somptueusement et parées chacune d'une pierre pour former une couronne vivante. L'idée est déjà digne du meilleur baroquisme. Pour commenter les mérites de la reine, Jean Lemaire de Belges fait appel aux meilleurs : Robert Gaguin, Albert le Grand, Jean Robertet, Isidore de Séville, Georges Chastellain, Boccace,

Arnaud de Villeneuve, Marsile Ficin, Martin Le Franc, Jean de Beauvais. Si la prose est prépondérante, si le poème vaut surtout par l'originalité de sa conception plus que par son art, il constitue un témoignage sur les idées artistiques de l'auteur et l'on oublie ses imperfections.

D'autres poèmes de circonstance sont *les Regrets de la Dame infortunée* pour la mort du frère de Marguerite d'Autriche ou *la Plainte du Désiré,* éloge funèbre de Louis de Luxembourg sur le tombeau duquel Dame Nature, Peinture et Rhétorique viennent pleurer. Dans ce dernier poème, on remarque des recherches rythmiques procédant d'une haute science. Cette *Plainte* est suivie du *Traité des pompes funèbres antiques et modernes.* Malgré les froideurs allégoriques, Jean Lemaire échappe aux clichés des danses macabres. Les nymphes supplantent les squelettes grimaçants. Plus qu'une complainte, le poète livre une réflexion et nous sommes loin des invectives habituelles. Le corps du défunt n'est pas décrit en termes épouvantables, mais saisi dans la beauté du vivant. Ce poème est l'affirmation des puissances de vie, à ce point que la *Plainte* devient sa propre négation. La Mort, à la Renaissance, quitte son masque hideux.

La maîtrise s'affirme dans ses *Trois Contes singuliers de Cupido et Atropos.* Il enrichit le français par l'emploi de la *terza rima* italienne à la manière de Pétrarque et de Dante, suite de tercets avec rimes *aba, bcb, cdc, ded...* Il y a dans ces échanges de flèches amoureuses ou mortelles entre Cupidon et Atropos un esprit proche de celui de Virgile et de Pétrarque. Il s'agit de narrations, avec des dialogues, ce qui prêtait au prosaïsme. Or, par son sens du langage, sa distinction verbale, la richesse de ses traits, l'équilibre de ses tercets, Jean Lemaire réussit à rendre son poème, construit sur des abstractions, présent et concret. Ses vues psychologiques disent son esprit pénétrant et différent de celui de ses contemporains.

S'il l'utilise, a-t-il, comme on le prétend communément, introduit le tercet en France? Disons qu'il l'a mis en valeur car en cherchant un peu, on trouve des exemples d'antériorité, dans *le Jeu de la Feuillée* d'Adam de la Halle ou dans *le Mariage Rutebeuf,* mais le genre n'aura pas une grande postérité : Alfred de Vigny l'emploie dans le poème liminaire des *Destinées,* Théophile Gautier bien à propos dans son *Triomphe de Pétrarque,* Leconte de Lisle dans ses *Poèmes barbares,* et occasionnellement Paul Verlaine ou José-Maria de Heredia.

Célébration du perroquet.

Un petit chef-d'œuvre de bon goût et de fine préciosité, ce sont *les Épîtres de l'Amant vert*. Ce dernier est le perroquet de la princesse Marguerite d'Autriche. Après le troubadour Arnaut de Carcassès et son *Papagai*, le poète reprend cette tradition qui fera de *Ver-Vert* de Gresset un descendant de *l'Amant vert*. Il n'est point ce vil bavard qui rime si bien avec caquet, mais quelqu'un de qualité se recommandant des célébrations d'oiseaux qu'on trouve chez Catulle et les Anciens.

Ce bel oiseau écrit à sa maîtresse une première épître. Il se désole qu'elle ait quitté ses États pour aller rejoindre son père. Il l'aime sans être payé de retour. La princesse ne s'habille-t-elle pas de noir et non de vert comme lui!

> Or, plût aux Dieux que mon corps assez beau
> Fût transformé pour cette heure en corbeau,
> Et mon collier vermeil et purpurin
> Fût aussi noir qu'un More ou Barbarin!

Comme il était joyeux quand il vivait auprès d'elle! Il aimait sa compagnie, il aimait l'entendre, la voir « chanter et rire, danser, jouer, tant bien lire et écrire ». Il avait appris toutes les langues qu'elle connaissait, français, latin, espagnol, flamand. Pourquoi faut-il qu'abandonné il soit mort avant d'avoir appris la langue qui lui manquait : l'allemand. Les bergers échappés de leurs bergeries se diront son histoire et graveront une épitaphe sur son tombeau :

> Sous ce tombel, qui est un dur conclave,
> Gît l'Amant vert, et le très noble esclave
> Dont le grand cœur, de vray amour pur ivre
> Ne put souffrir perdre sa dame et vivre,

Ce dernier vers ne sonne-t-il pas comme du Racine? Dans la seconde épître, l'Amant vert, devenu une sorte de Dante ailé, décrit un enfer pour animaux où l'on trouve tous ces maudits issus des œuvres antiques que Jean Lemaire connaît bien : taureau de Jason, hydre d'Hercule, corbeau de l'Arche, serpent d'Eurydice, chevaux d'Hippolyte, chiens d'Actéon, monstre marin d'Andromède...

Mais comme il est aimable, l'Amant vert trouve un paradis qu'il dépeint pour sa Marguerite-Béatrice et dont les hôtes sont avenants : moineau de Lesbie, oies du Capitole, coq de saint Pierre, aigle de Charlemagne, cygne de Clovis, abeilles de Platon, bœuf de la Crèche, chien de saint Roch, serpent de Mélusine, et tout un cortège.

Comme dans sa *Plainte*, Jean Lemaire oppose ici la vie à la mort, une vie qui est fêtes et danses, plaisirs et jeux, et où sous le couvert du badinage, de la futilité même, mais adorable, apparaît un des premiers sourires de la Renaissance. L'idée de cet *Amant vert* était originale, la réalisation dépasse toutes espérances. Pas une fausse note, de l'imagination jouant sur du mineur, une manière galante de faire passer l'érudition. De ces épîtres, *le Quintil Horatian* dira qu'elles sont « tant riches en diversité de plusieurs choses et propos, que c'est merveille ». Ces *Épîtres de l'Amant vert* ne dépareraient pas les œuvres de Pierre de Ronsard ou Jean de La Fontaine.

Un poète nouveau.

Pour Jean Lemaire, la langue française passe avant l'italienne selon justice puisque « les bons esprits italiques la prisent et l'honorent à cause de sa résonance, gentillesse et courtoisie humaine » mais il faut que les deux langues, comme les deux peuples, s'entendent. Aussi, écrit-il un *Traité de la Concorde des deux langages,* en 1511, en vers et prose, qui annonce ou s'inscrit déjà, dans le courant humaniste de la Renaissance.

L'ouvrage s'ouvre sur un hommage à Pétrarque et nous transporte au *Temple de Vénus* où Génius, chapelain de Nature, invite au plaisir puisque
Notre âge est bref ainsi que les fleurs.

Dans la deuxième partie, nous sommes au *Temple de Minerve* où un maître sentencieux, Labeur-Historien nous apprend entre autres choses que Dante et Jean de Meun furent amis, ce qui est une manière de lier *la Divine Comédie* au *Roman de la Rose,* et surtout de réunir sous la même bannière deux langues et deux peuples voisins. Encore une fois, ce sont les forces vitales, la jeunesse et le printemps, qui érigent ce temple. C'est un art poétique, un art de vivre tourné vers l'avenir, une exaltation de la joie et du renouveau des arts et des hommes.

Un ouvrage philologique se présentant comme un roman farci de poésie, voilà qui est peu commun. Si le genre se rattache au moyen âge, les thèmes et les idées sont nouveaux. Jean Lemaire, en poète de transition féconde, fait la liaison du passé avec la Renaissance. Aussi, même si par sa date de naissance il appartient encore au xve siècle, si en son temps subsiste le moyen âge du théâtre, de la geste qu'on met en prose, du conte et de la chronique, nous sommes déjà transportés dans les temps modernes.

Si sa poésie a visage de rhétorique, avec ses virtuosités, ses rimes recherchées, ses allitérations, s'il sacrifie sans cesse à l'allégorie, il garde la meilleure place au chant. Jusque dans sa prose, il trace des phrases élégantes, rythmées, imaginées, chantantes. Que dans ses *Illustrations de la Gaule belgique,* il parle de la jeunesse de Pâris et l'on n'est pas loin du poème en prose :

La délectation du val plaisant et solitaire, et l'amènité du lieu coi, secret et taciturne, avec le doux bruit des ondes argentines partant du roc, incitèrent le beau Pâris à sommeiller et à s'étendre sur l'herbe épaisse et drue, et sur les fleurettes bien fleurantes, faisant chevet au pied du rocher et ayant son arc et son carquois sous le bras dextre. Après ce qu'il eut pris le doux repos de nature recréant le labeur des hommes, il s'éveilla, et, à son réveil en étendant ses forts bras et essuyant ses beaux yeux clairs comme deux étoiles, jeta son regard en circonférence, et vit, tout à l'entour de lui, un grand nombre de belles nymphes, gentilles et gracieuses fées, qui le regardaient par grande attention. Mais sitôt qu'elles l'aperçurent remuer et interrompre sa paisible somnolence, toutes ensemble en un moment se disparurent et tournèrent en fuite.

Ainsi, dès qu'il écrit en prose, les allitérations se raréfient, les jeux rhétoriques s'apaisent, tout devient souple, coulant et délicat. Bon connaisseur de la poésie italienne, il a des délicatesses de peintre primitif. C'est de l'autre côté des Alpes qu'il puise son élégance, et l'on aperçoit maints signes de ces influences, notamment dans l'emploi de ces diminutifs qu'adoreront Clément Marot et aussi les poètes de la Pléiade : plumettes, branchettes, brebisettes, nouvelet, doucette, purette, etc.

Pour Clément Marot, il a « l'âme d'Homère le Grégeois »; pour le sévère Joachim Du Bellay, il est un précurseur; et Ronsard ne se fera pas faute de l'imiter dans ses *Odes* et dans sa *Franciade.* Thomas Sébillet et Jacques Peletier du Mans ne seront pas indifférents. Étienne Pasquier saluant en lui « le premier qui, à bonnes enseignes, donna vogue à notre poésie » ne manque pas d'ajouter qu'en prose et en poésie il a enrichi notre langue de quantité de beaux traits « dont les meilleurs écrivains de notre temps se sont su quelquefois bien aider ».

On trouve encore des promesses : Fénelon et sa souple prose comme La Fontaine et sa préciosité, et, pourquoi pas? Francis Jammes. Jean Lemaire de Belges dont l'importance est considérable est le premier nouveau poète du xvie siècle.

Clément Marot et son entourage

I

Clément Marot célèbre et méconnu

Une nouvelle histoire.

QUAND Jean Marot meurt, en 1523, son fils Clément a vingt-huit ans. Quand Clément Marot disparaît à son tour, en 1544, Pierre de Ronsard a vingt ans. Quand Pierre de Ronsard quitte ce monde, en 1585, François de Malherbe a trente ans.

C'est à dessein que nous citons ces noms car les trois derniers représentent les trois étapes d'une révolution : celle, pacifique, de Marot, celle, doctrinaire, de Ronsard, celle, tranchante, de Malherbe qui ouvre l'époque classique. Ainsi la poésie va-t-elle de l'humanisme au classicisme, de règne en règne, aucun d'eux n'effaçant complètement ce qui l'a précédé. N'est-elle pas le lieu où cohabitent parfois le roi finissant et le roi nouveau, chacun représentant le point d'incidence d'un mouvement ?

Il n'est que de voir combien le moyen âge reste présent au xvie siècle où une partie de l'imprimerie lui est consacré, où les *Amadis de Gaule* pullulent, où il n'est pas rare de trouver trace de légendes médiévales chez ceux qui combattent le plus ces époques. Des esprits renaissants et ouverts comme Étienne Pasquier et Claude Fauchet, par respect profond pour l'histoire nationale, tentent de ramener leurs contemporains vers une meilleure connaissance du passé, même si, comme l'a remarqué Pauphilet, « leurs sévérités, leurs curiosités et leurs complaisances préfigurent assez bien les diverses attitudes que l'esprit français gardera à l'égard du moyen âge jusqu'à l'époque romantique ».

Une nouvelle histoire commence avec Clément Marot (1496-1544) dont on retient trop souvent l'aspect de poète de cour attardé, de flatteur, de ciseleur d'épigrammes, alors que par ses engagements, sa vie tourmentée et l'ensemble de son œuvre, il se situe au niveau le plus élevé.

Sans être savant, il est assez instruit pour bien traduire du grec, du latin et de l'italien, parfaitement éditer *le Roman de la Rose* et ouvrir la tradition de l'édition critique en poésie en restituant avec titres, notes et commentaires l'œuvre de François Villon. Humaniste accomplissant un travail de novateur, se tournant vers les Anciens avec beaucoup de goût sans mépriser le trésor national, il se présente comme un modèle. Eut-il quelque génie? En poésie, aux époques de transition, il y a une place pour l'application, surtout quand elle ne néglige pas d'être audacieuse.

A François Villon écrivant *Hé! Dieu, si j'eusse étudié du temps de ma jeunesse folle...*, Clément Marot semble répondre :

> Sur le printemps de ma jeunesse folle,
> Je ressemblois l'hirondelle qui vole,
> Puis ça, puis la, l'âge me conduisoit,
> Sans peur ni soins, où le cuer me disoit.

Né à Cahors, pendant une première enfance campagnarde, il fréquenta une excellente école : l'école buissonnière où il y a tant à apprendre pour un poète. Lorsqu'il eut dix ans, son père, « le bon Janot » l'amena à Paris où il vécut très tôt dans des milieux propices à sa formation.

Ses études, pédagogiquement parlant, furent médiocres. Clerc, il prépare son droit, puis fait partie des Enfants sans Souci, ce qui aide sa bonne santé gothique à se développer. Il tente la carrière des armes en devenant page de Nicolas de Neufville, seigneur de Villeroi. Il ne connut pas ses premiers succès par le glaive mais par ses tentatives poétiques. Marguerite de Valois, duchesse d'Angoulême, sœur de François Ier, la Marguerite de Navarre de *l'Heptaméron* et des *Marguerites de la Marguerite des Princesses,* poète, prosatrice, protectrice des lettres, le remarqua et le nomma son valet de chambre. Il adora cette princesse qui le traita gracieusement. Il se peut qu'il ait été pour elle plus qu'un simple protégé.

Quel est alors l'entourage de Marot? D'abord les Rhétoriqueurs de qui il apprendra son métier et dont l'influence se fera sentir jusqu'à ce que d'autres fréquentations lui permettent de dégager sa personnalité. En effet, s'il était mort à la fleur de l'âge, on en aurait fait « le dernier des Rhétoriqueurs ». Vivant dans un milieu mondain et lettré, parmi l'intelligentsia de son temps, recevant la leçon d'un François Watebled, dit Vatable, grand hébraïsant, d'un Guillaume Budé, ce dont il est fier, et côtoyant dans une cour ouverte à toute recherche nouvelle, humaniste, évangéliste ou mystique, aussi bien Jacques Lefèvre d'Étaples, défenseur d'Aristote et défricheur de la Bible, ou l'évêque de Meaux, le célèbre Guillaume Briçonnet, que le peu religieux Bonaventure Despériers et les Libertins, Clément Marot conquiert peu à peu tous les domaines qu'une instruction enfantine imparfaite semblait devoir lui refuser.

Partout, il rencontre cet esprit de liberté conquérante, de lutte contre les dictatures spirituelles et théologiques de Rome ou de la puissante Sorbonne. La cour qu'il fréquente n'a rien de superficiel, elle est le lieu de rencontre des grands esprits indépendants, elle s'ouvre aux traditions culturelles antiques, mêle l'élégance italienne au réalisme gaulois, forme un incessant congrès qui prépare le monde nouveau.

Clément Marot aime le beau langage, le bel esprit, avec en lui cette veine plus rude qui, s'il apprécie plus que tout autre les maîtres du *Roman de la Rose,* le conduit vers ce qui porte la marque villonesque, vers Henri Baude ou Guillaume Coquillart, amoureux de l'amour, cernant la vie à traits un peu gros, avec assaisonnement de satire et de raillerie, et un zeste de grossièreté bien d'époque.

Les composantes des influences que peut ressentir ce jeune homme? Les cercles mondains et lettrés d'une curiosité universelle et d'une haute culture, une avant-garde savante et humaniste, les maîtres de seconde rhétorique et leurs distorsions de langage, leur amour du mot, les joyeux compagnons de la Basoche et leur franc-parler, leur faconde. De ce mélange, aux approches de cette Renaissance qu'un seul mot définit mal tant la période sera riche en mouvements, en opinions, en querelles où chacun engage son existence entière, naîtra une personnalité dispersée, difficile à cerner, qu'on risque de simplifier à outrance.

Prêt à mener la vie quiète et fourrée du poète de cour, il connut une existence aventureuse, peu facile, où des joies alternent avec des jours de prison et de misère. Quelles contradictions! Sont réunis le flatteur des princes, à cela soumis par sa condition et tentant de s'en amuser avec détachement, et le militant parfois farfelu, mais toujours sincère, d'un évangélisme religieux tourné vers le renouveau.

Du badinage à la guerre.

A François Ier, il offre en 1515 son *Temple de Cupido,* proche de Jean Lemaire de Belges et de Jean Molinet, où le poète, dans un temple merveilleux, cherche Ferme-Amour, allégorie qui revient souvent chez lui, qu'il finira par trouver dans la famille royale. C'est le poème du mariage, son allégorie liturgique. Il faut se défier du « temple cupidique » dont les séductions peuvent faire paradis ou enfer. L'amoureux pèlerin doit découvrir la déesse au cœur du temple. Par-delà l'exercice comme chez Guillaume de Lorris ou Froissart, on découvre déjà la délicatesse marotique, un goût de peintures vives, légères, colorées, sensuelles.

On passe généralement trop rapidement sur les œuvres de jeunesse, or ces apprentissages s'accompagnent d'éclairs laissant pressentir les œuvres de maturité. De son badinage, il n'est pas dupe. Comme Jean Lemaire de Belges, sans se séparer des leçons des maîtres, il chante le renouveau.

Parmi ses jeunes armes, il y a ses traductions de la *Première églogue* de Virgile et du *Jugement de Minos* de Lucien, une ballade de riche langage écrite pour les Enfants sans Souci, ainsi qu'un *Dialogue de deux amoureux* qu'ils jouèrent. S'ajoutent œuvres de cour, épitaphes ou épigrammes, épître pour demander une pension au roi, ballade allégorique saluant la naissance du dauphin et une *Épître au Dépourvu.* Il y apparaît plus mesuré, élégant, léger, savoureux, plus personnel que ses devanciers. A travers l'élégant badinage dont a parlé Boileau, on distingue une personnalité en retrait jetant un œil amusé sur son entourage, pudique, n'effleurant que par volonté la surface des choses, en toute connaissance de cause.

Sa traduction d'une églogue virgilienne ouvre (comme ses paraphrases des *Psaumes* ou son utilisation du sonnet) un champ fécond pour la poésie. Certes, il existait une tradition pastorale, mais Clément Marot, au contraire des poètes médiévaux, des auteurs de pastourelles, de Guillaume Crétin ou de Jean Lemaire de Belges, a recours à l'Antiquité, celle de Théocrite et de Virgile. L'églogue est honorée par les néo-latins italiens, par les poètes employant la langue italienne, par certains humanistes français. En France, Clément Marot apparaît comme l'introducteur du genre et on le verra encore avec sa *Complainte pour Louise de Savoie,* son *Églogue au roi,* sa *Complainte d'un pastoureau.* La voie est ouverte pour François Habert écrivant sur la mort d'Érasme, pour *l'Arion* de Maurice

Scève, pour la curieuse *Églogue marine* d'Hugues Salel. Durant tout le siècle, avec des variations et des adaptations à d'autres genres voisins, le genre de l'églogue sera de mode. Il sera d'ailleurs durable : *l'Après-Midi d'un faune* de Stéphane Mallarmé en témoigne.

A la guerre, Marot ne cesse d'être poète. En 1520, il est présent au Camp du Drap d'or; en 1521, au camp d'Attigny, il est le chroniqueur de Charles d'Alençon. C'est le temps d'une *Ballade de Paix et de Victoire* où sont dits les malheurs de la guerre :

> Famine vient Labeur aux champs saisir;
> Le bras au chef soudaine mort désire;
> Sous terre voit gentilshommes gésir
> Dont mainte dame en regrettant soupire;
> Clameurs en fait ma bouche qui respire...

Plutôt que de chanter ces malheurs, il préférerait écrire des lais d'amour comme il le dit avec vigueur dans la strophe suivante :

> Ma plume lors aura cause et loisir
> Pour du loyer quelque beau lai écrire;
> Bon temps adonc viendra France choisir,
> Labeur alors changera pleurs en rire.
> O que ces mots sont faciles à dire!
> Ne sais si Dieu les voudra employer.
> Cœurs endurcis, las! il vous faut ployer.
> Amende-toi, ô règne transitoire!
> Car tes péchés pourraient bien fourvoyer
> Heureuse paix ou triomphant victoire.

Suivant le roi François Ier lors de la malheureuse campagne d'Italie, il sera blessé et retenu prisonnier, pour peu de temps, au début de 1525, à Pavie. Son *Élégie de la Bataille de Pavie* forme une délicate tapisserie mélancolique :

> Ainsi diront leurs victoires apertes,
> Et nous dirons nos malheureuses pertes.
> Les dire, hélas! il vaut trop mieux les taire;
> Il vaut trop mieux en un lieu solitaire,
> En champs ou bois pleins d'arbres et de fleurs
> Aller dicter les plaisirs ou les pleurs
> Que l'on reçoit de sa dame chérie;
> Puis, pour ôter du cœur facherie,
> Voler en plaine et chasser en forêts,
> Découpler chiens, tendre toiles et rêts;
> Aucunes fois, après les longues courses,
> Se venir seoir près des ruisseaux et des sources,
> Et s'endormir au son de l'eau qui bruit,
> Ou écouter la musique et le bruit

> Des oiselets peints de couleurs étranges,
> Comme mallars, merles, mauvis, mésanges,
> Pinsons, piverts, passes et passerons;
> En ce plaisir, le temps nous passerons,
> Et n'en sera — ce crois-je — offensé Dieu,
> Puisque la guerre à l'amour donne lieu.

Déjà l'amour opposé à la guerre n'est pas un thème nouveau. Il surgira renouvelé à chaque étape de la poésie française. Ici, un mélange de bergerie et de romantisme, non sans quelques imperfections dans ces rimes trop proches : *passerons,* oiseaux, et *passerons,* verbe, ou *bruit* et *bruit,* se ressentant de la manie énumérative des chroniqueurs, réussit malgré tout à être séduisant.

Les déboires de l'homme engagé.

Un an plus tard, Clément Marot, de retour à Paris, est incarcéré au Châtelet. On l'accuse d'avoir mangé lard en carême, ce qui est un aveu de calvinisme. Curieux de tout, le poète ne pouvait rester indifférent aux idées nouvelles d'un Calvin, même si la rigidité formelle de ce dernier est aux antipodes de son tempérament.

Clément ne pouvait que se réjouir de voir le grand schisme ébranler la papauté, même s'il n'en approfondissait pas toutes les conséquences. Ayant la langue vive, acérée, il fréquentait trop de gens aussi bien du côté calviniste que du côté de la Sorbonne pour ne pas se montrer imprudent. Il avait des ennemis, comme le médiocre François de Sagon ou cette maîtresse nommée Luna ou Diane qu'on a prétendu à tort être Diane de Poitiers, qu'il appelle encore Ysabeau dans un rondeau sur l'inconstance. Elle l'accusa d'avoir « fait gras » et un docteur de la Sorbonne, Nicolas Bouchart, l'enferma au Châtelet.

François Ier, prisonnier, n'était pas là pour prendre sa défense et il risquait le bûcher. Heureusement, un ami fidèle, Lyon Jamet, le fit transférer dans la prison plus acceptable de l'évêque de Chartres d'où il fut libéré. On peut suivre, pas à pas, les étapes de la vie de Marot dans ses poèmes. Ici, une *Épître à son ami Lyon,* pleine de tendresse bavarde :

> Je ne t'écris de l'amour vaine et folle,
> Tu vois assez s'elle sert ou affolle;
> Je ne t'écris ni d'armes ni de guerre,
> Tu vois qui peut bien ou mal y acquerre;
> Je ne t'écris de fortune puissante,
> Tu vois assez s'elle est ferme ou glissante;
> Je ne t'écris d'abus trop abusant,

Tu en sais prou et si n'en vas usant;
Je ne t'écris de Dieu ni sa puissance,
C'est à lui seul t'en donner connaissance;
Je ne t'écris des dames de Paris,
Tu en sais plus que leurs propres maris.

Cette épître du *je* et du *tu* se poursuivra en fable du Lion et du Rat, Marot étant le rat et Lyon le lion comme il se doit. C'est aussi l'époque de la vigoureuse mercuriale de Marot contre le Châtelet qui s'intitule *l'Enfer*. Tout l'appareil judiciaire et policier y est pris à partie : rouerie du juge qui feint l'amitié pour mieux tendre son piège, justice de classe, pratique de la torture :

O! chers amis, j'en ai vu martyrer
Tant que pitié me mettait en émoi.
Par quoi vous pry de plaindre avecques moi
Les innocents qui en tels lieux damnables
Tiennent souvent la place des coupables.

Clément Marot serait le seul en son temps à élever semblable protestation s'il n'y avait eu Michel de Montaigne. Si l'enfer est ce monde du Châtelet, le paradis est situé à la cour : il fallait bien faire passer aussi violente satire. Et ne peut-on penser que ces propos valent encore aujourd'hui?

A la mort de son père, il obtient la charge de valet de chambre de François Ier. Il écrit alors *l'Amour fugitif* où il attaque les moines, ses jolies ballades de Mai ou d'amour. Il dit son goût des lettres :

Qui eût pensé que l'on pût concevoir
Tant de plaisir pour lettres recevoir?
Qui eût cuydé le désir d'un cœur franc
Être caché dessous un papier blanc?
Et comment peut un œil au cœur élire
Tant de confort par une lettre lire?
Certainement, dame très honorée,
J'ai lu des saints la Légende Dorée,
J'ai lu Alain, le très noble orateur,
Et Lancelot, le très plaisant menteur;
J'ai lu aussi le Roman de la Rose...

Des allusions à ses lectures, on en trouve dans maints poèmes. Le même ton enthousiaste apparaît dans cette courte géographie poétique adressée quelques années plus tard à Hugues Salel :

De Jean de Meung s'enfle le cours de Loire.
En maître Alain Normandie prend gloire
Et plaint encor mon arbre paternel.
Octavien rend Cognac éternel.
De Molinet, de Jean Lemaire et Georges,

Ceux de Hainaut chantent à pleines gorges.
Villon, Crétin ont Paris honoré.
Nantes la Brette en Meschinot se baigne.
De Coquillart s'éjouit la Champaigne.
Quercy — Salel — de toi se vantera,
Et, comme je crois, de moi ne se taira.

En 1527, l'incorrigible Marot risque encore les pires ennuis : ne se mêle-t-il pas de rosser le guet pour délivrer un homme arrêté! Il doit écrire une épître tournant la chose en plaisanterie pour que le roi le délivre de prison. C'est un de ses poèmes familiers riches en verdeur :

Trois grands pendards vinrent à l'étourdie
En ce palais, me dire en désarroi :
« Nous vous faisons prisonnier par le Roi! »
Incontinent, qui fut bien étonné?
Ce fut Marot, plus que s'il avait tonné.

Ce langage nous renseigne sur les rapports d'un poète avec les princes. Le ton sait être familier en même temps que respectueux. Le poète s'adresse à quelqu'un proche de lui. Le roi était poète il est vrai.

Suit une période de calme relatif. Généreux, il défend la mémoire de Semblançay dans une épigramme où le condamné fait meilleure figure que le lieutenant criminel l'emmenant au supplice. Il célèbre les événements de cour et cela va de l'échange d'épigrammes avec Marguerite de Navarre à *la Déploration de Messire Florimond Robertet* où la Mort, dans une belle rhétorique, s'adresse à tous humains :

Peuple séduit, endormi en ténèbres
Tant de longs jours par la doctrine d'homme,
Pourquoi me fais tant de pompes funèbres
Puisque ta bouche inutile me nomme?
Tu me maudis quand tes amis assomme,
Mais quand ce vient qu'en obsèques on chante,
Le prêtre adonc, qui d'argent en a somme,
Ne me dit pas maudite ni méchante.

De l'épithalame, pour Renée de France, en 1528, au chant funèbre, pour Louise de Savoie, en 1531, en passant par les poèmes de sa vie personnelle : plainte pour le vol d'un cheval ou demande d'argent, il conduit une poésie rythmant les affaires du temps. Il ne s'échappe de l'anecdotique que lorsqu'il écrit des poèmes platoniques inspirés par Anne d'Alençon ou bien son *Chant royal chrétien*. Peu à peu, sa célébrité s'affirme et, en 1532, sous le titre de *l'Adolescence clémentine,* il réunit ses poèmes de jeunesse. La lutte entre catholiques et réformés se poursuit. Et c'est l'affaire des Placards. Il s'agit d'affiches contre la messe apposées sur les murs du château d'Amboise. Clément Marot figure sur les listes noires des catholiques. Il serait arrêté s'il ne se trouvait à Blois d'où il part pour rejoindre Marguerite de Navarre à Nérac. De là, il gagne l'Italie où il est reçu par Renée de France dans son duché de Ferrare. Il trouve de nouveau une cour française lettrée où les réformés sont protégés et où Calvin lui-même se rendit. C'est là que Marot s'initie aux délicatesses du pétrarquisme.

Blasons et sonnets.

Un poète règne à Ferrare, c'est l'Italien Tebaldeo qui représente les subtilités décadentes nées de Pétrarque. A la sensualité italienne, Clément Marot ajoute sa verve gauloise et cela donne l'épigramme du *Beau Tétin* qui prélude aux exaltations du corps féminin chères à la Pléiade :

> Tétin refait, plus blanc qu'un œuf,
> Tétin de satin blanc tout neuf,
> Tétin qui fais honte à la rose,
> Tétin plus beau que nulle chose,
> Tétin dur, ou pas tétin, voire
> Mais petite boule d'ivoire
> Au milieu duquel est assise
> Une fraise, ou une cerise...

Depuis le xve siècle, on aimait à blasonner, c'est-à-dire à louanger ou à blâmer. Avec les poètes de l'époque de Marot, on prend pour sujet les parties du corps féminin, ce corps qui inspirera la Renaissance, avant que Paul Éluard ne reprenne le projet à sa haute manière. On fait même des concours où les plus grands noms s'affrontent. Au *tétin* de Marot correspondent les *yeux* d'Antoine Héroët, la *bouche* de Victor Brodeau, les *cheveux* de Jean de Vauzelles, le *cœur* de Jacques Peletier, la *main* de Claude Chappuys qui fait aussi le *ventre,* et d'autres parties par Guy de Tours, Guillaume Bochetel, Eustorg de Beaulieu, et même Maurice Scève qui l'emporte avec le *sourcil.* Clément Marot le félicite et crée le contreblason commençant par le *laid testin.* On ne finit pas de blasonner et de contre-blasonner jusqu'aux protestations du fabuliste Gilles Corrozet contre cette indiscrète manie.

Il faut dire du blason quelques mérites : il ne servit pas seulement au jeu. Des poètes savants l'utilisèrent pour décrire les plantes, les animaux, les pierres, les météores, les plantes, et même les villes de France. A l'époque de Du Bartas, maints savants, médecins ou alchimistes, blasonneront non pour montrer leur habileté mais pour trouver un moule poétique à leurs observations.

Si durant cet exil italien, Clément Marot écrit au roi une belle épître où il lui dit ne plus se sentir du nombre des coupables, au Dauphin pour exprimer son ennui, il écrit aussi les premiers sonnets français dont la mode vient d'Italie qui nous restitue cet art déjà connu par le troubadour Giraut de Borneilh. Certains s'adressent à la duchesse de Ferrare. Il traduit Pétrarque, ce poète tant à la mode depuis que Maurice Scève a redécouvert, ou tout au moins l'a cru, le tombeau de Laure de Noves en Avignon. Voici un de ces sonnets :

> Le premier jour que trépassa la belle,
> Les purs esprits, les anges précieux,
> Saintes et saints, citoyens des hauts cieux,
> Tout ébahis vinrent à l'entour d'elle.
>
> Quelle clarté, quelle beauté nouvelle,
> Ce, disaient-ils, apparaît à nos yeux?
> Nous n'avons vu du monde vicieux
> Monté çà haut encor une âme telle.
>
> Elle, contente avoir changé demeure,
> Se parangonne aux anges d'heure à heure,
> Puis tout à coup derrière soi regarde
>
> Si je la suis; il semble qu'elle attend;
> Dont mon désir ailleurs qu'au ciel ne tend,
> Car je l'oy bien crier que trop je tarde.

Nous sommes déjà bien éloignés de l'art des Rhétoriqueurs. Nous nous arrêtons sur cet art du sonnet qui, s'il est sans défauts, « vaut seul un long poème » et qui encore, selon Boileau, fut inventé par Apollon pour « pousser à bout tous les rimeurs français ». Donc Pétrarque le mit à la mode, et, après Clément Marot, les Ronsard, Mellin de Saint-Gelais, Joachim Du Bellay, Pontus de Tyard traduisirent et imitèrent les sonnets italiens.

Dès lors, ce genre traversa les siècles selon des fortunes diverses. Au xviie, jobelins et uranistes en feront une bataille tandis que les contemporains de Vincent Voiture et d'Isaac de Benserade, les Ogier de Gombauld, Guillaume Colletet, Claude de Malleville, Bernard de La Monnoye, Jean Hesnault, François de Maynard et Jacques Desbarreaux en useront à qui mieux mieux. Le xviiie le délaisse alors que le siècle romantique y revient. On passe sur Félix Arvers et Joséphin Soulary, bien que ce dernier y excelle parfois, on s'étonne que Victor Hugo en ait fait si peu et Alfred de Vigny pas du tout, et l'on salue Gautier, Baudelaire, Nerval, Verlaine, qui ne se privent pas d'alléger les rigueurs du genre, avant que José-Maria de Heredia en martèle les rimes. Mais quel poète ne s'est pas essayé au sonnet?

Ouvrons une parenthèse pour décrire rapidement sa structure. On variera ses formes et la répartition de ses rimes, mais il y aura toujours quatorze vers (à moins qu'on n'ajoute un tercet mais il ne s'agit plus alors d'un sonnet) répartis sur deux quatrains suivis de deux tercets. Les deux quatrains sont à rimes embrassées *(abba-abba)* sur le même modèle, mais on trouvera chez Pierre de Ronsard et ses amis des quatrains à rimes croisées *(abab-abab* ou *abab-baba).* Comme chez Clément Marot, les deux tercets sont construits sur le système *ccd-eed,* mais les poètes de la Pléiade introduiront des variations. Au XVIe siècle, le sonnet sera le support surtout du sentiment amoureux et l'on y trouvera l'élégie tout comme la satire, la religion et l'ésotérisme, l'histoire, etc. Les sonnets seront généralement en alexandrins et en décasyllabes.

La conjuration des médiocres.

Après Ferrare, Clément Marot dut s'exiler à Venise. Dans la cité des Doges, le poète s'émeut de la misère des *pauvres nus, pâles et languissants* qu'on trouve au pied des temples marbrins. À la fin de 1536, il peut rentrer en France.

A Lyon, ses amis les poètes, les humanistes l'accueillent, et au premier rang, Maurice Scève. Il doit abjurer devant le cardinal de Tournon pour retrouver Paris, sa famille, dont son fils Michel qui rimera le temps d'une existence éphémère. Il écrit *Dieu gard à la cour.*

Des ennuis l'attendent. Un poétaillon l'attaque dans un pamphlet intitulé *Coup d'essai* où apparaît un Marot licencieux, hérétique, ignorant et hypocrite. *L'Enfer,* s'il ne sera publié qu'en 1539, circule sous le manteau. La querelle Sagon, c'est la vieille conspiration des médiocres et envieux. On vise bas : Marot devient maraud et Sagon sagoin. Cela fait penser aux querelles du temps de Voltaire.

Clément Marot, qui riposte en raillant, a des alliés : Mellin de Saint-Gelais, le jeune Charles Fontaine, Bonaventure Despériers, Nicolas Glotelet (peut-être un pseudonyme), Claude Colet, Calvy de La Fontaine, Jean de Boyssoné, et bien d'autres marotiques.

Côté Sagon-sagoin, il y a Charles de La Huetterie, Matthieu de Boutigny, Jean Leblond de Blanville. On échange des injures. Deux poètes appelés au secours par Sagon, Germain-Colin Bucher et Nicolas Bourbon, se font médiateurs. Marot a inventé un personnage chargé de répondre à sa place, le valet Fripelipes :

> Je ne vois point qu'un Saint-Gelais,
> Un Héroët, un Rabelais,
> Un Brodeau, un Scève, un Chappuy
> Voysent écrivant contre luy.
> Ni Papillon pas ne le poind,
> Ni Thénot ne le tenne point.
> Mais bien un tas de jeunes veaux,
> Un tas de rimasseurs nouveaux
> Qui cuident élever leur nom,
> Blâmant les hommes de renom.

Une société burlesque de Rouen, les Conards, s'en mêle avec fracas, mais la raison l'emporte et un banquet d'honneur condamne Sagon.

Dès lors, Marot continue cette chronique de la société que constituent ses poèmes de circonstance. Son *Adieu aux dames de la cour,* en 1537, est consacré à la campagne de Piémont. Il versifie des épitaphes pour Jean Serre, joueur de farces, ou Ortis, le More du roi, ou encore un frère cordelier. En dix vers, il demande une haquenée au roi de Navarre. En un long poème, il recommande à François Ier le poète Almanque Papillon malade. Et voici une élégie pour Chauvin le Ménétrier, une églogue pour le roi sous les noms de Pan et Robin. Il se compose un poème pour lui-même afin d'y répondre ensuite. C'est toute la liberté d'une muse facile avec de merveilleuses perles de parler populaire. Ainsi, comme Villon imitait les jargons, il ne dédaigne pas de montrer comment on peut mal parler :

> Collin s'en allit au Lendit,
> Où n'achetit ni ne vendit,
> Mais seulement, à ce qu'on dit,
> Dérobit une jument noire.
> La raison qu'on ne le penda
> Fut que soudain il réponda
> Que jamais autre il n'entenda
> Sinon que de la mener boire.

Dans la vie de Marot, les périodes de calme sont de courte durée. Il continue de se ranger du côté des novateurs. Le cadeau que lui a fait le roi, une maison, ne suffit pas pour l'embourgeoiser. Fou de poésie et de vérité, il n'hésite pas à remettre sa tranquillité en question. Il ne retient jamais sa plume, multiplie les boutades, joue du coq-à-l'âne qu'il érige en genre littéraire par un jeu d'allusions parfois obscures, volontairement incohérentes, pour échapper à la censure comme le feront certains poètes de la Résistance plus tard. Et n'a-t-il pas entrepris de traduire les *Psaumes* de la Bible, de mettre en vers français, d'éclairer, d'interpréter cela qui est de l'Église, laquelle tient au relatif secret du latin, accessible au petit nombre initié?

Le poète religieux.

Mettre *les Psaumes* en vers français, en cela le roi François Ier l'a encouragé, et aussi Charles Quint. Quand, en 1541, il publie ses *Trente Psaumes de David,* ils connaissent un immense et peu pardonnable succès. Ils vont même devenir un élément essentiel du culte calviniste. Le protestant Claude Goudimel, future victime de la Saint-Barthélemy, en fera de célèbres motets, comme de ceux de Théodore de Bèze qui continuera le travail de Marot. Et voilà notre poète devenu un classique de la religion réformée.

De plus, il a voulu opposer la connaissance par la foi à l'aveuglement superstitieux dans son *Sermon du bon et du mauvais pasteur,* et son poème *l'Enfer* paraît au moment même où la répression s'intensifie. Condamné par la faculté de théologie de Paris, le poète, à la fin de 1542, devra fuir, fuir encore, et vers des lieux moins hospitaliers qu'on ne le pourrait croire. A Genève, on n'oublie pas qu'il a abjuré. Il traduit cependant de nouveaux *Psaumes* et en 1543 paraît une édition de *Cinquante Psaumes de David.*

Ces traductions ont le mérite de la simplicité. Il semble qu'elles aient été composées de manière qu'on les retienne facilement. Observant l'alternance des rimes féminines et masculines, elles correspondent aux nécessités du chant choral. Si les psaumes n'ont pas la grandeur de l'original, ils sont menés avec vivacité. Clément Marot a été guidé par l'hébraïsant Vatable, puis, pendant la période genevoise, par Calvin et le Consistoire. Sans doute, traduisant par ces vers le psaume XLIII, put-il méditer sur sa situation personnelle :

> Las! mon Dieu, tu es ma puissance :
> Pourquoi t'enfuis me rebutant?
> Pourquoi permets qu'en déplaisance
> Je chemine sous la nuisance
> De mon adversaire qui tant
>   Me va persécutant?

Respectueux de la vérité, Marot n'est cependant pas fait pour l'atmosphère froide, sévère, ascétique du monde genevois. Ses moyens sont limités. La fin de sa vie est triste. Il revient en Savoie, puis va en Piémont et meurt abandonné de tous en 1544 à Turin.

Entre-temps, il n'a pas oublié son rôle de poète royal, a félicité par une épître un général de vingt-cinq ans, le comte d'Enghien, victorieux à Cérisoles, a écrit sa *Complainte d'un pastoureau chrétien* où les bons bergers louant Dieu sont chassés par les mauvais pasteurs : on voit l'allusion. Son dernier poème, *le Baladin* a été recueilli après sa mort :

Je partis lors, et, à la vérité,
J'étais piqué du grand zèle des zèles,
Et puis amour me portait sur ses ailes.
Je traversai les bois où a été
Ourson d'un ours en enfance allaité.
Je traversai la beauté spacieuse
Et la vallée humble et délicieuse.
Icy mourut.

Loin de Paris, se termine la fin de cet homme généreux, de ce poète dont l'apport est considérable en ce qu'il a fait avancer la poésie vers de nouvelles régions durant le cours de sa propre vie. Il se situe dans une veine où excelleront un La Fontaine ou un Jules Supervielle. Il était trop libre, trop fantaisiste, trop personnel pour avoir une doctrine stricte. Il sut pourtant avoir des disciples et il existe une famille Clément Marot. Dans son foisonnement, il est difficile de trouver un art poétique cohérent, trop de germes s'y emmêlent. Mais ils existent.

Une poétique buissonnière.

L'aspect frivole de Clément Marot s'efface devant son *Temple de Cupido, l'Enfer,* et *les Psaumes,* les épîtres d'exil et certains poèmes patriotiques. Il est impossible de l'enfermer dans une formule ; entre deux époques, il participe des genres médiévaux mais les renouvelle ; avant la Pléiade, il reprend des genres antiques : églogues, épîtres, épigrammes, introduit en France le blason, le sonnet et le huitain italiens, a le sens de l'humanisme.

Jamais enfermé dans le cadre des théories, se fiant à son goût, à son sens de la rhétorique et de la musique des mots, il a renouvelé les rythmes en poète qui sait tendre l'oreille. Écrivant en puisant dans le trésor oral, sans rien renier des recherches linguistiques et prosodiques de ses devanciers, il assouplit, il épure, il provoque de surprenants mariages de mots, il forge une langue hardie et spontanée.

Sa versification apparaît comme une démonstration d'aisance. Tous les mètres l'intéressent, avec une préférence marquée pour l'octosyllabe à l'allure dégagée et souple dont jouera si bien Guillaume Apollinaire et pour le décasyllabe qui court de la geste au *Cimetière marin* de Paul Valéry et dont l'emploi peut se prêter à nombre d'usages. Des mètres courts, il joue en funambule dans ses épigrammes où il étincelle, comme le fera Victor Hugo. Il se montre moins bien à l'aise dans l'alexandrin. Pour la rime, il reste soumis aux lois compliquées des Rhétoriqueurs; dès qu'il y échappe il tombe dans la facilité; il a du mal à trouver le juste équilibre. On retient davantage, à l'intérieur du vers, les jeux instrumentaux : sonorités, allitérations, harmonie imitative, reprises, anaphores, refrains, tout cela à quoi un Louis Aragon s'attachera.

Aimant plaire, il le fait sans bassesse. Ayant pour métier de louer, il évite la flagornerie, garde toujours une réserve, un quant-à-soi. La poésie peut-elle être anecdotique et rester poésie? Clément Marot répond par l'affirmative. Il montre que dans la rigueur imposée par l'actualité, la circonstance, peut jaillir le sentiment bouleversant, l'idée grandiose. Le message d'homme a la primauté. Plus que de systèmes d'approfondissement philosophique, il s'agit de porter témoignage au niveau des sensations : enthousiasmes, regrets et déceptions, engagements et retraits, contradictions, raillerie et colère, sensualité et spiritualité. Sans cesse la participation s'opère dans la simplicité et le charme : « Lisez hardiment, dit-il à ses lecteurs, vous y trouverez quelque délectation et en certains endroits quelque peu de fruit. »

Pour cet héritier des fabliaux, la poésie est le lieu de la satire. Elle peut s'ériger en révolte de l'idée de liberté, de libre épanouissement intellectuel contre les dogmatismes religieux, les conventions et les dictatures des groupes ennemis. Elle est le bon grain de l'humanisme.

Il nous offre aussi l'image du poète joyeux — joyeux malgré tout. Il ne revêt pas la défroque du mage. Aux coups du sort, il répond par un sourire. Et il existe un sourire marotique comme il existe un rire rabelaisien. Joyeux ou désabusé, ironique ou tendre, Marot poursuit sa vie en faisant ce qu'il doit. S'il a été contraint d'abjurer, ce qui est la grande humiliation de sa vie, il en a supporté les conséquences avec une sorte de sagesse humble et courageuse. Son esprit l'incline toujours plus volontiers vers la raillerie que vers des accents tragiques s'accordant mal à sa personnalité pudique et naturelle.

Pourrait-on être grand poète sans réfléchir à la mission de l'écriture ? Marot ne faillit pas : il sait que les actes des princes, des gouvernements et des nations, comme ceux du simple particulier, sans leur transposition poétique, sont promis à l'oubli. Dès lors, le poète s'égale au prince. Immortel, le créateur peut conférer l'immortalité. C'est déjà le Corneille du « Vous ne passerez pour belle qu'autant que je l'aurai dit ». Grâce à lui, les morts peuvent vivre sans fin. La devise de Marot : « La mort n'y mord » est en cela significative. Dès lors, le don du poème est sans prix et la condition du poète dépasse les soumissions de l'homme à l'ordre établi.

En lui opposant Pierre de Ronsard, l'histoire scolaire de la poésie pourrait laisser croire que le premier de la Pléiade ne nourrissait que mépris à l'égard de cet attardé, opinion erronée qui a généralement cours. Dans sa préface aux *Cinq livres des Odes,* Ronsard écrit : « J'allai voir les étrangers et me rendis familier d'Horace, contrefaisant sa naïve douceur, dès le même temps que *Clément Marot, seule lumière en ses ans de la poésie...* » Joachim Du Bellay lui dédie ces deux vers :

> Tant que oui et nenni se dira,
> Par l'univers le monde te lira.

Dans ses *Recherches de la France,* Étienne Pasquier le présente ainsi : « Il avait une veine grandement fluide, un vers non affecté, un sens fort bon, et encore qu'il ne fût accompagné de bonnes lettres, ainsi que ceux qui vinrent après lui, si n'était-il si dégarni qu'il ne les mît souvent en œuvre à propos. » Jean de La Fontaine, dans sa *Clymène,* le salue :

> Un jeu dont je voudrais Voiture pour modèle.
> Il excelle en cet art : maître Clément et lui
> S'y prenaient beaucoup mieux que nos gens d'aujourd'hui.

Si Boileau s'est arrêté à l'élégant badinage, il a ajouté qu'il « montra pour rimer des chemins tout nouveaux ». Jean-Baptiste Rousseau l'a appelé « l'honneur de mon pupitre ». La Bruyère le salue. La Harpe retient les progrès qu'il fit faire à la versification. Plus réservé, Voltaire, s'il reconnaît que Marot a forgé la langue de Montaigne, lui reproche une mauvaise influence par ses contes naïfs et ses épigrammes licencieuses ne valant que par le sujet, sans ajouter mea culpa. Sainte-Beuve reconnaît sa causerie facile, ses mots vifs et fins, mais reste critique envers une sensibilité qui tourne trop vite au badinage. De notre temps, un Paul Éluard entre autres a saisi son importance. Si aux XVIIe et XVIIIe siècles, on n'apprécia que ses œuvres mineures, aujourd'hui, on retient une image d'ironie simple, d'émotion vraie, de naturel, de générosité, de foi, de protestation, de permanence aussi en ce qu'il unit poésie et vérité, sans rejeter le ciseleur de pièces légères.

2

Les princes à l'école des poètes

La Marguerite des Marguerites.

L A poésie a souvent tenté les princes et l'on verra dans ce siècle qui a succédé à celui de Charles d'Orléans, être honorablement poètes, non seulement les deux grands protecteurs de Clément Marot, mais aussi Henri II, Diane de Poitiers, Marie Stuart, Charles IX, Jeanne d'Albret, Marguerite d'Autriche, Henri IV, Marguerite de France dite la Reine Margot.

Lorsqu'il s'agit de ce frère et de cette sœur, François Iᵉʳ roi de France et Marguerite reine de Navarre, il faut dépasser l'idée de mécénat ou d'amateurisme, car l'un et l'autre ont été poètes, la sœur supérieurement au frère et ayant acquis ses lettres de noblesse en prose avec l'*Heptaméron,* puisqu'on intitulera ainsi l'ensemble de ses nouvelles, mais l'un et l'autre armés pour le poème. Incestueusement, François et Marguerite eurent une fille qui s'appelle Renaissance.

François Iᵉʳ fut à la Renaissance ce que Louis XIV fut au siècle classique. Marguerite de Navarre (1492-1549) l'accompagna dans son rôle de père des lettres. Née à Angoulême, elle passa son enfance à Cognac, puis à Blois. Mariée à dix-sept ans au duc d'Alençon, elle vécut d'abord à la cour de France. Veuve à trente et un ans, elle se remaria à trente-trois avec Henri d'Albret, roi de Navarre. La petite cour de Nérac, comme cela deviendra sa tradition, devint vite le centre d'accueil des suspects d'hérésie, des humanistes, écrivains et poètes. Non seulement Clément Marot, mais aussi Charles de Sainte-Marthe, Bonaventure Despériers,

Mellin de Saint-Gelais, Jacques Peletier connurent sa protection et son hospitalité. Les uns furent ses conseillers, les autres ses secrétaires ou valets de chambre, tous ses amis et ses interlocuteurs car elle aimait parler, conter et entendre. On a dit que Marot fut son tendre ami, et aussi son frère le roi, mais il faut faire la part de la tradition platonicienne et cela n'a d'importance que pour la petite histoire.

Connaissant bien des déboires : conduite grossière d'Henri d'Albret, mort d'un fils en bas âge, manque d'affection de sa fille Jeanne d'Albret, éloignement de son frère tant aimé, rivalité du connétable de Montmorency, elle inclina vers la méditation et l'étude. Peut-être était-elle la femme la plus instruite du royaume, connaissant six langues que sa mère, Louise de Savoie, lui avait fait apprendre. « L'aimable mère de la Renaissance » comme dit Michelet, descendante de Charles d'Orléans, était de bonne race.

En elle se retrouvent les contradictions de l'époque puisqu'elle oscille de Boccace à *l'Imitation.* On la voit complice des amants d'une vie joyeuse, cynique, dépravée, en même temps que son ascétisme, sa gravité métaphysique, son intelligence austère sont présents. Peut-être pour elle ne peut-on aimer Dieu sans aimer la créature, et les menus incidents de la vie des hommes la passionnent. Elle a nettement conscience de l'infériorité dans laquelle la société tient la femme et elle sera une des premières à revendiquer les droits de l'amour et à s'élever contre les tyrannies de l'Église.

D'ailleurs, le débat sur la femme continue depuis Christine de Pisan et Martin Le Franc, auteur de la seconde partie du *Roman de la Rose.* En 1520, l'érudit André Tiraqueau a traité de la faiblesse des femmes et deux ans après Amaury Bouchard a répondu par une *Apologie du sexe féminin.* Vingt ans après, c'est la querelle des Amies. Bertrand de La Borderie, dans son *Amie de Cour* que défendra Paul Angier, trace un mauvais portrait de la femme et de l'amour. Charles Fontaine réplique avec *la Contre-Amie de cour,* Antoine Héroët avec *la Parfaite amie,* Almanque Papillon avec *le Nouvel amour.* Antoine Dufour a écrit un dialogue apologétique, Jean Bouchet un *Triomphe de la noble dame amoureuse.* Sont encore dans les « pour » Charles de Sainte-Marthe, François Billon, Guillaume Postel, Claude de Taillemont, tandis que dans les « contre » sont Gratien Du Pont, Rabelais et Boccace. A ces derniers grands noms, on peut opposer Érasme, Cornelius Agrippa de Nottesheim, les Italiens Speroni, Domonechi, Castiglione dont les ouvrages sont traduits en France. La femme triomphera et l'amour sera

élevé, noble et pur, comme le veulent Platon et Pétrarque, platonisants et pétrarquisants.

Le platonisme, c'est à la cour de Marguerite qu'il fleurit car,
pour la reine, rien semble n'avoir changé depuis le roman courtois. La perfection dans l'amour peut atteindre le divin.

Pendant longtemps, la critique méprisa ses poésies, allant jusqu'à les dire médiocres, sans imagination, sans couleur et sentant
la scolastique. Puis on découvrit qu'il y régnait une vive sensibilité, comme dans ces vers qu'elle écrivit en litière alors que son
tendre cadet, François Ier, était malade :

> Oh qu'il sera le bienvenu
> Celui qui frappant à ma porte
> Dira : « Le roi est revenu
> Et sa santé très bonne et forte! »
> Alors sa sœur plus mal que morte
> Courra baiser le messager
> Qui telles nouvelles apporte
> Que son frère est hors de danger.

Généralement, ses poèmes dépassent la circonstance. Elle n'a
rien de la frivolité apparente de son protégé Clément Marot qui la
décrit : « Corps féminin, cœur d'homme et tête d'ange. » Il règne
même dans ses poèmes une grave monotonie, un mysticisme
mélancolique, une recherche spirituelle touchante.

Ils furent recueillis par son valet de chambre Simon de La Haye
qui les fit paraître sous le beau titre *Marguerites de la Marguerite
des Princesses, très illustre reine de Navarre,* en 1547. Il y a dans ce
titre un jeu de mots latin : *margarita,* la perle. Auparavant avaient
été publiés son *Miroir de l'âme pécheresse,* des *Chansons spirituelles,
épîtres et complaintes* et des *Poésies mystiques.*

Qu'il s'agisse du *Miroir de l'âme pécheresse* dont la seconde édition
fut censurée en Sorbonne ou des principaux poèmes des *Marguerites* où l'influence platonicienne, participation des choses au Bien
universel, se fait sentir, tout l'œuvre poétique de Marguerite
de Navarre est dominé par un approfondissement mystique. C'est
une méditation tendant vers le bien, un élan d'innocence et de
vertu exprimant les débats intérieurs d'une femme intelligente,
profondément chrétienne, tentée par le calvinisme parce qu'il lui
semble plus proche d'elle et de sa recherche de vérité.

Elle avait pour emblème la fleur du souci et pour devise : « Non
inferiora secutus », autrement dit, elle ne s'arrêtait pas aux choses
d'ici-bas. Il y a de la grandeur dans sa description de Dieu et un
vif sentiment de la faiblesse humaine.

Une conception poétique médiévale fait penser à Alain Chartier, avec cette différence qu'elle exprime des idées peu courantes. L'inspiration est nouvelle, profonde, mais ne trouve pas son esthétique correspondante, et cela donne à l'œuvre une sorte de décalage qui la déborde, qui l'embarrasse, et cela crée même un certain malaise. Et pourtant son archaïsme laisse passer par endroits le souffle nouveau. Il n'est pas si facile de livrer des pensers nouveaux sur des vers antiques!

Un des plus beaux poèmes est *le Triomphe de l'Agneau*, visionnaire et ascétique sur le thème johannique. On trouve des effusions lyriques et graves, un parfum d'humanité et de vérité, mais tout est ralenti par la monotonie et la démarche pesante des vers et il est dommage que des poèmes qui ont presque tout pour être parfaits, comme *la Complainte pour un détenu politique*, sans doute Marot, n'échappent pas à cette critique.

Certaines œuvres arrivent comme pour apporter une contradiction au meilleur d'elles-mêmes : une farce, celle du *Faux-Cuyder*, une sotie, *Trop, prou, peu, moins*, une *Moralité de Mont-de-Marsan*. Ainsi, elle peut exceller dans le comique et se montrer écrivain des plus complets. Elle peut écrire aussi des épigrammes et des chansons qui sont le reflet de son charme et de sa finesse ou bien un poème érudit, chargé d'ornements mythologiques, *les Satyres et les Nymphes de Diane*. Son *Faux-Cuyder* est avant tout une pastorale qui annonce les bergeries d'Honoré d'Urfé et de Racan. Ces satyres poursuivant les nymphes, en dépit du dessein moral, teintent le christianisme de la reine d'un peu de paganisme.

Elle s'épanouit mieux dans ses *Chansons spirituelles,* cris de sa foi qui la classent parmi les grands poètes chrétiens. A la fin de sa vie, ses poèmes prendront le caractère d'un catholicisme plus orthodoxe. Voici un dizain de toute beauté :

> J'ai longuement senti dedans mon cœur
> L'amour qu'à vous j'ai porté si très forte,
> Si très honnête et tant pleine d'honneur
> Qu'oncques nul cœur n'en sentit de la sorte;
> Mais maintenant qui tant me réconforte,
> Bien que je sens mon affection vive,
> La vôtre y est si grande et si naïve
> Que le sentir qui confirme ma foi
> Me fait avoir l'élection craintive
> Si cette amour est à vous ou à moi.

Quand, dans une anthologie de la poésie religieuse, Dominique Aury a inclus les sixains de *la Comédie du Désert*, elle ne s'est pas trompée car ces vers, riches et dépouillés, ont des accents admirables :

> Tel que tu fus, Seigneur, tout tel tu es,
> Et tel seras, sans fin à tout jamais :
> Très gracieux et doux à tes fidèles,
> Très rude et dur et juste à tous méchants,
> Qui sont toujours par malice péchant,
> Sans espérer sous l'ombre de tes ailes.

Et l'on peut opposer un contraste saisissant, avec ce poème écrit pour son frère dont elle avait une idée si haute qu'il n'est pas assez d'épithètes pour l'exprimer :

> En terre il est comme au ciel le soleil;
> Hardi, vaillant, sage et preux en bataille,
> Fort et puissant, qui ne peut avoir peur
> Que prince nul, tant soit puissant, l'assaille.
> Il est bénin, doux, humble en sa grandeur,
> Fort et constant, et plein de patience,
> Soit en prison, en tristesse ou malheur.

Chacun de ses poèmes représente un voyage intérieur, une recherche de délivrance qu'on trouve notamment dans ses *Prisons* qui sont celles de l'amour, de l'ambition, de la science. Son faible rien doit s'anéantir dans la totalité divine. Dans son temps, elle est celle qui aborde les problèmes religieux avec le plus de conviction : en cela Clément Marot pâlit à ses côtés.

Il suffit de lire son *Heptaméron* où l'on est paillard comme chez Boccace pour voir le contraste. L'amour-plaisir peut exister auprès de l'amour-passion. Il reste du moyen âge dans son époque et l'on a vu quels mariages curieux s'y faisaient, le fabliau cohabitant avec le poème religieux ou courtois chez un même être.

Un maître anonyme a laissé de Marguerite de Navarre un portrait qui ressemble à ses œuvres. Visage spirituel, pétillant de malice et de vie, nez bien planté, bouche fine et bien dessinée, regard profond où l'intelligence fait briller une pointe d'ironie. Albert-Marie Schmidt a commencé une étude sur *les Traducteurs de Platon* par cet hommage : « Les songeurs érudits éprouvent un secret plaisir à évoquer la figure de Marguerite, la reine de Navarre, car son charme de mélancolie, sa grâce de légende, favorisent leur songerie, tandis que l'exemple de sa vie intérieure, constamment dédiée au service de l'Idéal, les dispose à aiguiser davantage la finesse de leur esprit. »

Le roi poète.

François Ier ne fut sans doute poète que par amateurisme. Il a sa place ici, non pour l'anecdote ou la curiosité, auxquelles nous ne répugnons pas, mais parce qu'il a écrit des poèmes qui valent, et souvent dépassent, ceux de bien des poètes de son temps dont les noms sont demeurés.

Nous pouvons passer sur les deux vers tant cités qu'il grava du diamant de sa bague sur une vitre de Chambord :

> Souvent femme varie
> Mal habil qui s'y fie.

et aussi sur quelques vers héroïques médiocres où il se fait le trouvère de sa propre geste à propos des malheurs de Pavie. Mais lorsqu'il en vient à sa captivité, comme son grand-oncle Charles d'Orléans, l'inspiration le saisit. Pour s'opposer au Pô et au Tessin de l'Italie qui le retient prisonnier, il appelle au secours les fleuves français dans des vers pleins d'une mélancolique originalité :

> Nymphes qui le pays gracieux habitez
> Où court le mien beau Loire, arrosant la contrée...
> Rhône, Seine, Garonne, aussi Marne et Charente,
> Et d'autres fleuves tous qu'alentour environne
> L'Océan et le Rhin, l'Alpe et les Pyrénées,
> Où est votre seigneur que tant fort vous aimez ?

Il se plut à imiter Charles d'Orléans, il le fit avec grâce et mania l'allégorie sans lourdeur :

> En la grand mer, où tout vent tourne et vire,
> Je suis pour vrai la doulente navire
> De foi chargée et de regrets armée
> Qui pour quérir ta grâce renommée,
> Ai tant souffert qu'on ne saurait écrire.
> Mes rames sont pensées de grief martyre ;
> C'est bien le pis quand il faut que j'y tire
> Car trop souvent ont la nef abîmée
> En la grand mer.

Il eut le sens de la chanson quand il composa un poème dont deux vers sont connus

> Où êtes-vous allé, mes belles amourettes ?
> Changerez-vous de lieu tous les jours ?

Lorsque Henri II adressera quelques vers à Diane de Poitiers il aura un peu de ce charme.

On ne saurait mieux unir Marguerite de Navarre et François Ier, frère et sœur, qu'en citant pour l'une Michelet : « C'était un esprit délicat, rapide et subtil, ailé, qui volait à tout, se posait sur tout, n'enfonçant jamais, ne tenant à la terre que du bout du pied », et pour l'autre Étienne Pasquier : « Mais pour clore la poésie qui fut lors, je vous dirai qu'encore fut-elle honorée par le roi François Ier lequel composa quelques chansons non mal faites. »

3

Dans l'entourage de Clément Marot

Saint-Gelais, créature gentille !

L E poète Charles de Sainte-Marthe a fort bien défini les relations de la reine de Navarre avec les poètes de son temps :
« Les voyant, à l'entour de cette bonne dame, tu eusses dit d'elle
que c'était une poule qui soigneusement appelle et rassemble ses
petits poulets et les couve de ses ailes. » Sous ces ailes royales, on
trouve une famille poétique qui est celle-là même de Clément
Marot.

Le jumeau en gloire de ce dernier est bien Mellin de Saint-
Gelais (1491-1558), le « neveu » ou le fils naturel de l'évêque-
poète Octavien de Saint-Gelais. On dit que Mellin est médecin,
mathématicien, astronome, jurisconsulte, philosophe, théologien,
musicien, orateur, mais le temps qui filtre tout réduit ces qualités
reconnues par ses contemporains à la courte appréciation d'Étienne
Pasquier : « Il produisait de petites fleurs, et non fruits d'aucune
durée; c'étaient des mignardises. »

Comme Marot dont il fut le disciple, l'ami et quelque peu le
rival, Mellin connut l'Italie et subit très fortement l'influence de
Pétrarque en passant par la préciosité de Tebaldeo et Chariteo, bref
se mettant avant tant de poètes de la Renaissance à l'école italienne.
Il en retint surtout le maniérisme, l'affectation qui s'accordaient
à sa nature. Tandis qu'un tour gothique tempérait chez Marot les
finesses du berceau de la Renaissance, Mellin de Saint-Gelais, labo-
rieusement, imitait Pétrarque dans ses antithèses, en allant jusqu'à
la caricature.

On l'a dit efféminé. Clément Marot écrivit ce vers : « O Saint-Gelais, créature gentille! » et peut-être fait-il allusion, en même temps qu'à sa personnalité, à cette manière de minauder dans ses vers au point de faire oublier leur aspect sensible et aérien.

Il sait aussi être caustique dans ses épigrammes que craint Ronsard et il lutte pour défendre la langue française de l'invasion de termes grecs provoquée par la Pléiade. S'il récite à la cour de Marguerite une ode de Ronsard c'est en la ridiculisant. La reine, plus sage, lui retire les feuillets et lit comme il se doit. Ronsard-Pindare n'en voulut point à Mellin-Pétrarque puisqu'il le salua ainsi : « Mellin qui prit son nom de la douceur du miel. »

Mellin de Saint-Gelais a écrit dans tous les genres en vogue, excellant dans les courtes pièces, badinant en libertin avec toutes choses, ne respectant, comme le dira Sainte-Beuve, « ni Madeleine, ni les onze mille vierges ». Il y a chez ce pétrarquisant du Boccace et du Poggio. Il traduit Philoxeno, Jean Second, Claudien, pique dans toutes les assiettes et en fait de la gentille poésie. Les pièces longues sont rares : on peut citer la paraphrase d'une élégie d'Ovide, *la Déploration du bel Adonis,* imitée d'une idylle de Bion; il commença la traduction de *l'Histoire de Genièvre* de l'Arioste dont il imita trois chants, avant que Baïf terminât ce travail en 1572.

En tout, il apparaît comme un Marot en plus petit. Comme lui, il utilisa le moule du sonnet. En voici un bien dans sa manière :

> Il n'est point tant de barques à Venise,
> D'huîtres à Bourg, de lièvres en Champagne,
> D'ours en Savoie et de veaux en Bretagne,
> De cygnes blancs le long de la Tamise;
>
> Ni tant d'amours se traitant en l'Église,
> De différends aux peuples d'Allemagne,
> Ni tant de gloire à un seigneur d'Espagne,
> Ni tant se trouve à la cour de feintise;
>
> Ni tant y a de monstres en Afrique,
> D'opinions en une République,
> Ni de pardons à Rome un jour de fête;
>
> Ni d'avarice aux hommes en pratique,
> Ni d'arguments en une Sorbonique,
> Que m'amie a de lunes en la tête.

On le voit : Mellin a des idées ingénieuses, de l'esprit, un tour burlesque qui fait penser à certains poètes du début du XVIIe siècle, mais il les met au service d'une conclusion plate et ce quatorzième vers du sonnet qui devrait l'élargir le réduit au contraire.

Son génie fut de survivre à Clément Marot. Cet esthète mourut en jouant du luth pour accompagner des vers qu'il venait de composer. Tous les poètes lui rendirent hommage. Olivier de Magny déplora sa fin, Joachim Du Bellay l'appela « des Muses, le premier honneur » tout en le satirisant ailleurs, Rabelais lui emprunta une *Énigme en prophétie* glissée dans *Gargantua*.

Ce charmeur se soucia bien plus de plaire à son entourage que de postérité. Premier poète de salon, introducteur de la poésie légère dans une société raffinée, à partir de 1550, en face de la glorieuse Pléiade, il restera durant huit années une sorte d'ambassadeur du passé, délégué post mortem de Marot qu'il défendit. Dans sa satire du *Poète courtisan,* Joachim Du Bellay a tracé son portrait. Gardons-en le souvenir d'un Jean Cocteau d'époque, grand talent en moins, et pensons que ses poèmes inscrits sur bracelets, luths et miroirs, s'ils n'étaient pas dignes des vers pour éventails de Paul Claudel, surent charmer un moment. Son culte de la mignardise le laissa sans problèmes. Il s'agit de poésie quand même, de poésie de parfumeur.

Eustorg le truculent, Bonaventure le libéral.

Disciple de Clément Marot, le Limousin Eustorg de Beaulieu (mort en 1552) a écrit des vers dignes de son maître. Il excite la curiosité des bibliophiles par un record en fait de longueur de titre. Pour présenter un recueil, il en utilise un de plus de vingt lignes. En plus de ses rondeaux, huitains, dizains, ballades, chansons, épîtres, etc., il a fait deux Moralités : *Murmurement et fin de Circé* et *l'Enfant prodigue*.

Naturel, vif, sans apprêt, ce prêtre catholique qui devint ministre de la religion réformée a écrit avec un accent truculent de terroir, comme dans ce portrait d'un gourmand, ivrogne et paresseux :

> Pour dormir et boire et manger,
> Prendre ébat et me soulager,
> Je ne crains homme de ma taille
> A qui ne présente bataille,
> Fut-il aussi vaillant qu'Ogier.

Comme Marot proche de Marguerite de Navarre dont il fut secrétaire, le poète d'Arnay-Le-Duc, Bonaventure Despériers (né avant le siècle, mort en 1544) voila son irréligion sous un aspect libéral.

S'il reste comme le conteur des *Nouvelles récréations et joyeux devis,* fort proches de *l'Heptaméron* de sa protectrice, l'imitateur de Lucien dans son *Cymbalum mundi,* comme Dolet et Rabelais aux écoutes d'Érasme, le traducteur de Sénèque et de Platon, il eut aussi, et même s'il ne se faisait pas d'illusion sur son génie, une « poétique plume ». Au contraire du prudent Mellin de Saint-Gelais, il ne cessa de prendre parti contre la Sorbonne (qui condamna son *Cymbalum mundi*), opta pour la Réforme, fit l'apologie d'Étienne Dolet, défendit Marot contre Sagon, avec pour devise : « Loisir et liberté. » Il fut tellement persécuté qu'il se passa l'épée au travers du corps pour échapper aux tracasseries.

Protégé par la reine, allant d'Alençon à Nérac, c'est surtout Lyon qui l'attira car c'était le lieu privilégié du progrès intellectuel et de la pensée libre, comme nous le verrons bientôt. Ses poèmes ne sont nullement négligeables et déjà, avec lui, les roses qu'il dépeint délicatement ne vivent que l'espace d'un matin :

> Or, si ces fleurs, de grâces assouvies,
> Ne peuvent pas être de longue vie
> (Puisque le jour qui au matin les peint,
> Quand vient le soir leur ôte leur beau teint
> Et le midi, qui leur rit, leur ravit),
> Ce néanmoins, chacune d'elles vit
> Son âge entier...

Avec ces *Roses* imitées d'Ausone, dédiées à la jeune Jeanne d'Albret, on cite un *Cantique de la Vierge,* une *Satire de l'avarice,* sans oublier les rondeaux et le sonnet qui précède ses contes :

> Hommes pensifs, je ne vous donne à lire
> Ces miens devis, si vous ne contraignez
> Le front maintien de vos fronts rechignés ;
> Ici il n'y a seulement que pour rire.

Les poètes de l'époque font aisément complément de leurs oppositions. Le joyeux satirique des *Devis* se montre dans ses poèmes plein de sensibilité élégiaque, proche de la mélancolie de Nicolas-Germain Léonard ou d'Évariste-Désiré de Parny, voire des Romantiques. Les *Roses* sont déjà celles de Ronsard qui n'aura qu'à condenser pour en faire l'*Ode à Cassandre.* Au contraire de Mellin de Saint-Gelais, il fuit l'archaïsme ou le trop précieux, de même que le lourd développement, pour donner de la souplesse au rythme et trouver des formes nouvelles.

Les « disciples gentils ».

Ils sont nombreux ces disciples gentils, comme les appelait Clément Marot, honnêtes poètes, pas toujours originaux, mais jamais sans beaux accents. Ils ont des qualités que l'histoire littéraire dans sa course, comme pour les Rhétoriqueurs, a dédaignées.

Germain-Colin Bucher (1475-1545), un peu jaloux du maître, fut près de lui contre Sagon. Cet Angevin a chanté son Angevine nommée Gilon, et, comme Marot, a salué l'infortuné Semblançay. Capable aussi bien de faire l'épitaphe de ce dernier que celle d'un ivrogne, il a de la verve.

Il subit l'exil par fidélité au duc d'Anjou. A Malte, il fut le secrétaire du grand maître de l'ordre de Saint-Jean de Jérusalem. Ses amis le trouvant « original » le délaissèrent et il eut une vieillesse misérable. Ses poèmes à sa Laure à lui, Gilon, vont de la plus gracieuse louange quand elle l'aime à l'attaque la plus rageuse quand elle le délaisse. Voici un bel anathème :

> Après ma mort, je te ferai la guerre,
> Et quand mon corps sera remis en terre,
> J'en soufflerai la cendre sur tes yeux.

Son mérite est d'avoir repoussé les allégories des Rhétoriqueurs dont il était si proche. Modeste, il se plaçait au-dessous de ses amis. Son absence d'afféterie et de pédantisme, son franc-parler le distinguent. Ses épigrammes et pièces bachiques ont de la force.

Deux autres protégés de Marguerite sont Victor Brodeau (mort jeune en 1540) que Clément Marot appelait son fils, et dont le recueil *les Louanges de Jésus-Christ* parut à sa mort, et Guillaume Le Rouillé (1494-1550) conseiller de l'échiquier d'Alençon et porte-parole des rossignols de sa ville :

> Ceux qui pour toi ont dit mainte chanson,
> Les rossignols de ton Parc d'Alençon.

Dans cette même ville, Charles de Sainte-Marthe (1512-1555), ami de Marot, après avoir enseigné la théologie à Poitiers, puis l'hébreu, le grec, le latin et le français à Lyon, fut appelé par Marguerite pour être lieutenant criminel. On publia en 1540 un recueil intitulé *la Poésie française* où des vers sont inspirés par une Arlésienne appelée Béringue. Le poème le plus intéressant est *l'Élégie du Temps de France* où, Boileau avant la lettre, il cite et définit les poètes ses compagnons : Marot *le poète savant,* Colin *le docte,* Saint-Gelais *poète d'Érato,* Scève *grand esprit rassis,* La Maison-Neuve *esprit gentil,* Brodeau associé à *Terpsichore,* Bouchet *aux beaux dits,* Héroët *le subtil,* Fontaine *le gentil,* Salel *poète de dignité...*

Il écrit des épigrammes sur des riens, mais on pourrait dédier à René Char son poème *Sur la Fontaine de Vaucluse* inspiré par Pétrarque :

> Quiconques voit de la Sorgue profonde
> L'étrange lieu, et plus étrange source,
> La dit soudain grand merveille du monde,
> Tant pour ses eaux que pour sa raide course.

Dans *la Poésie française,* il unit Pétrarque et Platon. Comme Saint-Gelais ou Brodeau, il utilise les *concetti* à la mode, imite Pétrarque ou Bembo, adapte de son mieux, n'excelle pas.

Il eut des ennuis à propos de la Réforme puisque, emprisonné pendant deux ans, il ne fut libéré qu'en simulant la folie. Il a laissé toute une dynastie littéraire : le poète Scévole Ier de Sainte-Marthe (1536-1623), le fils de ce dernier, Abel Ier de Sainte-Marthe (1566-1652), poète lui aussi. Et suit toute une famille : des jumeaux Sainte-Marthe historiens, un Scévole III historien encore, puis un janséniste, un auteur ascétique, un bénédictin...

Un imitateur de Clément Marot, par son penchant pour l'hellénisme annonce Ronsard : Hugues Salel (né en 1504). Son compatriote du Quercy, Olivier de Magny, l'apprécia. Si l'on retient son *Églogue marine* et sa *Chasse royale,* la grande affaire de sa vie fut la traduction de *l'Iliade* entreprise à la demande de François Ier dont il était le maître d'hôtel. Il mit en décasyllabes les dix premiers chants de l'épopée d'Homère. On imprima ses œuvres à la suite de celles d'Olivier de Magny. Un dizain qu'il adressa à Rabelais est placé en tête du *Pantagruel.*

Le Beauvaisien Gilles d'Aurigny (mort en 1553) se faisait appeler « le Pamphile » ou « l'Innocent égaré ». Avocat et théologien, il figure parmi les traducteurs des *Psaumes de David.* Il réunit ses vers dans un *Tuteur d'amour,* poème allégorique en quatre chants à la louange des femmes et sous le signe d'Anacréon, selon Sainte-Beuve « tout classique par la décence de la composition ». Dans d'autres poèmes, il va du blason de l'ongle à la poésie religieuse du genre de celle de Brodeau.

Les vers latins de Jean de Boyssoné (1505-1559) ont plus d'intérêt que ses *Dizains* français. Ami des humanistes, de Dolet, de Scève et de Marot, il s'inspire d'Ausone, de Seraphino et d'Érasme. Il chante une Glaucie pétrarquisante dans des vers qu'il qualifie de « bagatelles ».

Si l'on rattache à l'école de Marot l'étrange Jacques Gohory (mort en 1576), d'origine florentine, astrologue, alchimiste, historien, mathématicien, il s'en distingue par son langage d'hermétiste, secret et savant, où chaque vers est gorgé de haute science. Retiré du monde, il se faisait appeler « le Père Solitaire » ou « le Prieur de Marsilly » ou encore « Leo Suavius ». Il continua *l'Histoire de France* de Paul Émile, traduisit plusieurs œuvres dont *le Prince* de Machiavel.

Il fit un *Bref Commentaire* sur *le Livre de la Fontaine périlleuse,* ce poème médiéval sur lequel se sont penchés Albert-Marie Schmidt et Marcel Schneider. Pour Gohory, il est un modèle dont *le Roman de la Rose* est la paraphrase.

Dans ses poèmes, qu'il compare une jeune fille à une rose avec une infinie pureté, qu'il se mêle aux dialogues d'un vieillard et d'un enfant, qu'il explore pour un livre d'images *les Secrets de la Toison d'Or,* ce metteur en scène du grand mystère évoque l'image d'un docteur Faust et les éprouvettes magiques de sa poésie gardent bien des énigmes.

Le Champenois Claude Colet (mort vers 1553), ami de Jodelle, homme jovial, poète latin et français, est l'auteur de vers héroïques : *l'Oraison de Mars aux dames de la cour* et *l'Épître de l'amoureux de Vertu aux dames de France fugitives pour les guerres.* On y trouve un réquisitoire contre la guerre tracé avec couleur, générosité et vérité humaine, malgré bien des lourdeurs de langage. Retenons cette belle image :

> ...car Paix n'est autre chose
> Qu'une amitié en plusieurs cœurs enclose.

Claude Chappuys (1500-1575), lié à Saint-Gelais et au poète néo-latin Salmon Macrin à qui Du Bellay rendra hommage, est un courtisan prodigue en pièces de circonstance fades. Un de ses poèmes, *l'Aigle qui fait la poule devant le Coq,* en 1543, acte d'accusation contre Charles Quint, par-delà le cocorico, revêt un intérêt historique.

Beaucoup des petits poètes sont surtout des traducteurs ou adaptateurs. Jacques Colin, aumônier de François Ier, traduisit en vers des passages des *Métamorphoses* et ajouta des pièces de vers personnelles pour former le *Livre de plusieurs poèmes.* Le « gentil traduisant » comme dit Marot de lui, Antoine Macault, valet de chambre du roi, s'en prit à la *Batrachomyomachie* homérique. Autre « traduisant », Antoine Allègre (1500-1567) donna une version du *Mépris de la cour* de l'espagnol Guevara, il sut aussi chanter les regrets du temps passé. Guillaume Bochetel (mort en 1538), l'auteur du plus osé des blasons féminins, a traduit poétiquement *l'Hécube* d'Euripide. Jean Paradin a publié une *Micropaedie*.

La bataille féministe.

Rencontrons ici de nouveau quelques-uns des participants à la fameuse querelle sans cesse reprise de siècle en siècle. Si Charles Fontaine (1513-1588) a le mérite d'avoir écrit *la Contre-Amie de cour* pour répondre à Bertrand de La Borderie, ses *Ruisseaux* ne sont que petites rigoles et ses étrennes, élégies, épigrammes, odes, etc.; n'ont aucune qualité. On lui a longtemps attribué *le Quintil Horatian,* ce manifeste dont nous parlerons, mais il est de Barthélemy Aneau.

Meilleur philosophe que poète, son ami le magistrat François-Bérenger de La Tour (1515-1560), d'Aubenas, dans *l'Amie des Amies* a imité l'Arioste et joué de l'églogue dans *l'Amie rustique.* Son *Siècle d'or,* probe et d'un ton élevé, et sa *Choréide,* défense de la danse, ne suffisent pas à en faire un poète de valeur, pas plus que ses compagnons en poésie nommés Antoine Du Moulin, Laurent de La Gravière ou Guillaume La Perrière.

Quant à l'auteur de *l'Amie de cour,* Bertrand de La Borderie (né en 1507) que Marot appelait « son mignon », il dut sa renommée à la polémique. Il fait dire à une dame :

> Quant à mari, je résouds sur ce point
> De l'avoir riche, ou de n'en avoir point.

Par-delà les joutes poétiques assez médiocres, ce passage de la poésie retient l'attention. Deux conceptions, l'une terre-à-terre, l'autre plus élevée se trouvent en présence. Mais le débat reste en surface et nous sommes éloignés d'une compréhension réelle du problème féminin. Il ne faut en retenir qu'un essai de bonne volonté, et tout cela procède de la petite histoire poétique ou de l'histoire des mentalités.

Il fallait bien qu'Antoine Héroët (1492-1568), protégé de Marguerite, traducteur du *Banquet* et de *l'Androgyne,* ami de Jacques Peletier, auteur de pièces de circonstance et de poèmes légers : *Épitaphe de Louise de Savoie, Douleur et volupté, Blason de l'œil,* rondeaux, dizains et huitains, poète de *l'Honneur des femmes,* répondît à ce misogyne de Bertrand de La Borderie par *la Parfaite amie,* en élevant le débat :

> Dames, je vous promets
> Qu'il n'adviendra, et il n'advint jamais,
> Que vrai amour n'ait été réciproque.

En effet, son poème, influencé par le mysticisme de Marsile Ficin, montre l'amour comme source de progrès intellectuel et moral, s'élevant de l'humain vers le divin, ce qui est cher aux hommes de la Renaissance. C'est le mourir en soi pour revivre en l'autre.

Les poèmes d'Héroët connurent une grande vogue : seize éditions de son *Androgyne* et vingt de *la Parfaite Amie.* Malgré ses archaïsmes, il se rapproche de l'esprit des poètes de l'école lyonnaise et de la Pléiade. Thomas Sébillet dans son *Art poétique* et Du Bellay dans sa *Défense et illustration* le salueront. Écrit sur le modèle de la *Fiammeta* de Boccace, son poème *la Parfaite amie* est le plus parfait exposé de la doctrine platonicienne de l'amour.

Auprès de Charles Fontaine, de François Bérenger de La Tour et d'Antoine Héroët se place Jean Dupré pour son *Palais des nobles dames,* récit poétique où défilent les femmes célèbres « tant grecques, hébraïques, latines que françoises », la reine Marguerite en étant la dédicataire.

Une idée de certaines stupidités nous est donnée par Gratien Du Pont que Boyssoné disait « homme vieux, gros, obèse », ennemi de Dolet qui l'attaque dans ses odes, rhétoriqueur attardé d'un *Art et science de rhétorique métrifiée,* ennemi des femmes dans ses *Controverses* lorsqu'il va, par misogynie, jusqu'à proscrire la coupe féminine de ses vers!

On le voit, depuis Jean de Meun, Alain Chartier et Pierre Gringore, depuis Christine de Pisan et Martin Le Franc, depuis l'anonyme *Giroflier des dames,* depuis Pierre Michault et Guillaume Alecis, la querelle continuait.

A Gratien Du Pont ou André Tiraqueau s'opposaient Symphorien Champier et sa *Nef des dames vertueuses,* Jehan de l'Espine du Pont-Alais et sa *Louange des dames,* Jean Marot et sa *Vrai Disant Advocate des dames,* Jean Bouchet et ses *Triomphes de la noble dame amoureuse.* Maints poètes reprendront donc le combat et la misogynie est éparse dans bien des œuvres où il est fait allusion à l'inconstance féminine, chez François de Louvencourt, Jean Auvray, Joachim Blanchon, Pierre Motin, Jacques Davy Du Perron, etc. D'un siècle à l'autre, le feu se ranime.

Il est de fait qu'il ne s'agit pas toujours du serpent de mer ou de la tarte à la crème. Almanque Papillon faisant dépendre Cupidon de l'Argent, La Borderie s'en prenant à la perfection de l'amour, Paul Angier (peut-être un pseudonyme de La Borderie) suscitent des bataillons d'opposants, non seulement ceux que nous avons cités, mais aussi Saint-Gelais, Étienne Dolet, François La Coudraie, Clément Marot, François Habert, Malclou de La Haye, Gilles Corrozet, Louise Labé... et chacun s'engage fortement. La femme semble triompher. Ces débats sont à la source de ceux du xxe siècle, où les remises en question seront heureusement plus approfondies.

Poètes pour mémoire.

Ne serait-ce que pour donner une idée du foisonnement poétique, nous les citerons.

Le marchand de vin toulousain qui signe Jean Barril adresse à Marguerite de Navarre un traité de morale pour dames de haut rang qui inclut des pièces de vers comme une *Ballade de la mort*. Le même Jean Barril publie à ses dépens Jean de Vauzelles en ornant son livre du quatrain suivant :

> Imprimé fut cestuy propos
> A la requeste du marchand Jehan Barril
> Par celluy la qui ne quiest que repos :
> Au vin se preuve la bonté du barril.

D'autres, comme le médecin de François Ier, Martin I Akakia, dit Sans-Malice, envoyait à Marot des épigrammes auxquelles il répondait. L'humaniste poitevin Guillaume Du Maine publia des éloges en vers dont celui du *Laurier* à la gloire de l'écriture. L'épitaphe du comte de Dammartin, mort au siège de Péronne, est faite par Jean Le Houx, peut-être un parent de celui des vaux-de-Vire. On y lit :

> La mort n'en a ravi que ce qui fut mortel.

Michel d'Amboise (mort en 1547) maître « ès œuvres marotiques et boucheticques sous le nom de « l'Esclave fortuné » remploya des formules latines pour y glisser ses fleurettes :

> Le dieu Priape, en jardins cultivateur,
> Donnait aux fleurs délicate saveur.

Il traduisit en vers des épigrammes latines, ce que fit aussi son homonyme François d'Amboise, sieur de Vézeuil.

Veut-on des poètes d'amour? Ils sont légion. Les titres sont significatifs : *l'Amant déconforté cherchant confort parmi le monde,* par Antoine Prévost; *le Jardin amoureux,* par Christofle de Barrouso; *Livre notable soutenant l'honneur des dames,* par Guillaume Joly; *le Rosier des dames,* par Bertrand Desmarins de Masan; *le Pourquoi d'amour,* par Nicolas Léonique, traduit du latin par François de La Coudraie. De tous, Jean Leblond de Branville (mort en 1553), rival de Marot, est le meilleur avec son *Printemps de l'humble espérant,* œuvre délicieuse « où sont comprises plusieurs petites pièces semées de fleurs, fruits et verdure », et où l'on trouve encore des virelais nuptiaux, une ballade, un blason de la cosse de lys.

Veut-on de vigoureuses satires? Qu'on lise *le Papillon de Cupido* de Jehan Martin de Choisy ou bien, si l'on désire aller de la légèreté vers la verdeur, *le Bastion et rempart de chasteté* de Joachim de Coignac (1520-1580) et si l'on veut de la virulence, du même Coignac, il y a *Deux satires : Du Pape, De la Papauté.* Le Toulousain Guillaume de La Perrière dans son *Invective satirique* s'en prend aux « crimineux, satellites et gens de vie réprouvée », satire qui sera suivie, douze ans après, par quatre cents quatrains sur les *Considérations des quatre mondes* qui sont le divin, l'angélique, le céleste et le sensible. Plus tard, sur le même mode, La Perrière donnera *Cent considérations d'amour.*

Veut-on des poèmes religieux ou moraux? Voici des titres. Nicole de Mailly tire « du vieil et du nouveau Testament » sa *Divine Connaissance.* Charles de La Huetrie nous conduit vers *le Concile des Dieux* tandis que maître Michault ouvre *le Débat de vraie charité.* Les métiers de Guillaume de Poétou sont attestés par ses poèmes : soldat, commerçant, on le retrouve poète dans sa *Grande liesse du plus grand labeur,* son *Hymne de la marchandise* et chrétien engagé dans son *Cantique pour la victoire des Chrétiens contre les Turcs.* Jacques Sireulde est religieux et moral dans son *Trésor de l'Écriture sainte* et ses *Abus et superfluités du monde.* Robert Le Bocquez (mort en 1559), avant son *Miroir de l'Éternité* donna dans ses *Premières œuvres* des sonnets et poèmes en calligrammes. Le plus rude des défenseurs de la foi catholique est Artus Désiré (1510-1579); dans plus de trente ouvrages, il jette l'anathème sur les parpaillots; les poèmes du *Miroir des francs taupins* et du *Défenseur de la foi chrétienne* disent sa combativité.

Veut-on des poèmes de genres marginaux ou touchant la curiosité? Jean Lefebvre, historien et poète, de Dreux, traite en vers des druides, des forêts, bois et lieux de plaisir situés près de sa ville dans *les Fleurs et antiquités des Gaules.* En octosyllabes, François Girault enseigne *le Moyen de s'enrichir.* Le sergent à cheval

Jacques de La Hogue traduit du latin en vers français *le Livre de Facet* pour l'instruction des enfants. Guy de La Garde donne une *Histoire et description du Phénix*. Les deux genres vers et prose sont mêlés dans *le Philologue d'honneur* de Claude de Cuzzi comme dans *l'Élégie de la guerre* de Guillaume Deheris. En français vulgaire, Bernard Du Poey fait des *Odes* pour les fleuves : le Gave et la Garonne. Ajoutons les cent sept quatrains des *Cris de Paris* et *l'Enfer de Cupido* du seigneur Des Coles et entrons dans un univers sinistre quand Josse Lambert, tailleur de lettres, et Robert de La Visscherye donnent *les Actes et dernier supplice de Nicolas Le Borgne, traître.*

L'époque marotique est plus riche en poètes et en poèmes qu'on ne l'a imaginé. La révolution ronsardienne ne s'accomplira pas dans un désert. Après avoir rendu visite à certaines formes de la poésie populaire, après avoir reçu un invité de marque, nous ferons un voyage à Lyon dont il a été déjà tant parlé ici.

Fables, noëls et chansons.

Durant le règne historique de François Ier et celui, poétique, de Clément Marot, l'apologue continue à avoir ses adeptes. On n'est pas encore fabuliste : il faudra attendre La Fontaine pour employer ce terme qui lui appartient.

Ce genre prisé par Marie de France, Rutebeuf, les auteurs des ysopets, ceux du *Roman de Renart,* puis Clément Marot, garde les faveurs de bien des poètes, comme s'ils avaient voulu faire une chaîne allant d'Ésope au fabuliste du xviie siècle. Si ce dernier éclipse les Guillaume Haudent, Gilles Corrozet, François Habert et Guillaume Guéroult du xvie siècle, il n'en reste pas moins qu'ils existent et qu'il puisa à pleines mains dans leurs coupes.

Si nous prenons le Normand Guillaume Haudent (mort en 1557), auteur d'autre part du *Variable discours de la vie humaine,* nous trouvons dans ses *Trois cent six apologues d'Ésope,* le débat du renard et du corbeau, mais comme il nous paraît embarrassé à nous qui connaissons La Fontaine :

> Comme un corbeau, plus noir que n'est la poix,
> Était au haut d'un arbre quelquefois
> Juché, tenant à son bec un fromage...

Lorsque l'imprimeur-libraire Gilles Corrozet (1510-1568), auteur d'un *Conte du rossignol* et d'un guide longtemps estimé des *Antiquités de Paris,* met en vers *les Fables du très ancien Ésope Phrygien,* sa cigale a pour interlocutrices « une grand'troupe de fourmis » qui semblent emporter la poésie en milliers d'infimes parcelles. Heureusement, Gilles Corrozet est fort savant. Ses *Blasons domestiques* contiennent herbier, lapidaire, et même une théorie générale du travail d'érudition. Il blasonne l'amour et la vertu sous le signe du platonisme.

François Habert (1520-1560) honoré du titre de poète royal, commit, outre des jeux mythologiques et des traductions d'Ovide, les stances d'une fable où dialoguent un coq bavard et un renard ennuyeux. Il faut lui reconnaître le mérite d'avoir traduit *la Chrysopée*, poème latin de Jean Aurel-Augurel, somme alchimique qui, malgré le peu de qualité de la mise en vers français, influença tout le XVIᵉ siècle scientifique. Il fut le père du poète Isaac Habert.

Parmi les auteurs de fables, on cite Pierre Sala (mort après 1529) qui fit aussi des énigmes et eut la présomption de récrire en vers *le Chevalier au lion* de Chrestien de Troyes et de composer un *Tristan* en prose. Son œuvre est restée inédite.

Guillaume Guéroult (mort en 1569) a quelques titres à la gratitude. La Fontaine a pris largement dans ses emblèmes et ses fort plaisants poèmes d'histoire naturelle. Lisons quelques vers du *Blason de la caille* extraits de son volucraire :

> Insatiable est sa luxure ardente,
> Qui à ses jours donne fin évidente ;
> Comment cela ? Le subtil oiseleur
> Sachant le temps qu'elle est en sa chaleur,
> Près de ses rêts présente un beau miroir,
> Dedans lequel vient-elle apercevoir
> Une autre caille : et lors d'amour éprise
> Se jette aux rêts et demeure surprise.

Suit une moralité exprimée en juste ce qu'il faut de mots :

> Ainsi de maints (par fol gouvernement)
> Luxure met cœur et corps en tourment.

Un autre naturaliste, Pierre Belon (1517-1564) qui parcourut le monde à la recherche d'observations singulières, sans être mentionné dans les ouvrages spécialisés autrement que comme savant, a montré que science et poésie s'accordent. Ses notes scientifiques sont ponctuées par des quatrains, certains étant consacrés aux oiseaux. Ainsi la perdrix mâle serait parfois homosexuelle :

> En la perdrix il y a chaleur telle
> Que cependant que la femelle couve,
> Le mâle assault un mâle où il le trouve
> Et le vaincu sert au fort de femelle.

En termes élégants, ces choses-là sont dites. Le Jules Renard des *Histoires naturelles* n'aurait pas trouvé mieux. Quant au Guillaume Apollinaire du *Bestiaire,* sait-on qu'il connaissait bien l'œuvre de Pierre Belon? Le poète-naturaliste fut son inspirateur.

Un trésor inestimable pour le folklore et la poésie populaire et religieuse est celui des noëls anciens. Souvent anonymes, on en aime la rusticité, le ton de terroir, la fraîcheur naïve, la diversité musicale, les uns s'accordant au plain-chant, les autres à la gavotte ou au menuet. Ils savent unir la pastorale au drame liturgique. Clément Marot ne dédaigna pas d'en écrire. L'organiste Jean Daniel, Angevin (né vers 1490), s'en fit une spécialité :

> Gentils pasteurs, qui veillez en la prée,
> Abandonnez tout amour terrien,
> Jésus est né et vous craignez de rien,
> Chantez Noël de jour et de vesprée.
> Noël!

François Briand, clerc du Mans, auteur d'une farce, est aussi maître en noëls originaux :

> O pastoureaux, chantez en voix profonde,
> Harpes et luths, le haut roi de noblesse
> Vous saluez, par qui est sorti l'onde
> Qui a lavé de péché la rudesse.

Son compatriote du Mans, Nicolas Denisot (1515-1559) réunit ses cantiques et ses noëls sous un titre qui est l'anagramme de son nom : *Conte d'Alsinois.* Ami de Sagon contre Marot, il fut plus tard proche de la Pléiade. Ses cantiques ont une grande rigueur, une parfaite architecture. Peintre, artiste, graveur, ses vers semblent effectivement gravés dans la pierre dure. Bien que François Ier riant de son anagramme l'ait appelé « le comte de six noix », il mérite mieux que la brève mention qu'on en fait généralement. A-t-il été, comme on l'a assuré, quelque peu le nègre de la Marguerite de *l'Heptaméron* et du Bonaventure Despériers des *Contes?* Il tenta des innovations : par exemple introduire des vers métriques dans la poésie française. Jodelle, Pasquier, Baïf s'essaieront à cette difficulté, sans succès. Déjà, la fin du xve siècle avait vu Michel de Botteauville tenter de déterminer la quantité métrique des syllabes françaises à partir de règles arbitraires dans un *Art de métrifier français.* De Nicolas Denisot, on voudrait citer tout un cantique dont on extrait ces quatrains :

> Ici, je ne bâtis pas
> D'une main industrieuse,

A la ligne et au compas
Une maison somptueuse.

Ici, je ne veux chanter
L'orgueil de quelque édifice,
Ni l'ouvrage retenter
D'un ancien frontispice...

Ici, je veux maçonner
De ce bâtiment l'exemple,
Et de mes vers façonner
Le projet de ce beau temple...

Tout caressait cet enfant,
Le ciel, la mer et la terre,
Qui de l'enfer nous défend
Et à la mort fait la guerre.

Cet enfant-là règne sur tous les noëls qui étaient de tradition comme Étienne Pasquier l'a relaté : « En ma jeunesse, c'était une coutume que l'on avait tournée en cérémonie, de chanter tous les soirs, presque en famille, des noëls qui étaient chansons spirituelles, faites en l'honneur de Notre-Seigneur. »

Il n'est pas de province qui n'ait recueilli cette poésie populaire. J. Bodoin et Lucas Le Moigne, à qui Rabelais fait allusion, figurent parmi les auteurs innombrables de ces pièces ornées de musique ancienne.

Toute une poésie populaire trouve son mode de diffusion par les livres de colportage, almanachs et calendriers qui sont des abrégés des connaissances utiles. La poésie y existe dans l'astrologie et un Nostradamus avec ses *Prophéties* voyagera dans le temps et donnera à rêver. On se penchera longtemps encore sur ces quatrains pour les interroger sans se soucier de leur valeur poétique. Or, dans leur composition froide et baroque, la poésie, sœur du mystère, a trouvé à se loger. Ce blasonneur de l'avenir est troublant. Eut-il la voyance ? Ses quatrains sur la mort d'Henri II et de Charles Ier, sur l'avènement de Napoléon, sur le « règne » de Philippe Pétain, font penser à des pouvoirs prodigieux. La Renaissance nous a-t-elle livré tous ses secrets ?

Poésie populaire au XVIe siècle encore dans ces *Passetemps, Miroirs, Arts de vivre, Danses macabres* venus du moyen âge, dans la conversion prosaïque des romans de chevalerie, dans les almanachs religieux réformés ou catholiques, dans la littérature didactique aussi avec son engageant sourire de naïve poésie.

Nous ne saurions oublier les chansons qui rythment la marche des événements. Elles sont dues à de grands poètes comme à des inconnus. Elles sont le support d'une poésie authentique et non d'un poétique vague de confection. Eurent une grande vogue *la Défaite des Suisses* ou *la Guerre* que Désiré Nisard appellera « salmigondis d'onomatopées » et qui enchanta la cour de François Iᵉʳ. Le roi, la guerre en inspirèrent d'autres. Ainsi, la bataille de Pavie :

> Hélas! La Palice est mort,
> Il est mort devant Pavie,
> Hélas! s'il n'était point mort,
> Il serait encore en vie.

François Iᵉʳ prisonnier à Pavie donne déjà le ton à la complainte du xixᵉ siècle :

> Quand le roi partit de France,
> A la male heure il départit;
> Il départit un dimanche,
> Et le lundi il fut pris.

Le poème de *la Ville de Turin* devient exclamatif :

> La ville de Turin, grand Dieu! qu'elle est jolie!
> Elle est jolie, agréable en tous temps.
> Le roi la veut absolument.

Les guerres aux fortunes diverses de Charles VIII, Louis XII et François Iᵉʳ ont donné naissance non seulement aux poèmes nationaux dont nous avons parlé, mais aussi à maintes chansons. Naples, Gênes, Agnadel, Ravenne, Marignan, Mézières, Pavie, l'entrevue du Drap d'or, la captivité du roi, la journée des Éperons, la paix des Dames ont donné lieu à des couplets vifs.

Mais ce n'est heureusement pas là l'unique source d'inspiration populaire : il y a l'amour, les travaux et les jours, les démons et les merveilles, les comptines, les devinettes. Parfois naïves au meilleur sens du terme, jamais niaises, souvent fort élaborées dans leur simplicité, les chansons ont un contenu de vraie poésie populaire et universelle. On ne peut pas les passer sous silence au nom de quelque noble et absurde choix car, comme l'a écrit Claude Roy, « aimer la poésie populaire n'est pas retomber en enfance, c'est remonter en humanité ».

4

L'invité de marque : François Rabelais

Salué du nom de poète.

CLÉMENT MAROT et Rabelais sont nés la même année : 1495. Le premier mourut en 1544, le second neuf ans plus tard. De la même époque, s'ils ne sont pas écrivains du même langage, leur côté gaulois, leur verve française, leur aspect médiéval peuvent leur donner un air de famille. Nous pourrions pousser plus loin la comparaison et, par quelque délice de préfacier en mal d'images, montrer le sourire de Marot s'élargissant en rire de Rabelais.

Nous sommes au temps heureux où chaque écrivain forge sa langue : celle de Rabelais n'a rien de commun avec celle de Montaigne, et Brantôme est lui aussi différent.

S'il n'est pas coutume de situer un des plus grands et des plus universels des écrivains français au rayon de la poésie, il sera ici l'invité de marque avec plus de titres que maints poètes nommés à y figurer. L'œuvre de Rabelais est chargée à feu de poésie épique, d'une poésie d'imagination spirituelle et verbale, de passion, d'intelligence, de clarté, qui déborde les murailles de la prose courante, se répand, brise les structures traditionnelles du langage, devient poème chaque fois que la prose décolle comme dit Léon-Paul Fargue, chaque fois qu'elle doit prendre envol pour mieux dire au monde les vérités du monde.

On ne rappelle que rarement ses débuts : une épître de cent vers adressée à Jean Bouchet traitant des *Ymaginations touchant la chose désirée*. C'était à Poitiers et qui sait si le souvenir de François Villon ne flottait pas en Poitou? On y trouve que ses idées sur la poésie sont celles des Rhétoriqueurs sous le signe de douceur et de discipline. Loin des hautes ambitions de la Pléiade, il y avait déjà grande poésie dans cette imagerie langagière.

Dans notre langue, on ne connaît vocabulaire plus riche, plus libre, plus juteux, plus nourri, plus tonitruant, plus érudit, plus réaliste que celui de Rabelais. Il ne refuse rien de ce qui fait les vraies mythologies, celles qu'on invente. Il se rit des modes, il ose le calembour si c'est nécessaire et même si ça ne l'est pas, et aussi son petit frère l'à-peu-près, et le coq-à-l'âne, et les énumérations interminables, les litanies entêtantes, les néologismes, les archaïsmes, la mystification, tout ce qui est sel de la parole.

Ne serait-il pas poète celui qui bouleverse la langue, éperonne les mots, édifie la satire, crée une civilisation Rabelais, et nous donne à nous, poètes du xxᵉ siècle qui détruisons nos prisons pour en construire de plus étroites, la plus belle des leçons d'avenir? Grâce à lui, les superstitions se dégradent, les tabous s'effritent, les dictatures se dégonflent, il devient l'éternelle avant-garde de la liberté.

Lorsqu'il emploie le moule du poème, il emprunte aux Rhétoriqueurs, c'est vrai, et ce sont des festivals de la rime riche, des mots ajoutés les uns aux autres en colliers, du vers chargé de vocables sonores. On dirait que soudain les satiriques gaillards du moyen âge, les maîtres de la farce, le clerc Rutebeuf et l'écolier Villon parlent par sa voix. Lisons ces extraits de l'*Inscription mise sur la grande porte de Thélème* :

> Ci n'entrez pas hypocrites, bigots,
> Vieux matagots, marmiteux, boursouflés,
> Tordcols, badauds, plus que n'étaient les Gots,
> Ni Ostrogots, précurseurs des magots :
> Hères, cagots, cafards empantouflés,
> Gueux mitouflés, frapparts escorniflés,
> Befflés, enflés, fagoteurs de tabus;
> Tirez ailleurs pour vendre vos abus.

> Vos abus méchants
> Rempliraient mes camps
> De méchanceté;
> Et par fausseté
> Troubleraient mes chants,
> Vos abus méchants.

> Ci n'entrez pas, mâchefains praticiens,
> Clercs, basochiens, mangeurs du populaire.
> Officiaux, scribes et pharisiens,
> Juges anciens, qui les bons paroissiens

Ainsi que chiens mettez au capulaire :
Votre salaire est au patibulaire.
Allez y braire : ici n'est fait excès,
Dont en vos cours on dut mouvoir procès.

Procès et débats
Peu ci font d'ébats,
Où l'on vien s'ébattre.
A vous pour débattre
Soient en pleins cabats
Procès et débats.

Ci n'entrez pas, vous usuriers chichars,
Briffaux, léchards, qui toujours amassez,
Grippeminauds, avaleurs de frimars,
Courbés, camards, qui en vos coquemards
De mille marcs jà n'auriez assez,
Point agacés n'êtes, quand cabassés
Et entassés, poltrons à chicheface :
La male mort en ce pas vous défasse.

Et l'inscription se poursuit avec la liste des refusés : radoteurs, séditieux, larves, lutins, Grecs et Latins plus à craindre que loups, galeux, vérolés jusqu'à l'os, dans la sonorité des rimes intérieures, avec des maladresses flagrantes que l'entrain fait passer. Mais peuvent entrer les élus :

Ci entrez, vous, et bien soyez venus,
Et parvenus, tous nobles chevaliers.
Ci est le lieu où sont les revenus
Bien advenus : afin qu'entretenus
Grands et menus, tous soyez à milliers.
Mes familiers serez, et péculiers :
Frisquets, galliers, joyeux, plaisants, mignons :
En général tous gentils compagnons.

Entreront aussi les victimes des « ennemis de la sainte parole », les dames « fleurs de beauté, à céleste visage », le seigneur généreux, tous ceux qu'aime Rabelais.

Et ces vers de seconde rhétorique portent moins de poésie que ces étonnantes énumérations en prose, que ces fêtes du langage français qui s'expriment avec un tel bonheur, à grand renfort d'inventions verbales, de recours au parler populaire, aux vocables savoureux, aux mots gustatifs, aux néologismes gorgés de suc. De la langue qu'il invente, il s'enivre et nous enivre, s'offrant le luxe au besoin de se mystifier lui-même et de mystifier son lecteur. Avec lui, le langage parcourt toutes les routes, surpasse ses préten-dues impossibilités, et l'on s'étonne qu'il n'ait eu au fond que peu de disciples, ou de bien pâles, qu'on ait perdu la fleur de ce riche parler.

Il est impossible de donner une idée de sa poésie par quelques citations car il triomphe par l'abondance et la diversité. Hasardons-nous cependant à citer ses anatomies particulières :

> Les ventricules d'icelle, comme un tirefond.
> L'excrescence vermiforme, comme un pillemaille.
> Les membranes, comme la coqueluche d'un moine.
> L'entonnoir, comme un oiseau de masson.
> La voulte, comme un gomphe.
> Le conare, comme un veze.
> Le rêts admirable, comme un chanfrein.
> Les additaments mammillaires, comme un bobelin.
> Les tympanes, comme un moulinet.
> Les os pétreux, comme un plumail...

En continuant la lecture, on trouve : luette, sarbataine, palat, moufle, portoire, vendangeret, gouet, gaviet, médiastin, godet, mésentère, bourrabaquin, glyphoires, parastates, mirach, siphach, cassemuseaulx, adènes, sabourre, dariole, pantophle, guedoufle, et bientôt, on oublie les comparaisons de carabin en folie pour rejoindre la poésie qui naît de la musique des mots, comme chez un Henri Michaux lorsqu'il nous livre : magrabote, mornemille et casaquin, ou bien : hondregordegarderies, hordanoplopais ou immoncéphales glossés.

Comme Rabelais médecin anatomise les cadavres, Rabelais poète anatomise la vive langue française et en tire des ressources insoupçonnées. Avec lui, l'épopée est en délire, la raison, l'imagination, l'érudition, le génie de la langue deviennent orgie permanente. Et quand les critiques veulent le situer, ils ont recours comme lui à l'abondance. Ils parlent à son propos d'Aristophane pour la fécondité, la fougue et la licence, de Shakespeare pour le sens comique, d'Érasme ou de Pic de La Mirandole pour le savoir, de Marsile Ficin pour la culture philosophique, de l'Arioste pour l'imagination, de Boccace pour la grâce naturelle, de Cervantès pour le sens picaresque, etc.

Les uns le construisent austère, les autres débauché. Sainte-Beuve observe que « la débauche de Rabelais se passait surtout dans son imagination et dans son humeur », que « c'était une débauche de cabinet, débauche d'un grand savant, plein de sens, et qui s'en donnait, plume à la main, à gorge déployée ». Mais ce Rabelais, au fil des siècles, on le fera marxiste, freudien, existentialiste, après qu'il ait été classique et romantique, et si chacun trouve à y prêcher pour son saint, il continue à se refuser en partie, ce qui conduira à le prendre comme hermétiste tandis qu'un Michel Butor dira que « Mallarmé est aisé à son côté ». Or, il est un écrivain des plus populaires.

Si nous nous replaçons dans son temps, nous trouvons un homme qui apprend à son siècle que, par-delà les excommunications, la peur du péché, le silice, la bure, les flagellations, les stigmates, tout ce qui fait l'idéal mystique, il existe une voie plus réjouissante pour le corps et l'esprit : la joie paganisante de vivre. Il offre à ses contemporains une image de clarté, d'air pur, et l'éblouissement qu'on peut avoir en sortant d'un obscur cachot pour découvrir le grand jour et la liberté.

Cette ouverture sur la vie réelle s'accompagne d'une ouverture sur la science, sur les livres, sur le haut savoir ancien. Les mondes grec et romain s'offrent : Platon et l'Académie, Aristote et le Lycée. La grande faim de victuailles, la grande soif de vin pur s'assimilent à la faim et à la soif de lecture nourrissante et bonne. Il en jaillit une nouvelle langue née de son propre appétit.

Michelet a dit : « Ce que Dante a fait pour l'italien, Rabelais l'a fait pour notre langue. Il a employé et fondu tous les dialectes, les éléments de tout siècle et de toute province, que lui donnait le moyen âge, en ajoutant encore un monde d'expressions techniques que lui fournissent les sciences et les arts. L'Antiquité, surtout le génie grec, la connaissance de toutes les langues modernes lui permettent d'envelopper et de dominer la nôtre. Les rivières, les ruisseaux de cette langue reçus, mêlés à lui, comme en un lac, y prennent un cours commun, et en sortent ensemble épurés. » Devant ces fêtes immenses, nous pouvons rêver à ce qu'aurait pu être notre langue française ainsi employée et sans cesse enrichie à travers les siècles tout en restant nationale.

Il existe un Rabelais séduit par Villon. Il fait de nombreuses allusions au poète et à ses poèmes. La gaieté du poète, son « je ris en pleurs », son réalisme populaire, ses sentences « belles comme des fleurs », et tout ce qu'il charrie de joyeuseté et d'ironie, de rudesse et de fantaisie, de grivoiserie et de gravité, de franchise, est prêt pour lui ouvrir les portes de Thélème. Et l'on peut, avec Louis Thiasne, parcourir leurs chemins parallèlement, découvrir ici et là l'emploi des mêmes thèmes apportant « cette fascination étrange que subit le lecteur, souvent sans se l'expliquer ». Il y a du Villon dans Panurge, bien des allusions le montrent.

Et puis, veut-on le considérer en précurseur? On le découvre

poète lettriste quatre siècles avant le mouvement dont Isidore
Isou est le pape :

> Brszmarg d'algotbric nubstzne zos
> Isquebfz prusq; alborz crinqs zacbac.
> Misbe dilbarlkz morp nipp stancz bos.
> Strombtz, Panrge, walmap quost grufz bac.

et l'on est surpris par ce parler lanternois, cet air de machine à
écrire en délire, cet « azertyuiop » humoristique.

Avant Jacques Prévert, il nous offre de réjouissants et interminables dîners de têtes :

> Tarquin, taquin,
> Piso, paysan,
> Sylla, riveran,
> Cyre était vacher,
> Thémistocles, verrier,
> Epaminondas, miraillier,
> Brute et Cassie, agrimenseurs,
> Démosthènes, vigneron,
> Cicéron, attise-feu,
> Fabie, enfileur de patenostres,
> Artaxercès, cordier,
> Enéas, meunier,
> Achilles, teigneux,
> Agamemnon, lichecasse
> etc.

Il voyage avec l'appétit curieux qu'aura un Blaise Cendrars ou
un Raymond Roussel. Il compose la poésie figurative chère à
François Panard et au Guillaume Apollinaire des *Calligrammes*
avec sa *Dive bouteille*. Et voici l'antistrophe, le contrepet, l'équi-
voque, l'interversion de mots, la contraction fausse à dessein, le
canular. Quand il versifie « les fanfreluches antidotées » de *Gargantua,* il fait ronger les premiers vers par les rats et les blattes
afin de mitonner une énigme soigneusement amenée pour finir
avec un mirliton que nous nous épuiserons à vouloir comprendre.
La voie est prête pour Alfred Jarry, pour Raymond Queneau.

Il est un véritable poète en prose lorsqu'il nous livre « la chresme
philosophale » et nous entretient « Des Questions Encyclopédiques de Pantagruel, lesquelles seront disputées Sorbonicolifica-
bilitudinissement es Echoles de Decret, près Sainct Denis de la
Chartre à Paris » :

UTRUM, une idée platonique, voltigeant dextrement sous l'orifice du
chaos, pourroit chasser les esquadrons des atomes démocritiques.
UTRUM, les ratepenades, voyants par la translucidité de la porte cor-

née, pourroient espionnitiquement découvrir les visions morphiques, devidant gyroniquement le fil du crespe merveilleux, enveloppant les atilles des cerveaux mal cafretés.

UTRUM, les atomes, tournoyants au son de l'harmonie hermagorique, pourroient faire une compaction, ou bien une dissolution de quinte essence, par la substraction des nombres pythagoriques.

UTRUM, la froidure hyvernale des antipodes, passant en ligne orthogonale par l'homogénée solidité du centre pourroit par une doulce antipéristasie eschauffer la superficielle connexité de nos talons.

UTRUM...

Macaronique et planétaire, scientifique et farfelu, navigateur et découvreur d'idées, cosmonaute et ésotériste, il nous persuade que les grands Rhétoriqueurs, par-delà la vanité de leurs jeux, possédaient une dimension en profondeur, un langage assoupli aux infinies possibilités, et auraient pu rejoindre, comme lui seul l'a fait, les hautes régions du créé. Et lorsque son gosier de chair se met à parler toutes les langues, comme dans *Pantagruel,* François Rabelais n'oublie pas d'inventer des idiomes de fantaisie, ses espérantos et ses volapüks à lui, aux richesses étonnantes.

Cette débauche imaginative n'est jamais gratuite. Rabelais exige la participation du lecteur. Comme le chien brise l'os pour trouver la moelle, cet « aliment élabouré à perfection de nature », il l'invite :

A l'exemple d'iceluy, vous convient estre sages pour fleurer, sentir et estimer ces livres de haulte gresse, légiers au prochaz et hardis à la rencontre ; puis, par curieuse leçon et méditation fréquente, rompre l'os et sucer la substantifique moelle, c'est-à-dire ce que j'entends par ces symboles pythagoriques, avec espoir certain d'être faits escors et preux à ladite lecture ; car en icelle bien autre goust trouverez, et doctrine plus absconse, laquelle vous révélera de très hauts sacrements et mystères horrifiques, tant en ce qui concerne notre religion que aussi l'estat politique et vie économique.

Nous ne faisons que tenter ici de montrer des aspects poétiques de Rabelais et nous ne saurions entrer dans une étude politique, sociale, économique et religieuse, mais lorsque l'Église romaine devient l'*île Sonnante,* la cour l'*île de Ruach,* les réformés les *papefigues,* les jésuites les *fredons,* les hommes de justice les *chats fourrés,* la vérité l'*Oracle de la Bouteille,* ou François Ier *Gargantua,* Louis XII *Grandgousier,* Henri II *Pantagruel,* Henri III le *Roi Pétaud,* on ne peut ignorer l'imagerie poétique.

Cet écrivain fantastique, extravagant et subtil, mêlant les vocabulaires et les jargons, utilisant le corpus langagier dans son ensemble s'est différencié de ses contemporains non seulement par le génie du langage mais aussi par un tempérament exceptionnel dont l'originalité étonné et dépasse tout ce qu'a produit la littérature universelle.

Moine, médecin, savant, légiste... A tant de titres, il faut ajouter *Rabelais poète,* et peut-être, autant que le rire, la poésie est-elle la véritable clef d'une œuvre dont Pierre Boulenger annonçait qu'elle serait « une énigme pour la postérité ». Ne sut-elle pas, cette poésie, être une clef pour gens aussi lointains que les philosophes d'avant Socrate? Pour l'heure, Rabelais nous convainc que les plus grandes œuvres de l'humanité ne peuvent se passer de l'art dont nous traitons ici. Tous les écrivains de tous temps ont pris la mesure de Rabelais, et il faut les résumer en répétant ce mot de Taine : « Rabelais seul avait la tête épique. »

Les poètes de l'école lyonnaise

I

Maurice Scève

Lyon la savante.

Il faut tout d'abord parler du lieu. Que se passe-t-il à Lyon vers les années 1530? Deux grandes industries y cohabitent : la soie et l'imprimerie. La ville est riche, florissante, elle attire les marchands, les banquiers, toute une bourgeoisie s'y développe, s'y émancipe, et au cœur de cette société aisée, la vie intellectuelle fleurit.

La situation géographique de la cité permet la concentration de grands mouvements. Au carrefour des routes européennes, la ville est le lieu de tous les échanges économiques et culturels. L'Allemagne, la Suisse, l'Italie sont proches. Bien des Florentins, banquiers ou négociants, se sont fixés à Lyon et y ont introduit les mœurs raffinées de la Renaissance : vie de société, plaisirs de la conversation, vers chantés avec accompagnement d'instruments de musique, discussions savantes sur le platonisme et le pétrarquisme amoureux. Tout cela émancipe la ville, fait reculer la misogynie, et l'on comprend mieux la montée d'une Louise Labé, fille et femme de cordiers, donc appartenant à la bourgeoisie, et d'une Pernette Du Guillet, de petite aristocratie.

Lyon fait donc figure de capitale de la Renaissance française. C'est une des époques les plus brillantes de la ville. Il faut imaginer des milieux mondains, érudits, lettrés, vivant dans une atmosphère de poésie, de philosophie, de recherche humaniste, de galanterie, dans la splendeur des réceptions et des fêtes, des foires commerciales, des congrès savants. Pour tempérer les excès de la belle et bonne vie, l'affadissement qui pourrait venir de la douceur italienne, un mysticisme règne, une ferveur religieuse tournés vers les idées nouvelles. Au XVIᵉ siècle, on ne peut dire qu'il n'est bon bec que de Paris. La France intellectuelle doit compter avec la province.

Les esprits libres abondent : Étienne Dolet, François Rabelais, Bonaventure Despériers, Symphorien Champier et Barthélemy Aneau, son successeur au collège de la Trinité, les poètes : Maurice Scève, Louise Labé, Pernette Du Guillet, Antoine Héroët, Eustorg de Beaulieu, Claude de Taillemont, Pontus de Tyard, Charles Fontaine, les illustres visiteurs : François Rabelais, Clément Marot ou Olivier de Magny, les intellectuels se rendant en Suisse et en Italie...

De plus, la littérature néo-latine vit à Lyon une sorte d'âge d'or. Comme les premiers historiens romains s'exprimaient en grec, de nombreux écrivains français se servent du latin qui est pour eux la langue universelle. A la fin du XVIᵉ siècle, le président Jacques-Auguste de Thou refusera au français la dignité de langue littéraire et emploiera le latin. Il n'existe pas d'opposition entre poètes français et poètes néo-latins, tous étant ouverts à toute recherche. Si ces derniers ne cessent guère de reprendre les formules de Virgile, d'Horace ou de Catulle, ils permettent à certains courants d'expression poétique anciens d'être reconquis par la littérature française. Les noms des humanistes, savants et poètes néo-latins de Lyon : Jean Visagier, Gilbert Ducher, Nicolas Bourbon, Philibert Girinet, Barthélemy Aneau qui écrit aussi en français, Guillaume Scève. On les trouve dans l'entourage d'Étienne Dolet. Enfin, c'est au sein de cet univers humaniste que sera formé un Maurice Scève.

Scève l'obscur ?

Le temps n'est plus où Maurice Scève et les poètes lyonnais étaient relégués au purgatoire. Les Symbolistes, puis des hommes de goût et de culture comme Albert-Marie Schmidt ou Verdun-L. Saulnier pour ne citer que ceux-là, les ont aidés à se dégager des idées admises et montré qu'ils sont plus que des poètes transitoires préparant l'avènement de la Pléiade.

Il était courant de les assimiler à ces « faiseurs de galimatias » dont, comme l'a dit ironiquement Albert-Marie Schmidt, « l'insanité volontaire a périodiquement compromis l'équilibre bien tempéré de la République des Lettres françaises », une note particulière d'infamie étant réservée à Maurice Scève. Un Maurice Allem, si curieux et averti en matière de poésie du passé, n'écrit-il pas dans une anthologie : « sa trop longue et fastidieuse *Délie,* dont nous donnons cependant quelques dizains ». Aujourd'hui Maurice Scève est reconnu comme un des plus intéressants poètes français et oppose sa recherche lumineuse à une idée rassurante de la clarté française.

Maurice Scève (1500-1564), fils d'un échevin de la ville de Lyon, laisse l'image d'un homme doué, curieux de tout, dégagé de soucis matériels par les bénéfices ecclésiastiques qui lui sont alloués, cultivé, pétri de latin, langue dans laquelle il sait aussi écrire, humaniste, érudit, peintre, musicien, rompu à la métaphysique platonicienne, partageant l'enthousiasme scientifique de son temps, cherchant la connaissance intérieure à la manière de Pétrarque, avec un guide spirituel, sa Délie, sœur de Laure.

Au contraire de Clément Marot, il n'offre pas dans ses œuvres de renseignements biographiques. Il ne se confie pas, n'établit pas de repères, ne donne rien de personnel, et même publie ses livres sans nom d'auteur. Laissant planer un mystère sur lui-même, il protège sa lumière intérieure. Faut-il voir là une marque du tempérament lyonnais sérieux, réservé, mystique? Étudiant à Avignon où il côtoya de jeunes Italiens, il crut avoir découvert dans la chapelle des Cordeliers le tombeau de Laure de Noves : une boîte de plomb, avec des ossements, une médaille et un sonnet qu'il attribua à Pétrarque. Les savants italiens doutèrent de son authenticité et crurent à une mystification de Scève. S'agissait-il simplement d'une erreur? Elle assura, dès 1533, sa réputation.

Trois ans plus tard, le voici Prince des Blasonneurs avec son *Blason du sourcil* figurant au concours avec quatre autres pièces : le front, le soupir, la larme et la gorge. Plus délicat dans ce genre que ses rivaux, il triompha aisément, avant de recevoir et de protéger à Lyon son ami Clément Marot.

On pouvait le prendre alors comme un bon élève des Rhétoriqueurs. En 1535, il donna une suite à *la Fiammetta* de Boccace avec sa *Déplourable fin de Flamete, élégante invention de Jean de Florès, espaignol.* En 1536, la mort du dauphin de France lui inspire une églogue, *Arion.* Poète officiel, il prononce des harangues sur les fêtes ou les entrées solennelles dans la ville comme celle de l'archevêque Hippolyte d'Este. Il est digne de figurer parmi les bons poètes de son temps. Il ne les surpasse pas encore.

Dès cette époque, il fait la connaissance de Pernette, âgée de seize ans, qu'on mariera à un sieur Du Guillet. Déjà commence la préparation de ce qui sera son chef-d'œuvre : *Délie, object de plus haulte vertu.* Sans l'égaler, *Arion* pouvait laisser pressentir ce poème. Cette allégorie témoigne de sa maîtrise du vers :

> Dessus le bord de la mer coye et calme,
> Au pied d'un roc sous une sèche palme,
> Arion triste, étendu à l'envers,
> Chantait tout bas ces siens extrêmes vers.

Ne pense-t-on pas à Paul Valéry ? La mort du dauphin met en deuil la « tombe marine » et le ton est assez insolite dans la poésie française.

Sans le mariage de l'adolescente Pernette, peut-être le poète n'aurait-il pas été si bien inspiré pour les 449 dizains de sa *Délie.* Ces vers consacrés à une seule femme correspondent au *Canzoniere* de Pétrarque pour sa Laure. Ils paraîtront huit ans plus tard, en 1544, après que Maurice Scève eut courtisé, sous le signe d'un amour chaste, ou moins chaste qu'il n'y paraît, la jeune femme qui mourra en 1545 à l'âge de vingt-cinq ans. C'est des tourments d'un humaniste d'âge mûr, clerc tonsuré, face à une élève de seize ans, que naîtra l'œuvre majeure.

C'est donc à un être de chair que Maurice Scève prêtera le nom de la maîtresse de Tibulle, cette Délie qui, dans Ovide, disputera à Némésis les meilleurs baisers du poète mourant. Lorsque François Grudé de La Croix du Maine indiqua que *Délie* était l'anagramme de *l'Idée,* certains lecteurs penchèrent pour un jeu abstrait, ce qui leur fit émettre des réserves sur un poème dont on peut dire qu'il unit le paganisme sensuel (Délie : fille de Délos) et le platonisme (Délie : l'Idée) avec le souvenir de l'amour courtois.

Comme Dante guidé par sa Béatrice, comme Pétrarque poursuivant l'image de Laure, Maurice Scève part du fait amoureux pour suivre les itinéraires subtils destinés à faire progresser l'âme vers la plus haute vertu. Maurice Scève, comme Guillaume de Lorris, comme tant d'autres, cherche sa Rose. Délie symbolise la femme éternelle, objet d'une dévotion absolue, avec sa triple nature Artémis-Hécate-Séléné, divinités lunaires, qui ne peuvent que laisser le poète insatisfait et tourmenté. Celui-ci s'épuise en vains combats pour saisir l'insaisissable. Investi d'une mission qui l'élève, il se plaît à errer dans ses méandres et à créer son propre fil d'Ariane au cours d'une narration somptueuse en tout point digne de l'objet de sa quête.

Pétrarque est présent chez Maurice Scève, et à travers lui la poésie provençale courtoise, les poètes italiens du *dolce stil nuovo,* les élégiaques latins, et s'y ajoutent les pétrarquisants raffinés, Seraphino, Tebaldeo, Chariteo, tous ceux qui ont disserté des théories platoniciennes et néo-platoniciennes de l'amour en accentuant les antithèses de leur maître, en multipliant les pointes précieuses. De ce mélange d'influences subtiles, Maurice Scève sera l'aboutissement ; il y ajoutera son expérience propre et ses propres métamorphoses, un mystère et une étrangeté nés du sujet même de la recherche. L'obscurité apparente est en fait la recherche d'une clarté plus éblouissante.

« La Délie », poème d'attente et de tourment.

On ne saurait lire rapidement *la Délie*. C'est un poème à emporter sur une île déserte car il peut nourrir et charmer des années de retraite et de méditation. Beaucoup de lecteurs s'en tiennent au dizain qu'on retrouve dans chaque anthologie :

> Plus tost seront Rhosne et Saone desjointz,
> Que d'avec toy mon cœur se désassemble :
> Plus tost seront l'un, et l'aulte Mont joinctz,
> Qu'avecques nous aulcun discord s'assemble :
> Plus tost verrons et toy, et moy ensemble
> Le Rhosne aller contremont lentement,
> Saone monter tres violentement,
> Que ce mien feu, tant soit peu, diminue,
> Ny que ma foy descroisse aulcunement.
> Car ferme amour sans eulx est plus que nue.

Or, il y a plus que la pensée ingénieuse chez Scève. Pour recevoir au moins une partie des richesses du poème entier, il faut curiosité, culture et ténacité. Le poète, pour cacher et protéger une confession douloureuse, pour mieux nous entraîner dans un mouvement spirituel secret, sait feindre le désordre, élever un mur ésotérique et sophistiqué. Les problèmes de cet homme souffrant et pudique ne sont pas simples et s'accompagnent de la diversité de son humanisme.

Platonisme et pétrarquisme, ces mots clefs de la poésie renaissante ne vont pas sans quelque imprécision. Platon inspire des idées philosophiques où se mêlent rationalisme et pensée mystique, l'ensemble formant une conception idéaliste du monde et de la vie. Pétrarque procède de cela, en transposant sur le plan poétique, en créant une école littéraire avec ses procédés de style, son désir de perfection formelle, ses subtilités, sa grâce, son harmonie qui doivent répondre à la conception idéaliste et mystique de l'amour. Nous restons dans la ligne de l'amour courtois des troubadours et des romans bretons, mais Maurice Scève marque de nouvelles étapes dans l'idéalisation et l'intellectualisation du sentiment. Ne croyons pas qu'il y ait rupture entre le *Roman de la Rose, la Parfaite Amie* d'Héroët et *la Délie* de Scève. Simplement, ce dernier va plus loin et plus profond que tous les autres.

La femme convoitée et divinisée s'accorde à la diversité humaniste et à la singularité d'inspiration scévienne. Dans un miroitement incessant, un fourmillement de savoir, d'images, d'allégories, on distingue un mariage de réalité et de fiction, de concret et d'abstrait, de chrétien et de païen, de sensualité et de mysticisme. Et cet apparent abstracteur a l'œil d'un peintre ou d'un cinéaste, nous donnant des visions rapides, fugitives, de gestes, d'attitudes, de paysages comme dans ce dizain :

> Je voy en moy estre ce Mont Forviere
> En mainte part pincé de mes pinceaulx.
> A son pied court l'une et l'aultre Riviere,
> Et jusqu'aux miens descendent deux ruisseaulx.
> Il est semé de marbre à maintz monceaulx,
> Moy de glaçons : lui aupres du Soleil
> Ce rend plus froid, et moy près de ton œil
> Je me congèle; ou loing d'ardeur je fume.
> Seule une nuict fut son feu nonpareil :
> Las! toujours j'ars, et point ne me consume.

Le Phénix cher à Lactance, aux hermétistes comme Michel Maier et tant d'autres au XVIᵉ siècle, est dans le secret de Scève, avec les lueurs alchimiques de son œil :

> Quand l'œil aux champs est d'esclairs esblouy,
> Luy semble nuict quelque part qu'il regarde :
> Puis peu à peu de clarté resjouy,
> Des soubdains feuz du Ciel se contregarde.
> Mais moy conduict dessoubs la sauvegarde
> De ceste tienne, et unique lumière,
> Qui m'offusca ma lyesse première
> Par tes doulz rayz aiguement suyviz,
> Ne me pers plus en veue coustumière.
> Car seulement pour t'adorer je vis.

Chez Maurice Scève, le concret se résout en allégories. La musique, la géographie, les métiers, la nature lui dictent des comparaisons et des antithèses. Les métaphores des Écritures, *l'Anthologie grecque* l'influencent. Les parties du corps humain, comme dans les belles planches anatomiques de son temps, lui fournissent des images, et il ne cesse de blasonner comme pour le concours où il devança Marot. Ses vastes connaissances le guident vers le parfait art baroque en d'étonnantes images :

> Le Cerf volant aux aboys de l'Austruche
> Hors de son giste esperdu s'envola :
> Sur le plus hault de l'Europe, il se jusche,
> Cuydant trouver seurté, et repos là,
> Lieu sacre, et sainct, lequel il viola
> Par main à tous prophanément notoyre.
> Aussi par mort précédant la victoyre
> Luy fut son nom insignement playé,
> Comme au besoing pour son loz meritoyre
> De foy semblable à la sienne payé.

Tout au long de cette odyssée intérieure, on assiste à des batailles d'antithèses : lumière et ténèbres, chaleur et froid, bonheur et souffrance, élans spirituels et désirs physiques, présence et absence, duo et solitude, doute et espérance, raison et amour, or noble et plomb vil. Mort en soi pour revivre en autrui, triomphe du chaste amour, passion qui survit à la mort sont ses thèmes.

Il trace la poésie de l'attente et du tourment. Il guette le sourire ou le mot tendre comme on consulte le ciel, il accuse de froideur, il trahit son amertume des vains désirs et espérances vaines, il montre une jalousie physique :

> Seul avec moy, elle avec sa partie
> Moy en ma peine, elle en sa molle couche.
> Couvert d'ennuy je me voultre en l'ortie
> Et elle nue entre ses bras se couche.

On le voit « comme bois vert, brûler, pleurer et plaindre ». Narcissique comme Stéphane Mallarmé et Paul Valéry, il jette des vers proches de ceux de ce dernier :

> Tu m'es le cedre encontre le venin
> De ce serpent en moy continuel.

Il fait de mystérieuses confidences qui annoncent les chuchotements de Paul Verlaine :

> Que depuis l'Ame estonnée, et tremblante...

Il laisse échapper des cris de passion :

> Tant je l'aymay, qu'en elle encor je vis :
> En tant la vy, sur maulgre moy, je l'ayme.

Sans cesse, il utilise des présences concrètes, celles des objets permettant d'entrer dans l'intimité de la femme aimée : le miroir, l'anneau, le gant, le mouchoir. Il ne se contente pas de nommer, il invente l'image, joue de l'accumulation, de l'allitération, du paradoxe, extrait des mots leur pouvoir énergétique en les unissant pour créer des sensations physiques. Le combat des contraires est toujours actif et traduit le déchirement profond. Et là où pourrait naître le cliché, un rien toujours nous y arrache.

La mise en scène des antithèses, et, les dominant, celle de l'abstrait et du concret, s'accompagne d'une mise en œuvre formelle sous le signe de la densité. Recherchant la concentration, il supprime au besoin l'article ou le pronom sujet, utilise le participe présent qui lui épargne des développements circonstanciels, joue de l'apposition rapide en substantivant des infinitifs (le « trop espérer », le «vivre plus heureux »), empruntant en cela aux Rhétoriqueurs par nécessité, non par jeu.

Ce resserrement lui permet des effets comme d'ailleurs l'allitération :

> Deuil, double deuil douloureux et dolent.

en restant éloigné du jeu formel d'un André de La Vigne, par exemple. Il ne néglige pas non plus la répétition de groupes de mots en inversant les rapports. Comme l'indique Henri Weber : « la concentration et l'insistance sont l'expression de sa sensibilité et de son tempérament intellectuel ». Du choc des mots traduisant l'abstraction et les modulations de la réalité complexe, il tire des effets uniques.

Il sait créer par l'harmonie imitative des mouvements de houle, des roulements de tempête, des reprises véhémentes donnant aux vers une structure sonore en rapport avec l'idée voulue. Il conseilla à Clément Marot d'apprendre la musique et le chant, comme une épigramme ironique de ce dernier en témoigne, et c'est assez significatif de sa musicalité. En cela, il a retenu le meilleur de la leçon des Rhétoriqueurs, ces assouplisseurs de langue envers lesquels on témoigna de tant d'ingratitude.

Avec le dizain pétrarquisant, Maurice Scève trouve sa forme parfaite. Cette strophe existait déjà chez Marot et chez ses amis Marguerite de Navarre, Hugues Salel ou Bonaventure Despériers; on la retrouve chez Mellin de Saint-Gelais. C'est le nombre favori des ballades et des chants royaux. A sa forme *(ababb-ccdcd)*, Pierre de Ronsard substituera une autre répartition des rimes *(ababccdeed)* à laquelle François de Malherbe, Jean Racine, Victor Hugo, Alphonse de Lamartine souscriront. Les deux formes sont harmonieuses, à la fois légères, ailées et nobles.

Employant la première, Maurice Scève use du mètre décasyllabique avec césure au quatrième pied (4 + 6), celui-là même du *Cimetière marin*. Ce vers de dix pieds, celui des chansons de geste, mais modifié à la césure, qui fut le vers héroïque jusqu'au milieu du XVIᵉ siècle, est employé aussi bien par les Rhétoriqueurs, par Clément Marot et les marotiques que par les poètes de la Pléiade. Il convient très bien, avec son doux balancement, à l'expression lyrique. Plus critiqué sera le décasyllabe 5 +5, plus lourd et martelé, mais après Bonaventure Despériers, les Romantiques, Leconte de Lisle, Verlaine, sauront en tirer de bons effets. Chez Maurice Scève, les strophes de dix vers de dix pieds forment une parfaite structure rythmique avec son ordre de répétition symétriquement inversé comme si les cinq derniers vers étaient le reflet dans un miroir des cinq premiers.

Au sens ancien, chacun de ses dizains est épigrammatique. Une image en est le pivot. Le dizain de dix, carré, musclé, nerveux, parfois rugueux comme une roche avec des éclats brillants enchâssés, fermé sur lui-même, monotone et intérieurement diversifié, donne une idée de perfection mathématique.

Solitude qui se résout en préciosité, Maurice Scève est un des rares poètes français vraiment symboliste. En le lisant, on pense plus volontiers à Dante, à Pétrarque ou à des poètes anglais du début du XVIIᵉ siècle qu'à ses contemporains français. Il s'accorde à Mallarmé, à Valéry, à René Char. Poète de l'exigence totale, il se situe dans la lignée des troubadours du *trobar clus*.

Déjà un autre poème, son *Microcosme* est présent dans ses emprunts aux règnes de la nature, le végétal : genièvre toujours vert comme le laurier de Pétrarque, myrrhe incorruptible, ortie, œillet, marjolaine; l'animal : serpent, grillon, lièvre, autruche; le minéral : ivoire, marbre, diamant, plomb... tout ce que lui dicte le recensement scientifique de son temps.

Si son désespoir lui fait côtoyer la mort ou les destructions physiques du temps, il lui oppose la vertu et la gloire du poème qui deviennent défis. Secret, il est attentif aux choses concrètes : il aime sa ville et la fait resplendir d'un éclat sombre. Musicien, il n'oublie pas la voix humaine au cœur de sa symphonie. Dans le concert luxuriant de la Renaissance, l'homme garde sa place et il y a une humanité de Scève, celle qui élève son objet, par-delà tous désespoirs, à hauteur du platonisme triomphant.

André Gide, regrettant qu'un écran de raison opaque s'interpose sans cesse entre lui et la nature, n'a pas su voir qu'il s'agit d'un écran de pudeur qui confère à sa poésie, en plus de sa richesse et de son harmonie, une émotion que le lecteur doit savoir mériter.

Les dernières œuvres.

Après la mort de Pernette Du Guillet, Maurice Scève se retire dans la solitude. En 1547, il publie *Saulsaye,* une églogue de la vie solitaire. Cette pastorale virgilienne met en scène deux bergers, Antire et Philerme, qui font l'éloge de la vie aux champs, opposant le silence des campagnes aux vaines agitations de la ville et de l'amour, tout cela d'un trait délicat et ferme, avec des vers pleins et harmonieux.

La dernière grande œuvre est son *Microcosme* qui paraît en 1562. Cette construction rigoureuse est bâtie sur le chiffre trois. Elle compte 3 003 vers répartis en trois livres, entre deux sonnets liminaire et terminal, le dernier précédé d'un tercet isolé.

Que cette épopée didactique en alexandrins soit postérieure à *Délie* surprend : on la daterait plus haut dans le siècle car elle s'apparente aux grands traités médiévaux. Les sciences de l'époque ont rejeté quelques superstitions mais elles n'ont guère progressé depuis le moyen âge. Nous nous trouvons en présence d'une œuvre encyclopédique ambitieuse qui exalte la marche de l'homme à travers les siècles, dominant et métamorphosant la nature, à travers toutes les embûches, vers des buts toujours reculés.

Parce qu'Adam a été éloigné de la Trinité, parce que Caïn a commis son crime, l'homme devra combler son exil de Dieu par son travail et son génie. Il s'agit ici, non pas de gravir les degrés d'un mysticisme, mais de suivre une ligne industrieuse. Et c'est un cours complet des sciences et des arts, avec étude des techniques ouvrières qui est tracé.

Cette démarche comporte quelque chose de maçonnique. On reste confondu par un mélange de sécheresse didactique et un enchantement réel produit par l'accumulation des termes techniques, artistiques, musicaux, scientifiques, géométriques. Cet éloge d'une démarche logique et mécanique pouvant assurer la rédemption de l'humanité indique les ambitions de Scève et situe les préoccupations de la Renaissance.

Une beauté tragique et exaltante se trouve sertie dans cette masse laborieuse, pesante d'érudition, loin des joies spirituelles et plus directement poétiques de *la Délie.* La merveille est que le didactisme maladroit et lent n'arrive pas à étouffer la singularité d'un poème médité et porteur d'enthousiasme envers les conquêtes de l'esprit supérieur comme de la main artisanale. *Le Microcosme* est l'union de la main à plume et de la main à charrue, le poème de l'homme confiant en son devenir.

Scève s'éloigne de l'obscurité des choses divines pour préconiser à l'homme sa fonction : assumer dans le temps et dans l'espace ce à quoi tout le destine : penser et faire le monde. Il étudie les phénomènes de la naissance, de la création, de la vie et se penche sur les corps. Toute une tradition savante le soutient et il se libère de ses dettes en créant une pensée poético-scientifique qui est ou sera celle de Ronsard, de Du Bartas et de leurs émules. Remarquant par exemple que l'invention de l'arc a permis à l'homme de manger plus souvent de la viande et de transformer ainsi sa nature, il n'est pas loin de faire penser à des philosophes marxistes ou à des sociologues d'aujourd'hui. Son didactisme n'est jamais gratuit.

Certes, son projet l'oblige à de fastidieux inventaires. Notre curiosité s'est émoussée et il faudrait lire avec les yeux d'un homme du xvie siècle. Mais le meilleur Scève n'est pas là, et ses vers, par comparaison avec ceux de *la Délie,* s'alourdissent, prennent un caractère désuet. Il semble manquer de vocabulaire et crée des néologismes approximatifs, alors qu'on le sent par endroits épris de simplicité et désireux d'un parler direct. Par comparaison, Ronsard apparaît plus à l'aise et plus fort dans sa poésie scientifique. Une lecture du *Microcosme* apporte joies et regrets, mais, dépassant ces oppositions, on est appelé à aimer l'enthousiasme scévien.

Scève le clair-obscur.

On ne sait quelle fut la fin de Maurice Scève. Mourut-il de la peste ? Fut-il victime, après avoir adhéré à la Réforme, des Vêpres lyonnaises qui furent la Saint-Barthélemy de cette cité ? On situe sa mort en 1564.

Il fut loué par les poètes de la Pléiade. Joachim Du Bellay lui consacre un sonnet où il en fait un « esprit divin » et dit aimer, adorer, admirer « le haut voler de ta plume dorée » tout en le situant comme un bon pétrarquiste. Pierre de Ronsard lui adresse des éloges formels. Clément Marot, Jacques Peletier, Thomas Sébillet, Charles de Sainte-Marthe le vénèrent. Pontus de Tyard répond à un lecteur courroucé qui jette le livre que « se souciait bien peu le seigneur Maurice que sa *Délie* fût vue ni maniée des veaux ». Marguerite de Navarre lui demanda deux sonnets comme préface à ses *Marguerites.*

La liste serait longue de nos contemporains qui lui ont rendu justice, de Valery Larbaud à Thierry Maulnier. Pascal Quignard a proposé une lecture dans le texte refusant un Scève obscur ou un Scève clair, interrogeant « cette existence sans exemple, incomparable, qui entreprit de fonder un langage capable de la nomination de l'autre au sein de la relation d'amour — bref : de restituer cette parole au chaos propre de sa voix ».

Maurice Scève possède le génie d'échapper aux jugements et aux comparaisons qu'il suscite. Chez les Symbolistes, il fut de mode d'assimiler les réunions de Fourvière aux mardis mallarméens de la rue de Rome. Albert-Marie Schmidt en traitant et parlant des Lyonnais a dit avec malice : « A tout prendre, l'enfer de l'oubli valait sans doute mieux pour eux que cette actualité absurde et déprimante. » Depuis la voix discordante d'Étienne Pasquier, qui déplorait que Scève fût « ténébreux et obscur », on n'a cessé de reprendre ces termes, le plus souvent par paresse de lecture.

On ne regrette pas que l'auteur de *Délie* apparaisse dans un contexte ombreux. En conservant à la poésie son mystère essentiel il nous enseigne de renoncer à toute paresse intellectuelle. Qui veut gagner l'accès de haute lutte est récompensé et l'argument suprême des ennemis de la poésie la plus riche apparaît comme promesse de clarté éblouissante. Lisons-le bien :

> Quand l'œil aux champs est d'esclairs esblouy,
> Lui semble nuict quelque part qu'il regarde :
> Puis peu à peu de clarté resjouy.

Les deux Lyonnaises

La Belle Cordière.

FILLE d'un riche marchand cordier, Louise Labé (1524-1566), née à Parcieux, dans l'Ain, reçut l'éducation d'une jeune fille de la bourgeoisie : latin, italien, musique, équitation. Fut-elle arrachée à ses études, comme le veut la légende, pour aller combattre en 1542 au siège de Perpignan, déguisée en homme, sous le nom de capitaine Loÿs? Doit-on découvrir l'image d'une Jeanne d'Arc poète lorsque dans sa troisième élégie elle se dit combattante?

> Qui m'ust vù lors en armes fiere aller,
> Porter la lance et bois faire voler,
> Le devoir faire en l'estour furieus,
> Piquer, volter le cheval glorieus,
> Pour Bradamante, ou la haute Marphise,
> Sœur de Roger, il m'ust, possible, prise.

Ne s'agissait-il pas plutôt d'exercices violents et belliqueux et non de guerre? Dans les deux vers suivants, elle mêle les deux parties de son éducation :

> Mais Quoy? Amour ne put longuement voir
> Mon cœur n'aimant que Mars et le savoir.

Cette légende de la jeune guerrière est trop belle et les hypothèses des érudits bien fragiles. On la voit mieux offerte aux flèches de Cupidon qu'à celles de Mars. Elle épousa à seize ans un autre marchand cordier, plus âgé qu'elle, Ennemond Perrin. Il s'agissait sans doute d'un mariage d'intérêt et de convenance.

Il fut coutume à tout intellectuel de passage à Lyon d'être reçu dans son salon et son renom s'étendit bientôt. Olivier de Magny se rendant en 1554 à Rome s'éprit d'elle à son passage, ce qui lui permit de ridiculiser son mari dans une *Ode à Sire Aymon*. Ce poète charmant faisait profession d'inconstance ainsi qu'il l'avoue dans une pièce intitulée *D'aimer en plusieurs lieux*. Un de ces lieux était Lyon, et lorsque dans ses sonnets et ses élégies, Louise Labé poétise l'absence et le silence, on peut penser qu'elle est inspirée par cet infidèle.

Fut-elle une courtisane monnayant ses faveurs? Rien ne permet de le croire. Cette femme ardente qui osait en son temps revendiquer les droits de son sexe à l'amour fut assez libre pour être calomniée dans un cercle étroit. Calvin cependant en fait une *plebeia meretrix* et Baur une *cortigiana onesta*. De même le chroniqueur ligueur Claude Rubys la condamne, tandis que d'autres, comme Guillaume Paradin, doyen du chapitre de Beaulieu disent sa vertu : « L'une se nommait Loÿse Labé. Elle avait la face plus angélique qu'humaine mais ce n'était rien à la comparaison de son esprit tant chaste, tant vertueux, tant poétique, tant riche en savoir, qu'il semblait qu'il eût été de Dieu pour être admiré comme un grand prodige entre les humains. » C'est trop, dira-t-on et il vaudrait mieux opter pour une plus juste mesure. Sourions en apprenant par Jeannine Moulin qu'il y a peu d'années, « la ville de Lyon a refusé de donner le nom de Louise Labé à un lycée de jeunes filles » mais ne serait-ce pas une vengeance posthume de ces dames à qui la poétesse conseillait « d'élever leurs esprits pardessus leurs quenouilles et leurs fuseaux »?

Elle publia ses poèmes en 1565, peu avant sa mort qui coïncide avec le déclin de la gloire lyonnaise, en 1566. L'année de la publication de ses poèmes, on retrouve sa trace : elle est alitée, malade, chez son ami l'avocat florentin Thomas Fortini, et dicte un testament par lequel une grande part de sa fortune va aux pauvres.

Son œuvre est peu abondante. Elle contient pour la prose une *Épître dédicatoire* et son *Débat de Folie et d'Amour* en cinq discours, pour la poésie, vingt-quatre sonnets dont un en italien, et trois élégies. On ajoute parfois des poèmes de provenance douteuse.

Le Débat de Folie et d'Amour est un dialogue dans le goût médiéval. Au festin de Jupiter, Amour et Folie se disputent la préséance. Après de vaines paroles, Amour courroucé saisira son arc, mais Folie, devenue invisible, lui bandera les yeux pour l'éternité.

Ce débat est révélateur de la pénétration philosophique et psychologique de Louise Labé. Il témoigne de sa culture, non par des réminiscences directes, mais parce qu'il apparaît qu'elle a lu

Érasme et Bembo. La Fontaine y trouvera le sujet d'une fable et « fable moderne », c'est ainsi que l'appellera Voltaire. Au xviiie siècle, on en fera un vaudeville. Le *débat,* revigoré par la tradition pétrarquiste, trouve avec lui son sommet et montre que chez Louise Labé, le prosateur était digne du poète.

Louise Labé a pu profiter des leçons de Maurice Scève, et même de Clément Marot lorsqu'elle lui emprunte sa technique de l'élégie, mais elle doit sa valeur et sa renommée à ses cris d'amoureuse, à son sens de l'amour brûlant, à sa sincérité pathétique, plus qu'à des influences littéraires. Si elle s'intègre géographiquement et socialement à l'école lyonnaise, elle représente avant tout un phénomène individuel.

Dans ses *Élégies* comme dans ses *Sonnets,* elle ne disserte pas sur la nature de l'amour mais le ressent et le fait ressentir. Elle écrit dominée par ses pouvoirs, et il n'existe que peu d'œuvres aussi naturelles et libres. Cris, plaintes, lamentations, jalousies, angoisses, nostalgies, extases se fondent en passion et il n'est pas un poème que ne parcourt un frémissement lyrique et physique. Comme plus tard une Renée Vivien, elle fait l'amour dans ses vers, elle halète, elle supplie et c'est une tempête charnelle, l'appel montant de la jouissance qui conduit l'être à se sublimer dans des régions proches de la mort :

> Je vis, je meurs : je me brûle et me noie.
> J'ay chaut estreme en endurant froidure :
> La vie m'est et trop molle et trop dure.

Et chaque fois que l'amour physique est porté au sommet, la mort apparaît dans ses vers :

> Si de mes bras le tenant acollé,
> Comme du Lierre est l'arbre encercelé,
> La mort venoit, de mon aise envieuse :

> Lors que souef plus il me baiseroit,
> Et mon esprit sur ses levres fuiroit,
> Bien je mourrois, plus que vivante, heureuse.

Et encore dans son treizième sonnet :

> Ne pouvant plus montrer signe d'amante :
> Priray la Mort noircir mon plus cler jour.

Quand il n'y a pas mort, il y a souffrance. S'agit-il de ce que Marie Bonaparte étudiant la sexualité féminine appelle « le masochisme féminin essentiel »? En lisant les sonnets, on peut glaner une ample moisson de mots exprimant la blessure : maux, menaces, ruines, combats, crier, cruelle, sanglots, cruauté, duretés, tourment, plaie, douleur, martyre... Et toujours les images du feu dévorant :

> Tant de flambeaus pour ardre une femmelle.

> Depuis qu'Amour cruel empoisonna
> Premierement de son feu ma poitrine,
> Toujours brulay de sa fureur divine.

> Mais maintenant que tu m'as embrasee,
> Et suis au point auquel tu me voulois,
> Tu as ta flame en quelque eau arrosee,
> Et es plus froit qu'estre je ne soulois.

> Ne reprenez, Dames si j'ay ayme :
> Si j'ay senti mile torches ardentes.

A ce feu répond une eau qui est souvent celle des larmes :

> A engendrer de moy maintes rivieres,
> Dont mes deux yeus sont sources et fontaines.

> Mieus mon lit mol de larmes baignera,
> De ses travaus voyant temoins tes ieus.

> Tout a un coup je ris et je larmoye.

> Tant que mes ieus pourront larmes espandre.

Il est sans cesse d'obsédantes douleurs, des soupirs mouillés, des langueurs appelées, des accollements souhaités :

> Si m'acollant me disoit, chere Amie,
> Contentons nous l'un l'autre...

> Baise m'encor, rebaise moy et baise :
> Donne m'en un de tes plus savoureus,
> Donne m'en un de tes plus amoureus :
> Je t'en rendray quatre plus chaus que braise.

Concilier une telle passion, une telle ardeur tumultueuse des sens avec l'harmonie de la poésie est le fait de cette femme qui porte dans son corps toutes les ardeurs du Rhône. Dans chaque sonnet, jouant de l'antithèse, de l'exclamation et de l'énumération selon les procédés de Pétrarque, elle sait trouver un équilibre entre ses appels charnels et son sens artistique. Dans ces poèmes nés d'une véhémence amoureuse et d'une angoisse tragique, jamais de désordre, l'architecture est à la fois dure et souple comme un muscle.

Les sources sont faciles à trouver : Jean Second et ses poèmes latins de *Basia* (baisers) tant imités, notamment par Rémi Belleau, Sannazar pour le troisième sonnet : « O longs désirs, ô espérances vaines » et Pétrarque très directement pour le huitième sonnet : « Je vis, je meurs... » Mais un thème comme celui de Jean Second, le baiser qui emporte le couple dans la mort, est traité par Louise Labé comme nul autre et mieux que Ronsard.

On comprend qu'elle ait pu choquer ses contemporains épris de bonnes mœurs. Seule Hélisenne de Crenne eut autant d'audace dans le même temps lorsqu'elle publia, en s'inspirant de *la Fiammetta* de Boccace, un roman autobiographique et sentimental intitulé *les Angoysses douloureuses qui procèdent d'amours*.

Les spasmes poétiques de Louise Labé se retrouvent, mais avec une forme moins parfaite dans ses *Élégies* où le ton est le même :

> Au tems qu'Amour, d'hommes et Dieus vainqueur,
> Faisoit bruler de sa flame mon cœur
> En embrassant de sa cruelle rage
> Mon sang, mes os, mon esprit et courage.

Dès la première de ces trois élégies, les rappels mythologiques abondent : Phébus, Jupiter, Mars, Cupidon, et Louise Labé se situe en continuatrice de Sappho « l'amour lesbienne ». Les paradoxes d'un amour qui ne connaît que sa loi s'y déploient. Dans les trois œuvres, elle se confie comme dans un journal intime, s'analyse, et là encore, au contraire de Maurice Scève, ne cherche pas à séparer la chair de l'esprit.

L'Élégie II est la plus belle. Louise Labé attend son ami, elle appelle son « gracieus retour » et le dit avec passion :

> Cruel, cruel, qui te faisoit promettre
> Ton brief retour en ta premiere lettre ?

donnant ainsi la plus belle lettre d'amour qu'on puisse écrire, faisant mille reproches à l'oublieux, laissant éclater sa jalousie :

> Je ne dy pas qu'elle ne soit plus belle :
> Mais que jamais femme ne t'aymera,
> Ne plus que moy d'honneur te portera.

Elle laisse poindre sa douleur en faisant appel aux images de cette mort qui marque toujours chez elle le sommet de l'amour :

> Et si la mort avant ton arrivee
> Ha de mon corps l'aymante ame privee,

> Au moins un jour vien, habille de deuil,
> Environner le tour de mon cercueil.

La troisième élégie est celle du plaidoyer, du fier débat avec l'opinion publique, l'affirmation des droits à l'amour :

> Quand vous lirez, ô Dames Lionnoises,
> Ces miens escrits pleins d'amoureuses noises,
> Quand mes regrets, ennuis, despits et larmes
> M'orrez chanter en pitoyables carmes,
> Ne veuillez point condamner ma simplesse,
> Et jeune erreur de ma fole jeunesse,
> Si c'est erreur : mais qui dessous les Cieus
> Se peut vanter de n'estre vicieus?

Et c'est là qu'on trouve les vers déjà cités où elle fait allusion à des exploits violents qui sont pacifiques joutes plutôt que faits guerriers.

Jean de Tournes, son ami, le célèbre imprimeur lyonnais édita *Sonnets et Élégies,* l'ouvrage étant dédié par Louise Labé à son amie préférée, cette Clémence de Bourges qui connut en son temps un grand succès par ses connaissances et le charme de sa conversation. A la suite de cette édition, Pontus de Tyard, Olivier de Magny, Antoine Fumée, Claude de Taillemont, Jacques Peletier qui peut-être la chanta dans *l'Amour des Amours,* d'autres amis lui rendent hommage.

Sainte-Beuve écrit : « Louise Labé était disciple de Maurice Scève et elle lui doit assurément beaucoup pour les études et les sages conseils; mais si elle atteignit dans l'expression à quelques accents heureux, à quelques traits durables, elle ne les puisa que dans sa propre passion et en elle-même. » Marceline Desbordes-Valmore la nomme « nymphe ardente du Rhône », Émile Faguet dit de ses sonnets qu'ils sont « les plus beaux vers passionnés du monde ». On ne peut lui adresser que louanges et par-delà une admiration purement poétique admirer son courage et sa lucidité : en pleine Renaissance platonicienne, elle a su trouver et montrer la grandeur de l'amour dans ce qu'il a de physique et d'humain.

Pernette Du Guillet, vertueuse dame.

Dans ce Lyon triomphant, les dames lettrées ne manquaient point : ainsi la femme et les filles de Maurice Scève, et ces dames lyonnaises dont les noms sont restés : Jacqueline Stuard, Louise Sarrazin, Juliette d'Espagne, Marguerite Du Bourg, Jeanne Creste, Sibylle Scève, Claude de Bectoz. Il faudra attendre longtemps pour qu'apparaissent deux autres dames de Lyon dans la tradition des lettres : Julie de Lespinasse et madame Récamier. L'autre dame célèbre au xvie siècle est, bien sûr, Pernette Du Guillet, bien qu'elle soutienne difficilement la comparaison avec Louise Labé.

Pernette Du Guillet (1520-1545) reçut une éducation comparable à celle de Louise Labé, apprenant les langues : grec, latin, italien, espagnol, les beaux-arts et la musique puisqu'elle jouait du luth agréablement. Elle fréquenta les poètes alexandrins, Platon et platonisants, Pétrarque et pétrarquisants, Marot et marotiques.

La grande affaire de sa vie fut moins son mariage avec Du Guillet que sa liaison, platonique ou non, avec son maître Maurice Scève qui en fit, c'est peu contestable, sa Délie. Elle mourut à vingt-cinq ans, sans doute de la peste, et Antoine Du Moulin, traducteur d'Épictète, d'Ésope et de Pétrarque, directeur des publications chez Jean de Tournes, le Pierre Seghers de l'époque, à partir de brouillons épars, publia *les Rymes de gentile et vertueuse dame Pernette Du Guillet, lionnoise,* en 1545, puis en augmentant l'édition en 1552.

Elle collabora avec Maurice Scève dans un *Petit Œuvre d'amour,* vers dans le goût alexandrin. Ses *Rymes* contiennent cinquante-huit épigrammes en français et deux en italien, proches de la conception grecque du genre, des élégies, des épîtres marotiques. On y sent des influences comme celles de Maurice Scève, de Clément Marot et de divers marotiques. Sa poésie a, comme celle de son maître, des sources néo-platoniciennes et italiennes : Seraphino, Chariteo, Pétrarque.

Elle s'inscrit plus volontiers dans la tradition de Marot que dans celle des Italiens. Parmi tant de voies ouvertes, elle a le mérite d'avoir su trouver son chemin personnel, et aussi d'avoir utilisé une plus grande variété de rythmes qu'il n'est de coutume chez les poètes lyonnais. Elle se différencie en cela de Louise Labé.

Bien que composée dans un jeune âge, son œuvre poétique est mûre, achevée, et l'on ne saurait parler de poèmes de jeunesse. Tout chez Pernette Du Guillet procède d'un travail artistique très poussé, très étudié, avec parfois quelques abus dans l'abstraction et un vocabulaire un peu plat pour atteindre à la qualité nécessaire à son expression. Les ornements savants et précieux, la recherche antithétique y sont présents. On sent chez elle un effort vers le resserrement, la plénitude scéviennes, mais qu'elle ne conduit qu'artificiellement à son but. Elle ne possède pas l'art de son maître. En commun avec lui aura-t-elle tout au moins la possibilité d'immortaliser son amour. Et pour une fois, la muse, Laure, Béatrice ou Délie, chante, elle aussi.

Au contraire du feu vif de Louise Labé, sa poésie révèle un feu dormant, et l'on attend vainement qu'un souffle l'éveille. C'est le lieu de la sage mesure, de l'intelligence discrète mesurant les élans du cœur. La sensualité est mesurée et jusque dans ses aveux amoureux, on trouve une tranquillité de parole :

> Je tascherai faire en moy ce bien croistre,
> Qui seul en toy ne pourras transmuer.

Si elle ne revendique pas hautement et ardemment, comme la Belle Cordière, les droits de la femme à l'amour, elle ne manque pas, dans sa retenue, de force persuasive :

> C'est une ardeur d'autant plus violente,
> Qu'elle ne peult par Mort, ny temps perir.

Lorsque dans une chanson elle déclare son amour, c'est avec une beauté, une élégance mondaine d'où sait jaillir une grâce touchante :

> Qui dira que j'ai révélé
> Le feu longtemps en moi celé,
> Pour en toi voir si force il a :
> Je ne sais rien moins que cela.

De l'amour, elle disserte avec raison, cette très jeune fille. Elle médite et sa méditation se transforme facilement en rêverie, comme si sa plume courait sans elle. Pratiquant le coq-à-l'âne marotique, elle se laisse aller à la confidence d'une écriture quasi automatique dont elle attend peut-être une révélation. Et tout cela pour s'appliquer à faire naître un amour tactique, un amour savant qui se différencie du charnel comme Louise Labé ou du spirituel comme Maurice Scève, jouant pour tout cela de tous les genres qui lui sont offerts : l'anecdote, l'épigramme, le débat, l'épître.

Un peu partout, elle apporte du charme, un charme né de sa réserve, de sa voix ténue, de ce penchant mélancolique qui la fait exceller dans l'élégie et la chanson grise. Sans naïveté excessive, elle a foi en la loyauté de l'amour, et tout chez elle tend à en faire naître une pure représentation. Son caractère droit veut bien se laisser prendre à ses feux, à ses oppositions diurne et nocturne, mais en l'exaltant intellectuellement, en l'élevant à la dignité d'une science humaine. Kléber Haedens le dit bien : « Ses *Rymes* un peu monotones, douces et habiles, donnent encore un plaisir léger. »

3

Poètes scéviens et lyonnais remarquables

L'humaniste mis à mort : Étienne Dolet.

A VANT d'en venir à quelques poètes lyonnais, la plupart scéviens intéressants, nous parlons d'un homme de qualité : Étienne Dolet (1509-1546), humaniste, imprimeur, philologue, traducteur, érudit, poète, ami par périodes de Maurice Scève, Clément Marot, Guillaume Budé, François Rabelais, Charles de Sainte-Marthe, Antoine Héroët, Bertrand de La Borderie, Charles Boyssoné, — nous disons bien « par périodes » car son caractère hautain, exigeant, ombrageux, méprisant au besoin, rendit souvent ses amitiés passagères.

Ardent, obstiné, travailleur sans repos, épris de gloire plus que d'argent, orateur plein de fougue, ce contradicteur-né, pas toujours d'accord avec lui-même, connut les aléas et les difficultés de tout intellectuel d'action.

A vingt-sept ans, il tue un peintre qui l'avait attaqué, connaît des poursuites judiciaires et est sauvé par le roi sur une intervention de Marguerite de Navarre et de Pierre Du Chastel, lecteur royal. Sa vie commence comme une biographie de François Villon. Dès lors, il aura toujours des ennuis, son crime le plus grave, au regard du pouvoir, étant l'irréligion. On connaît sa fin sur le bûcher de la place Maubert. Il paya ainsi de sa vie d'avoir traduit en le déformant un passage de Platon : « Après la mort, tu ne seras plus *rien du tout.* » On l'appela le « Christ de la pensée libre ».

Auprès de ses travaux érudits, la poésie tient une place non négligeable. Il appartient à ce groupe de néo-latins lyonnais, avec Jean Visagier, Gilbert Ducher et Nicolas Bourbon, qui s'adonnent aux épigrammes ou aux hendécasyllabes, inspirés par la mythologie, *l'Anthologie grecque* et Pétrarque. Il excelle plutôt dans ses poésies françaises.

Ayant imprimé *l'Enfer* de Clément Marot, il écrivit lui-même un recueil d'épîtres portant ce titre dans lesquelles il tente, avec sincérité et émotion, de se justifier des attaques portées contre lui. Voici un extrait de son *Second Enfer* (un *Premier Enfer* projeté ne fut pas écrit) :

> Quand on m'aura ou bruslé ou pendu,
> Mis sur la roue, et en cartiers fendu,
> Qu'en sera-t-il? Ce sera ung corps mort.
> Las! touteqfoys n'auroit-on nul remord
> De faire ainsi mourir cruellement
> Ung qui en rien n'a forfait nullement?
> Ung homme est-il de valeur si petite?
> Est-ce une mouche? ou ung verms, qui mérite,
> Sans nul esgard si tost estre destruict?
> Ung homme est-il si tost faict et instruict,
> Si tost muny de science et vertu,
> Pour estre ainsi qu'une paille ou festu,
> Anihilé? faict-on si peu de compte
> D'un noble esprit qui mainct aultre surmonte?

La vigueur de tels vers n'a pas besoin d'être soulignée. Cet « un homme est-il de valeur si petite? » dit tout de l'homme Dolet. Parmi ses plus beaux poèmes figure encore un *Cantique* écrit de son cachot de la Conciergerie de Paris l'année de son exécution :

> Soit tôt ou tard ce corps deviendra cendre,
> Car à nature il faut son tribut rendre,
> Et de cela nul ne peut se défendre,
> Il faut mourir.

S'il n'était pas mort tragiquement, peut-être aurait-on oublié ses poèmes. Ce serait dommage : poète néo-latin, il s'encombrait d'artifices; poète français, il a su être puissant, touchant et sobre.

Le système orthographique de Claude de Taillemont.

Une première influence scévienne se fit ressentir dans son entourage immédiat. Certains scéviens méritent mieux qu'une simple mention. C'est le cas de Claude de Taillemont (1506-vers 1558) qui aida le poète de la *Délie* dans la composition d'inscriptions poétiques décorant les monuments élevés pour fêter la venue du roi à Lyon en 1548. Il avait une devise : « Devoir de voir. »

A l'époque, un Pierre Ramus émettait des idées neuves fondées sur la raison. Il voulait réformer l'orthographe. Un siècle avant qu'on le fît, il distinguait l'*u* du *v* et l'*i* du *j*. Un grammairien, Louis Meigret, fit des réformes intelligentes, classa les lettres selon leur affinité, rejeta la déclinaison, n'admit que deux articles : *le* et *la,* plaça *du* et *des* parmi les prépositions, donna de bonnes définitions et introduisit le *ç* cédille que nous avons parfois placé ici abusivement dans certaines citations pour aider le lecteur à la compréhension. Il tenta sans succès de noter l'accent tonique des mots de la langue française. Enfin, il souleva les mêmes querelles qu'aujourd'hui en créant un système orthographique qui voulait proscrire les lettres inutiles. Il tentait de

« fère quadrer le' lettres e l'ecritur ao voes e à la prononciation, sans avoer egart ao loes sophistiqes dé dérivezons e diferences »

Se mettant à l'école de ces linguistes, Claude de Taillemont, en écrivant sa *Tricarite,* poèmes en décasyllabes et en alexandrins formés chacun de trois quatrains à rimes croisées (pour réagir contre la mode du sonnet), eut l'originalité :

« d'ortographier au plus près qu'il a esté poucible de la vraye prolation »

S'il n'a pas été suivi, peut-être en fera-t-on un jour, dans le domaine de la poésie, un précurseur. Le seul mérite de son système a été de laisser de précieuses indications sur le parler lyonnais de son époque. Voici, au risque de choquer nos yeux et nos oreilles conditionnés, ce que cela put donner :

> Pôr Voèr è viziter l'autre sôleil du monde
> Mon cœur, tret è conduit par une Étoèle blonde
> (Tôt einsi qe jadis les sâges d'ôriant)
> Fut fet le verms vôlant à lueur evidante.

On distingue mieux l'influence de Maurice Scève sur Claude de Taillemont dans le sonnet à la gloire de Louise Labé qui suit les œuvres de cette dernière. Selon l'idée que nous en avons aujourd'hui, ce poète est d'avant-garde car il tenta d'innover dans plusieurs domaines, essayant de composer des vers mesurés à l'antique avant que Baïf et Jodelle l'aient mis à la mode, et formant de ces mots composés chers à la Pléiade, comme l'a souligné Robert Barroux : « peine aigre-heureuse, yeux doux-riants, eau clair-lente, regard vif-mourant... » dont l'abus fut vite agaçant.

Exilé des anthologies, Claude de Taillemont qui en vaut bien d'autres a eu le mérite de tenter du nouveau.

Les autres poètes de Lyon.

Un bourgeois lyonnais, Philibert Bugnyon (1530-1587), avocat du roi et humaniste, imita *la Délie* en chantant sa belle Gélasine au cours de ses *Érotasmes*. Dans le domaine de la jurisprudence, il se montra en avance sur son temps, critiquant par ses traités les procédures et souhaitant une instauration sociale fraternelle, et émettant en poésie, avant d'autres, une théorie de l'imitation.

La sœur de Maurice Scève épousa le frère de Jean de Vauzelles (1495-vers 1559), ce traducteur et poète qui blasonna les cheveux lors du fameux concours. Grâce à Holbein, il n'est pas tombé dans l'oubli. Celui-ci illustra son *Blason de la Mort* pour en faire une célèbre *Danse des Morts*.

Dans l'entourage de Scève, on trouve Guillaume de La Tayssonière, auteur de sonnets, chants et odes, et cet Antoine Du Saix (mort en 1579), le « jambonnier » de Rabelais dont nous avons parlé. Lyonnais sont également Guillaume Guéroult, l'auteur des *Emblèmes* et Eustorg de Beaulieu, poète et professeur de musique chez les Gondi, déjà cités.

Gilbert Dert, religieux de Lyon, nourrit quatre mille pauvres lors de la famine de 1573 mais ne nourrit guère d'originalité ses honnêtes poèmes de piété. Marc Des Hayes est un gentilhomme lyonnais rimant à ses heures. Établi à Lyon, le médecin Jean-Aimé de Chavigny, élève de Jean Dorat, ami et disciple de Nostradamus, fut plus connu comme astrologue que comme le poète d'œuvres pédantes, farcies de mythologies dans le goût, et même le plus mauvais goût de son temps. Plus tard, à Lyon, on pourra trouver André de Rossant, auteur de *Regrets sur la mort de Ronsard* et des très curieux *Cent-vingt syllogismes en quatrains sur l'élection d'un Roy,* se terminant tous par ce vers à répétition : « Il ne faut donc pour Roy prendre l'homme hérétique », mais nous anticipons, et aussi en citant Loÿs Saunier, auteur d'odes et de sonnets mystiques.

Un Antoine Héroët (1492-1568), déjà rencontré ici avec *la Parfaite Amie* quand nous avons parlé de la fameuse querelle, se distingue de ces poètes locaux. Il est à mi-chemin entre Clément Marot et Maurice Scève. Sébillet le prendra pour modèle dans son *Art poétique* et la Pléiade lui réservera sa considération. Bien qu'employant une langue archaïque, il est de ceux, platonisants, qui surent élever la poésie assez haut pour être admis dans l'un ou l'autre groupe.

Des poètes peu connus sont venus à Lyon ou y ont vécu : Antoine Vias, Auvergnat, auteur de *la Définition et perfection d'amour* et du *Sophologe d'amours,* François Roussin, le Champenois Philbert de Vienne et son *Devis amoureux.*

Un humaniste, Barthélemy Aneau (1500-1561), ami de Marot, directeur du Collège de la Trinité à Lyon, suspect de calvinisme et qui fut assassiné par des fanatiques, a laissé des œuvres poétiques qui ont un intérêt de curiosité : *Alector ou le coq,* tiré d'un fragment grec. Il traduisit du latin l'Italien Andrea Alciat : *les Emblèmes,* et *la République d'Utopie* de Thomas More. Sous le titre de *Picta poesis,* il donna des commentaires en vers grecs et latins de figures mythologiques et d'emblèmes et les traduisit ensuite en français sous le titre *Imagination poétique des Grecs et des Latins.* Sa bonne ville de Lyon lui doit *Lyon marchant,* satire où la cité est comparée à d'autres villes comme Rouen et Orléans. Enfin, il a surtout écrit *le Quintil Horatian,* répondant courageusement à Joachim Du Bellay lorsqu'il attaqua les anciens poètes français.

Nous y reviendrons, et il faudra tourner la page pour retrouver dans le contexte poétique de la Pléiade, Olivier de Magny croisé chez Louise Labé, Pontus de Tyard qui se posa à ses débuts en disciple de Maurice Scève, et de même son cousin Guillaume Des Autels. Ces trois poètes semblent assurer la liaison entre l'école lyonnaise que domine la triade Scève-Labé-Du Guillet et la révolutionnaire Pléiade.

Le règne de la Pléiade

I

La formation d'une doctrine et d'un groupe

Évolution de l'art poétique.

E N 1548, les traités de seconde rhétorique qui, depuis plus de
deux siècles, ont jalonné les routes de la poésie sont lointains et démodés, tout comme les arts poétiques de Pierre Fabri,
en 1521, et de Gratien Du Pont qui, bien que de 1539, ignore Clément Marot et son mouvement.

Et voici que, cette année 1548, paraît un ouvrage important :
l'Art poétique françois, de Thomas Sébillet (1512-1589) ayant pour
tort de venir après la mort de Marot dont il exprime les idées.
Sébillet, poète lui-même, ami de Pasquier, puis de Pierre de L'Es-
toile avec qui il sera incarcéré, a publié une traduction de *l'Iphigé-
nie* d'Euripide louée par Joachim Du Bellay, où l'on trouve des vers
de toutes mesures, et même, quatre siècles avant Jules de Ressé-
guier, des monosyllabiques :

De/Ce/Lieu/Dieu/Sort/Mort/Sort/Fort/Dur

Il fut aussi le traducteur de Fulgosi, de Platina, de Lottini, de
Philostrate.

Cet *Art poétique françois* vint trop tard par rapport à l'école marotique, dont il aurait pu être l'exposé théorique, un exposé pas du
tout attardé, avec des pointes hardies vers l'avenir. Le malheur de
son auteur, dans l'histoire littéraire, a été que Joachim Du Bellay,
plus virulent, plus révolutionnaire, publiât sa *Défense et illustration
de la langue française,* seulement un an après lui. Ce ne fut pas dû
au hasard, mais à l'irritation provoquée par le traité de Sébillet.

Une parenthèse ici est nécessaire pour dire que Sébillet n'était pas opposé aux idées de la Pléiade, et que finalement, Ronsard comme Du Bellay lui gardèrent leur estime. Déjà Sébillet repousse le mot de rimeur pour le remplacer par le nom de poète. En bon platonicien, il affirme que la vertu est à la source des arts, que la poésie, née de l'inspiration, est d'essence divine. Comme Horace, il sait que la nature est bonne conseillère, l'art permettant de cultiver le génie naturel. Il faut tirer ses plumes des cygnes grecs et latins, lire ces Anciens, et aussi les nobles poètes français, Alain Chartier et Jean de Meun, sans oublier les excellents jeunes : Marot et les siens, Maurice Scève le Lyonnais. Enfin, il note justement que « la version ou traduction est aujourd'hui le poëme plus fréquent et mieus receu dés estimés poëtes ».

Thomas Sébillet ne rompt pas avec le passé, mais formule des idées nouvelles : la poésie n'est pas un passe-temps frivole, mais un art sacré d'origine religieuse; il se réfère à Moïse, divin prêtre et divin poète, à David, à Salomon, aux prophètes inspirés par Dieu, aux oracles de Grèce et des saliens de Rome comme aux poètes primitifs à caractère sacerdotal : Arion, Amphion, Orphée. Il n'est pas éloigné de Ronsard.

Il relègue à la fin de son livre tous les arts de seconde rhétorique et insiste sur les genres à la mode : sonnet, épigramme, épître, élégie, églogue. Il constate l'épuisement du lai et du virelai, aborde, en plus du sonnet, les genres favoris de la Pléiade : l'ode lyrique, l'épopée qui est « le grand œuvre ». Étudiant la technique du vers, il prône la rime riche, situe chaque mesure à sa place, ne manque pas de dire que la nature du vers est moins importante que la perfection poétique, donne le véritable traité qu'on peut attendre.

Justice lui soit rendue car il est plus que le simple théoricien du passé. Dans ce manuel sans prétention qui s'adresse aux jeunes studieux « encore peu avancés en la poésie française », il sait au besoin adresser un reproche à Marot, attaquer les rimailleurs et jeter avec désinvolture des idées que Joachim Du Bellay, moins original qu'on ne l'a dit, reprendra.

En quelque sorte, il souhaite non une révolution, mais le changement dans la continuité. Il prône l'évolution, souhaite l'invention permanente, donne la primauté au sujet. Par la lecture des Anciens, il faut rechercher la propriété et la douceur des termes, se méfier des néologismes et des obscurités. Nous sommes loin du moyen âge et des Rhétoriqueurs. Et l'ensemble est remarquablement composé, riche d'idées où la malice se glisse parfois. Il restera

trop tiède, trop sage au goût des nouveaux arrivants. Du Bellay prépare son manifeste.

Naissance d'un groupe.

Un jeu de société, du temps que l'on pratiquait l'art de la conversation, était de jouer à citer par cœur les noms des neuf Muses, des Sept Sages ou des Sept de la Pléiade. Généralement, on citait assez facilement Ronsard, Du Bellay, Baïf, Pontus de Tyard, Jodelle. On hésitait sur Belleau et Dorat à qui l'on substituait parfois La Péruse, Des Autels ou Jacques Peletier, tout en regrettant Olivier de Magny, Jacques Tahureau, Amadis Jamyn ou Jean Passerat.

La faute était légère. En ce temps-là, comme de tout temps, les poètes des groupes aimaient se choisir, ajouter ou éliminer selon les caprices du moment. Plusieurs Pléiades existèrent et l'on peut préférer à cette métaphore qui faisait se gausser les huguenots le terme plus large de Brigade que Ronsard employa dès 1549 pour désigner les poètes de son rassemblement d'études et de renouvellement. Faisant école, ce groupe glana pendant des lustres les innombrables poètes français qui se placèrent sous la bannière de Ronsard.

L'humaniste Lazare de Baïf (1496-1547), traducteur de *l'Électre* de Sophocle et de quatre *Vies* de Plutarque, représentait le type parfait du savant du début de la Renaissance, avec une curiosité universelle qui lui fit écrire des traités latins sur le costume ancien et sur la marine. Trente ans après sa mort, dans sa *Galliade,* Guy Le Fèvre de la Boderie, écrira :

> Lazare de Bayf, qui au temps oublieux
> As doctement ravi les vestements des vieux,
> Et recherché les noms et toute la fabrique
> Des naus et nautonniers et de tout l'art nautique.

Chez lui se réunirent les premiers participants de la révolution littéraire : Jean Dorat (1508-1588), philologue, précepteur du fils de Lazare : Jean-Antoine de Baïf (1532-1589) et Pierre de Ronsard (1522-1586) jeune secrétaire, qui allait profiter des leçons de Dorat, maître helléniste.

Quand ce Jean Dorat part en 1547, date de la mort de Lazare de Baïf, pour enseigner au collège de Coqueret, ses deux élèves le suivent pour continuer, comme internes, de suivre son enseignement. Un peu plus tard, un jeune Angevin, Joachim Du Bellay

(1524-1560), appartenant à une famille célèbre, vient les y rejoindre.

La rencontre entre le Vendômois Ronsard et l'Angevin Du Bellay, à l'enterrement de Guillaume Du Bellay où se trouvaient aussi François Rabelais et Jacques Peletier, fut sous le signe d'une amitié jurée éternelle et d'un enthousiasme commun envers Homère, Pindare, Horace, Virgile et la culture antique. D'autres les rejoindront : Rémi Belleau, Jodelle, Pontus de Tyard. Par la suite les étudiants Jean de La Péruse, Jean de La Taille, Jacques Grévin, en 1553, à l'occasion d'une représentation de *la Cléopâtre* de Jodelle grossiront l'équipe.

Ici intervient Jacques Peletier (1517-1582), homme de large culture, auteur de *l'Amour des Amours*. En 1545, il traduisit *l'Art poétique* d'Horace avec une dédicace apologétique pour la langue française, ouvrant lui aussi la voie à Joachim Du Bellay. Il conseilla à ce dernier de cultiver l'ode et le sonnet. Défendre et illustrer notre langue était la préoccupation de tous. Entre les apologies de Jacques Peletier, 1545, et de Joachim Du Bellay, 1549, se situe, la même année que Thomas Sébillet, en 1548, celle de Jacques de Beaune : *Discours comme une langue vulgaire peut se perpétuer* où l'on trouve déjà les idées du manifeste de Du Bellay.

Le premier manifeste de la poésie française.

En 1549, Joachim Du Bellay, celui qu'on appelle le lieutenant ou le second de Ronsard, selon une absurde habitude, et dont on pourrait aussi bien faire l'André Breton du groupe, prend la parole. En publiant ses premiers vers, il écrit une préface : *Défense et illustration de la langue française* qui n'est pas un art poétique de plus mais bien un manifeste, avec ce que cela comporte de flamme, d'insolence et de désinvolture. Il se place dans un contexte littéraire, mais plus encore historique et national.

En 1547, Henri II est monté sur le trône. Les contradictions politiques, religieuses et sociales se cachent derrière la brillante apparence d'une cour, d'une monarchie affirmant son effort de centralisation, à laquelle des jeunes gens venus d'une aristocratie pénétrée de la culture nouvelle sont attachés. Tandis que les guerres, les impôts, les persécutions ruinent la vie paysanne, que le calvinisme s'organise, que se fait la lente montée vers la crise de 1560 et la tragédie religieuse de 1584, une génération de jeunes nobles d'avant-garde, venus d'autres milieux qu'un Marot ou même qu'un Scève, aura le temps de faire entendre sa voix, une voix soucieuse d'exalter le caractère national et monarchique en exaltant la langue française.

Cette dernière ne se porte pas si mal. Marot ou les Lyonnais n'ont pas attendu un manifeste pour servir le français, et non plus leurs prédécesseurs. De nombreux travaux théoriques sont parus : *le Traité de grammaire française* de Robert Estienne en 1526, *l'Éclaircissement de la langue française* de l'Anglais John Palsgrave (1530) qui un des premiers sut saisir le génie de notre langue à travers *le Roman de la Rose*, les œuvres d'Alain Chartier, de Jean Lemaire de Belges ou de Mellin de Saint-Gelais, les ouvrages de Giles Du Wes, maître de français du roi Henri VII, les travaux sur la traduction d'Étienne Dolet ou les traités de Théodore de Bèze, Louis Meigret, Guillaume Des Autels.

C'est Geoffroy Tory, avec *Champ Fleury ou l'art et la science de la proportion des lettres,* en 1529, qui apporta l'œuvre la plus originale. Cet imprimeur humaniste défendit le français avec fougue. S'il reste dans sa prose des accents obscurs venus de la mystique médiévale, il aspire à la clarté renaissante. Habité par Vitruve ou Léonard de Vinci, il n'établit pas de séparation entre l'érudition, la philologie, les recherches de réformes orthographiques et une architecture des lettres à l'intérieur de l'art typographique. Certains rapprochements peuvent être faits avec l'œuvre de Du Bellay. Cet exposé fait, revenons-en à ce dernier.

Aux yeux de ce jeune homme, la situation littéraire se dégrade. Il faut exposer des idées neuves, souvent complexes et subtiles, voire paradoxales. Joachim Du Bellay doit faire l'apologie de la langue française contre ceux qui s'en servent, mais la servent mal, ce qui les conduit à la juger inférieure aux langues anciennes qu'ils vénèrent et croient plus dignes de leur art. En même temps, il doit tenter un plaidoyer pour la culture antique, mal connue, mal comprise par les hommes du passé trop ignorants. Ces apparentes contradictions se résolvent dans cette idée, proche de l'idée italienne, de fonder le culte national en l'associant à celui d'une Antiquité fidèlement restituée par une science sans faille.

Deux parties composent le manifeste : un éloge de la langue; des critiques et des projets permettant enrichissement et développement. Dans *la Défense,* il indique que les langues se créent : or, selon lui, nos ancêtres n'ont pas été capables de faire croître et embellir la nôtre. Le français est capable de porter des pensées fortes. En ne le sacrifiant plus, en le fortifiant, en le perfectionnant, on le mettra en mesure d'assumer l'avenir. Les progrès des sciences de l'homme et les forces évolutives le nourriront. Dans cette première partie, une révolution de la confiance est appelée. L'argumentation est faible et désordonnée, le langage seul est nouveau.

Cette *Défense* est-elle originale? Il a recours à un matériau existant, il ramasse ses pavés où il les trouve, mais il joue avec art au jeune révolutionnaire. En 1542, Sperone Speroni, Padouan, auteur de pièces étranges (où l'on voit, par exemple, une mère incestueuse jeter ses jumeaux aux chiens), protégé par le pape, avait écrit un *Dialogue delle lingue*. Joachim y a pris son bien, transposant pour la langue française les arguments que faisait valoir Speroni pour l'italienne.

La deuxième partie, *l'Illustration,* si elle procède de Quintilien, est plus significative. Visiblement, elle intéresse davantage son auteur. Là, on trouve son langage en feu. Il s'écrie :

Ô combien je désire voir sécher ces *Printemps,* châtier ces *Petites jeunesses,* rabattre ces *Coups d'essai,* tarir ces *Fontaines!*

Tous les petits genres de la poésie pris comme jeux sont attaqués. Il raille aussi ces surnoms que se donnaient les poètes et les flétrit avec vigueur :

Combien je souhaite que ces *Dépourvus,* ces *Humbles esperans,* ces *Bannis de liesse,* ces *Esclaves,* ces *Traverseurs* soient renvoyés à la Table Ronde.

Et il continue de renvoyer ces vieux poètes, comme on dirait aujourd'hui, au « musée » :

Laisse-moi toutes ces vieilles poésies françaises aux Jeux Floraux de Toulouse et au puys de Rouen : comme rondeaux, ballades, virelais, chants royaux, chansons et autres épiceries qui corrompent le goût de notre langue, et ne servent sinon à porter témoignage de notre ignorance.

Le feu roulant se poursuit en termes admirables :

Sachez, lecteurs, que celui sera véritablement le poète que je cherche en notre langue, qui me fera indigner, apaiser, esjouyr, douloir, aimer, haïr, admirer, étonner : bref qui tiendra la bride de mes affections, me tournant çà et là son plaisir.

Étonner : on pense à Jean Cocteau. En opposition aux genres qu'elle rejette, *l'Illustration* prône l'épigramme, l'élégie, l'ode, l'épître, le sonnet, l'églogue, la comédie, la tragédie et l'épopée. Une doctrine, celle de l'imitation, prend ici un sens nouveau. Il ne faut point en fait imiter, mais se nourrir des Anciens et les restituer dans une tradition seconde grâce au génie du poète et à celui de la langue. Il faut donc travailler, travailler, travailler, étudier cette riche Antiquité et y piller « les sacrés trésors » afin d'orner nos temples et nos autels.

Appelant à la tâche, Joachim Du Bellay appelle à l'enthousiasme. La langue française devient un terrain ouvert aux nouveaux pionniers. Imiter en créant. Procéder à la transmutation. Lier ainsi les siècles. Toute la littérature forme une longue chaîne et les plus grands noms sont nourris d'imitations transmuées. Dante, Shakespeare, Corneille, La Fontaine, Milton ou Fénelon ont su imiter au sens le plus noble.

Des chapitres sont consacrés à la formation de la nouvelle langue. Le style littéraire doit se dégager du style parlé ou employé couramment : il sera aristocratique, il sera une science supérieure. Les néologismes seront entièrement créés ou ressuscités à partir du vieux langage rajeuni. Il faut s'approcher au plus près de la période et de la syntaxe latines, et même user de tours particuliers au latin :

> Use hardiment de l'infinitif pour le nom : l'aller, le chanter, le vivre, le mourir, de l'adjectif substantivé, comme le liquide des eaux, le vide de l'air, le frais des ombres, des adjectifs pour adverbes, comme Ils combattent obstinés, il vole léger...

Enfin, Joachim Du Bellay recommande la périphrase. Quant à la rime, il la veut sans affectation, et l'on se souvient que Jean Lemaire de Belges la voulait ainsi, il repousse la rime équivoquée, assure qu'on doit rimer pour l'oreille et non pour l'œil, ainsi verra-t-on s'unir *prêtre* et *maître, Athènes* et *fontaines*. Il est loin de dire les torts du « bijou d'un sou ».

Cet ouvrage entraînant n'est pas exempt de critiques car Joachim Du Bellay s'est bien plus soucié d'efficacité et de persuasion que de rigueur dans la composition. L'ouvrage est écrit au fil de la plume comme si l'auteur était pressé de livrer des idées qui coulent à flots, en grand désordre, avec des passages verbeux, contradictoires. Mais il prend la parole, même si elle est un pot-pourri. A-t-il encore vraiment tant de forteresses à abattre, d'ennemis à décimer ? Il dit tout haut ce que d'autres pensent tout bas et ne formulent pas.

Ainsi, qui conteste vraiment le français comme langue nationale ? Qui ne rêve d'un plus haut et meilleur style ? Qui ne veut enrichir la langue en prenant chez les Anciens ? Le traducteur de Speroni dénoncera le plagiat, mais la plus grande partie de la poésie française du xvie siècle, n'est-elle pas faite de traductions, d'adaptations, de paraphrases, d'imitations? Il faut remercier l'Italie des poètes.

Vu dans le détail, le manifeste de Du Bellay montre donc des faiblesses, des vues rapides, superficielles, mais en dépit de cela, il marque un temps fort de l'évolution poétique française. Les deux pôles, l'humanisme des Anciens et le nationalisme français indiquent à la poésie une voie qui aboutira au classicisme, se perpétuera encore au xxe siècle. Si l'apport didactique personnel de Joachim Du Bellay est faible, sa voix insistante résonne fort.

L'enthousiasme du mouvement décidé à rompre avec le passé est largement communicatif. Il sera un modèle pour toutes les révolutions et pseudo-révolutions poétiques. Cette furie iconoclaste, on la retrouvera chez les jeunes Romantiques, et c'est ce qui déterminera Sainte-Beuve à extraire de l'oubli ces modèles révolutionnaires. Les buts ne sont pas les mêmes, ils sont souvent contraires; il n'empêche que l'exemple du groupe de la Pléiade justifiera le combat de Lamartine, d'Hugo et de leurs amis. La révolution surréaliste procédera du même désir de changement et jouera sur un manifeste.

D'autres propos théoriques seront tenus, dans le sens de Joachim Du Bellay par Pierre de Ronsard, contre lui dans une riposte vive longtemps tenue pour anonyme, mais dont on sait qu'elle est de l'humaniste et poète lyonnais Barthélemy Aneau.

Contre Du Bellay.

En avril 1550 paraît donc le Quintil Horatian. Dans son Art poétique, Horace avait proposé en exemple Quintilius Varus, d'où ce titre.

L'auteur est pédant, cuistre, pion, mais lorsqu'il s'attaque aux idées, il montre de la vigueur et même de la violence. La Défense joue sur des paradoxes : on accuse une langue de pauvreté en la déclarant riche en espérances, on blâme les admirateurs du grec et du latin et on dit, plus encore qu'eux, du mal du français. Barthélemy Aneau repousse la théorie de l'imitation et assure qu'on peut être bon poète sans passer par l'Antiquité.

Le factum contient ses vérités, mais son tort est d'être passif, de ne faire que constater, de ne porter aucun dynamisme et peu de promesses d'avenir. Tourné vers les Rhétoriqueurs, défendant leur art, il condamnerait la poésie à l'immobilité. Il aurait été souhaitable que, sans renier de ses idées, il trouvât des voies nouvelles à opposer aux voies nouvelles de Joachim Du Bellay. Ses opinions, tout en étant conformes à celles de Thomas Sébillet, paraissent arriérées, alors que ce dernier est plus large, plus ouvert. On retient pourtant le *Quintil Horatian*, qu'on dirait de nos jours réactionnaire, comme le beau geste de défense d'une poésie envers laquelle on ne cessa d'être injuste.

Le mouvement irréversible.

En matière d'évolution poétique, un renouvellement imparfait vaut mieux que le sommeil de la hardiesse qui conduit à l'inanité. La date de 1549 marque une rupture. D'autres vont venir à la rescousse par des traités et plus encore par des œuvres.

Les idées de la Brigade vont s'exprimer dans d'autres textes : de Joachim Du Bellay dans sa *Seconde préface à l'Olive,* de Pierre de Ronsard, en 1555, dans son *Abrégé de l'art poétique,* dans une *Première préface de la Franciade,* bien plus tard, en 1572, et une *Seconde préface* au même ouvrage, de publication posthume, et ces textes complètent, explorent, mettent au point.

D'autres Arts poétiques sont à signaler : en 1555, celui de Jacques Peletier du Mans qui ne sera pas en réaction contre la Pléiade mais contre ses excès; le ton en est assagi et il tente de ramener les idées nouvelles dans le cadre du bon goût; en 1597, *l'Art poétique françois* du jeune Pierre Delaudun d'Aigaliers sera un mélange de Thomas Sébillet, Pierre de Ronsard, Joachim Du Bellay et Jacques Peletier; celui de Vauquelin de la Fresnaye, en 1605, clôturera la liste des traités de la Renaissance qui ouvrent la voie à Boileau.

Plus sérieux est Robert II Estienne (1528-1598) fils du célèbre imprimeur humaniste Robert Ier Estienne. Il fut l'auteur d'un plaidoyer en trois parties sur l'excellence de la langue française et qui constituait la base d'un livre plus vaste qu'il projetait. Plus connu pour ses livres savants que pour ses rares poèmes satiriques, il lutta contre la corruption de notre langue et apporta beaucoup aux poètes de la Pléiade. Ses grands traités sont : *Traité de la conformité du langage français avec le langage grec, Deux dialogues du français italianisé, De la précellence du langage français.* Il y met en jeu une satire poétique passionnée. Éditeur et commentateur des Anciens, de cette *Anthologie grecque* qui influença les Lyonnais et les poètes de la Pléiade, c'est aussi un Etiemble de son temps, luttant pour guérir ses compatriotes de l'emploi ridicule et sans obligation qu'ils font de l'anglais dans les termes courants...

Robert II Estienne, comme d'autres savants, érudits, grammairiens, humanistes, que nous avons cités, montre que les poètes de la Pléiade n'étaient pas seuls dans leur entreprise et qu'ils la bâtirent sur de solides fondations.

Mentionnons encore pour mémoire un *Art poétique* de Claude de Boissière, en 1554, auteur aussi d'un *Art d'arithmétique,* bien que ce savant, dans la ligne de Sébillet, ne fasse qu'éclairer les propos de ce dernier.

Importants sont les écrits en prose de Pierre de Ronsard et ne le cédant en rien à ceux de son ami Joachim Du Bellay. Le groupe a deux théoriciens de marque. Par-delà les détails poétiques et rhétoriques, il s'agit d'extraire une nouvelle conception du poète et de la poésie.

Théoriciens, ils le seront l'un et l'autre tout au long de leur vie, brève pour Du Bellay, longue pour Ronsard qui lui survivra d'un quart de siècle, ne cessant d'affirmer par l'exemple la sacralisation de la poésie. Il y a du religieux dans la manière qu'a le poëte de recevoir l'inspiration pour la transmettre sous forme écrite grâce au génie, génie non spontané mais fruit d'un long travail. Toute la doctrine de la Pléiade repose sur une mise en honneur de la recherche. Cette élévation poétique s'établit sur un culte servi par des rites : ce sont les règles d'un métier sans cesse améliorable grâce à un parfait usage d'outils et de matériaux renouvelés.

Les propositions de Ronsard.

Dans son *Abrégé de l'art poétique,* toujours repris et amélioré dans les successives éditions de ses poèmes, de 1555 à 1573, Pierre de Ronsard est plus modéré que Joachim Du Bellay. Sans apprêt et sans esprit polémique, il s'adresse, sur un ton familier, à un jeune humaniste, Alphonse Debène, abbé de Hautecombe. Le chapitre liminaire trace un rapide tableau de ses idées générales sur la poésie :

La poésie n'était au premier âge qu'une théologie allégorique pour faire entrer au cerveau des hommes grossiers par fables plaisantes et colorées, les secrets qu'ils ne pouvaient comprendre, quand trop ouvertement on leur découvrait la vérité.

Il oppose le poète divin qui disait tant en si peu de mots à « tant de livres ampoulés et fardés », et offre des éléments de collaboration et de fraternité poétiques :

Tu seras laborieux à corriger et limer tes vers, et ne leur pardonneras non plus qu'un bon jardinier à son ante, quand il la voit chargée de branches inutiles ou de bien peu de profit. Tu converseras doucement et honnêtement avec les poètes de ton temps; tu honoreras les plus vieux comme des pères, tes pareils comme des frères, les moindres comme tes enfants, et leur communiqueras tes écrits; car tu ne dois rien mettre en lumière, qui n'ait premièrement été vu et revu de tes amis, que tu estimeras les plus experts en ce métier...

Il conseille de choisir les mots de nos vieux romans avec circonspection et de visiter le vocabulaire des nobles sports de l'époque : marine, vénerie, fauconnerie, et celui des grands artisans du métal, ajoutant :

Et de là tireras maintes belles et vives comparaisons, avec les noms propres des outils, pour enrichir ton œuvre et la rendre plus agréable; car, tout ainsi qu'on ne peut dire un corps humain beau, plaisant et accompli, s'il n'est composé de sang, veines, artères et tendons, et surtout d'une naïve couleur, ainsi la Poésie ne peut être plaisante, vive, ni parfaite sans belles inventions, comparaisons, qui sont les nerfs et la vie du livre, qui veut forcer les siècles pour demeurer de toute mémoire victorieux du temps.

Il traite au fil de la plume de l'invention qu'il limite au vraisemblable :

Quand je te dis que tu inventes choses belles et grandes, je n'entends toutefois ces inventions fantastiques et mélancoliques, qui ne se rapportent non plus l'une à l'autre que les songes entrecoupés d'une frénétique, ou de quelque patient extrêmement tourmenté de la fièvre, à l'imagination duquel, pour être blessée, se représentent mille formes monstrueuses sans ordre ni liaison.

Nous sommes loin, on le voit, de Thomas de Quincey, de Baudelaire ou de Rimbaud, de Jean Cocteau ou de Henri Michaux.

De courts chapitres sont consacrés à la disposition : enrichir sa propre nation avec les trésors antiques retrouvés sous la terre du temps; à l'élocution : faire reluire les vers comme des pierres précieuses; à la poésie en général : il repousse les épithètes de remplissage qu'il reproche aux Italiens, et qui seront, disons-le au passage un des défauts des poètes romantiques; à la rime : masculines et féminines sont définies, et il recommande avant tout l'invention prépondérante; à la voyelle *e* et à la consonne *h;* aux vers alexandrins envers lesquels il montrera plus tard plus de réticence; aux vers en général, à la grammaire et à l'orthographe, à l'harmonie.

Cette première lettre à un jeune poète est intéressante dans la mesure où le poète s'y définit lui-même, avec son goût de l'ordre, de la hiérarchisation poétique, de la raison, à l'opposé du cri juvénile et fort de son ami Du Bellay.

L'essence de la poésie.

Les poètes de la Pléiade, que nous visiterons dans leurs œuvres, tendent à créer un style poétique, et l'on peut trouver une réelle beauté dans leur conception orgueilleuse de la poésie (d'origine divine et requérant le génie) et en même temps pleine d'humilité devant le métier.

La poésie se différenciera de la prose non seulement par l'emploi des mètres, mais surtout dans son essence. Elle affirme sa supériorité par ses exigences, sa signification, sa force. Elle permet des audaces, elle s'introduit dans un langage étranger au langage courant, elle est l'avant-garde de la littérature.

Il ne faut pas oublier que toute la doctrine procède aussi d'une réaction nationale française. La poésie italienne a été jusque-là supérieure aux tentatives françaises. Or, nous avons à notre disposition non seulement le fonds commun enrichissant des Anciens, les trésors des autres nations, mais aussi nos propres trésors inemployés : tous ces dialectes, tous ces termes de métiers dont la poésie de Ronsard est farcie. S'il s'agit de technique, de versification, les poètes sont parfois en désaccord avec leurs théories, avec eux-mêmes, mais ils cherchent à pénétrer la nature de leur langage. En ce sens, la révolution de la Pléiade est non seulement celle de la confiance nationale mais celle aussi de la clairvoyance.

Pour la première fois dans l'histoire poétique, une doctrine s'est constituée. La poésie cherche à connaître ses principes et ses pouvoirs, elle regarde au-dessus des jeux, elle cherche ses lois. Cependant, cette doctrine mêle des notions encore imprécises, souvent incompatibles. Il lui manque un sens de la composition et de la méthode. Elle ouvre la porte à d'autres recherches : celles qui donneront, quelques lustres plus tard, une idée de perfection formelle enfermant la poésie dans des règles étroites.

On salue l'avènement d'une école ou d'un mouvement littéraire qui va apporter d'inestimables créations, mais déjà nous nous éloignons de l'imagination fruste du moyen âge, de l'œuvre plus spontanée, plus collective, s'adressant au plus. grand nombre. N'écrira-t-on plus sans se regarder écrire ? Il faut faire confiance aux immenses possibilités d'assimilation de l'esprit humain.

2

Pierre de Ronsard

Rose de Pindare.

HEUREUSEMENT, ces théoriciens sont de véritables créateurs. Ils vont visiter pendant des années le trésor antique avec plus ou moins de bonheur, contempler, décrire, comparer, musicalement traduire, tout en gardant leur individualité, avant d'en revenir à une poésie personnelle, sans cesse tentés par la poésie politique et la poésie savante, par le jeu des correspondances entre le monde divin et le monde humain.

L'Antiquité va couler dans nos vers : Horace et son lyrisme varié, Pindare et ses constructions strophiques, Anacréon et son charme, Théocrite le Bucolique, Catulle, Tibulle, Properce, tant d'autres rendus vivants par le Groupe, qui tient les promesses de ses manifestes. Mais le programme général que se sont fixé ces poètes, s'il est suivi, n'empêche nullement les individualités et chaque poète mérite d'être étudié dans ses mises en œuvres de la doctrine.

Le maître de Jean-Antoine Baïf et de Pierre de Ronsard, l'helléniste Jean Dorat voyait loin : il jugeait que son élève vendômois serait l'Homère français. L'enthousiaste Étienne Pasquier dira plus : « Il a en notre langue représenté un Homère, Pindare, Théocrite, Virgile, Catulle, Horace, Pétrarque, et, par même moyen, diversifié son style en autant de manière qu'il lui a plu. » Non, Pierre de Ronsard n'a pas été l'Homère français, ni aucun grand nom cité en référence, et l'on préfère l'envisager tel qu'en lui-même, ce n'est point si mal.

Avant ces mémorables leçons de Jean Dorat, qu'a si bien évoquées le poète Claude Binet, Ronsard, malgré son jeune âge avait déjà une biographie. Né dans le Vendômois, au château de la Possonnière, il appartenait à une famille où les lettres étaient en honneur. Son père, Loÿs de Ronsard, protecteur du rhétoriqueur Jean Bouchet, avait écrit, durant sa captivité en Espagne, des traités en vers sur les armes de guerre et sur le gouvernement des princes. Il avait des idées personnelles sur la versification, prêchant l'alternance des rimes, et son frère Jean de Ronsard, lui aussi, rimait. Il légua sa bibliothèque à son neveu Pierre. Ce dernier est né dans un milieu favorable à son développement poétique.

Dès son enfance, Pierre de Ronsard fut le page de divers princes : le dauphin, puis le duc d'Orléans. Encore adolescent, on le trouve près du roi d'Écosse Jacques V, puis attaché d'ambassade aux Pays-Bas, en Écosse, en Alsace avec Lazare de Baïf. Son avenir semblait tout tracé dans la carrière diplomatique quand une maladie le rendit sourd.

En 1543, il reçoit de René Du Bellay, à Tours, la tonsure et les ordres mineurs, ce qui le condamne au célibat et lui permet de solliciter des bénéfices ecclésiastiques. Le jeune clerc se consacrera aux Muses, et ce n'est pas une formule, car, comme l'a montré Françoise Joukovsky, muses, et aussi grâces, nymphes et sibylles sont présentes dans toute la poésie du XVIe siècle aussi bien chez les Rhétoriqueurs que chez les amis de Maurice Scève et de Ronsard.

Une rencontre avec le remarquable Jacques Peletier du Mans, qui traduit l'*Art poétique* d'Horace, admire les Anciens et les Italiens, lui apporte des encouragements et le détermine, dès 1544 à faire ses études auprès de Jean Dorat. Claude Binet a très bien évoqué cette période : « Ronsard, ayant été nourri jeune à la cour et dans l'habitude de veiller tard, demeurait à l'étude sur les livres jusqu'à deux ou trois heures après minuit, et en se couchant, il réveillait le jeune Baïf, qui, se levant et prenant la chandelle, ne laissait pas refroidir la place. » L'un et l'autre, dans la lecture des Grecs, dans celle de Pindare, ces célébrants, trouvent leur voie future. Dès lors, Pierre de Ronsard mérite déjà son anagramme : Rose de Pindare.

Le souffle des Odes.

Jacques Peletier l'avait encouragé à cultiver l'ode. L'une de celles qu'il composa sera insérée dans les œuvres de son aîné en 1547. De cette époque datent quelques tentatives isolées : un épithalame, un hymne, un poème. Ses premières publications sont celles des *Odes,* puis de la première partie de ses sonnets sous le titre d'*Amours,* 1552, édition reprise et augmentée en 1553, continuée en 1555 et 1556.

De l'ode, il est l'introducteur en France. Les idées de la Pléiade s'y reflètent avec leurs dangers dont le principal est l'égarement dans des lieux étrangers à la poésie. Selon l'expression de Fénelon, Ronsard s'avise de parler français en grec, et l'érudition hâtive, les métaphores grecques et latines surchargent les poèmes et créent de véritables boursouflures étouffant de beaux vers qu'on voudrait débarrasser de ces encombrements. *Les Odes* ont pu étonner les contemporains de Ronsard par un souffle poétique qui fait pâlir Clément Marot, par une pompe somptueuse s'apparentant aux goûts luxueux de l'époque, par une allure orgueilleuse de poète mage et conducteur de peuples préfigurant Victor Hugo.

Ayant imité la construction des strophes pindariques, ayant surchargé d'allusions mythologiques, il remplace les athlètes grecs de Pindare et leurs victoires sportives par les princes et grands seigneurs et par la patrie française, conscient que les panégyriques peuvent apporter la durée. Il atteint souvent à la grandeur du célébrant, mais certaines odes, alourdies d'artifices flatteurs, sont bavardes et prosaïques. On aimerait qu'Henri II, Catherine de Médicis, le dauphin, le duc d'Alençon ou les dames de France fussent débarrassés de trop de détours, de périphrases et de mots en majuscule. Ronsard épate, mais par comparaison, le gentil Marot apparaît plus mesuré, et ses jeux de rimes ne sont pas plus gratuits que ces jeux d'érudition.

Certaines odes échappent à cette critique, dès que perce la délicatesse ronsardienne, celle qui s'exprime mieux dans ses *Amours.* Pour lui, Anacréon est un meilleur maître que Pindare, le guidant vers ce qui lui va mieux et non vers une sorte de gonflement peu acceptable. Il est vrai que le doux Anacréon trouve bien son décor dans le val de Loire et qu'il inspirera aussi bien Baïf, Olivier de Magny, Nicolas Rapin, Jean de La Taille, Jean Passerat, Jean Vauquelin de La Fresnaye et Philippe Desportes.

Précisons ici qu'il ne s'agit pas, par facilité, de préférer le Ronsard des manuels scolaires, chez qui on ne voit que les roses et les petits oiseaux, et, par là, d'éliminer les recherches de poésie supérieure. Dépassons donc un simple propos critique. Où va Ronsard dans *les Odes?* Que cherche-t-il? Il est impossible de ne pas s'apercevoir que par-delà l'exprimé, le poète quête l'inconnu, ce quelque chose d'autre qui lui permet, comme son modèle, d'agrandir le champ du possible. Sa discipline autorise-t-elle ce travail de pionnier ? La poésie ne lui interdit-elle pas de dépasser le poème ? On connaît sa méfiance envers l'invraisemblance, mais il entrevoit obscurément que, par-delà le sens immédiat, les pouvoirs du dire, la poésie porte son mystère, le surprenant ineffable, le poème écrivant en quelque sorte son poète. Mais le temps n'est pas venu du dépassement de la parole. C'est par Pindare que Ronsard se trouve au seuil du mystère effrayant. Qu'importe, un pas étant fait, si le poème, dans son immédiat, n'est pas toujours « bon ».

N'oublions pas cependant les maladresses flagrantes. Ainsi ces surcharges de références :

> Que les formes de toutes choses
> Soyent, *comme dit Platon,* encloses...

Le Ronsard des anthologistes, celui du bel aubépin ou de la rose, est plus directement séduisant :

> Mignonne, allons voir si la rose
> Qui ce matin avait desclose
> Sa robe de pourpre au soleil,
> A point perdu cette vesprée
> Les plis de sa robe pourprée,
> Et son teint au vostre pareil.

S'il excelle dans le « joli », il n'empêche que Ronsard ne veut se contenter d'une poésie à portée de la main. Il lutte contre la facilité. Pour lui, la gloire se cueille sur des sommets difficilement accessibles :

> Je ne veux, sur mon front, la couronne attacher
> D'un laurier de jardin bien facile à chercher :
> Il faut que je le trouve au plus haut d'une roche
> A grimper malaisée, où personne n'approche.

On ne peut, par souci d'éducation conformiste, donner une image castrée du poète, le dépouiller de son baroquisme, de sa sensualité, de sa recherche, de tous ses aspects majeurs. C'est pourtant ce qui s'est sans cesse produit, ce qui a fait de lui le plus inconnu des servants de la poésie. Il faut dire qu'il parcourt toutes les régions, avec le même approfondissement et le même feu sacré. Quel que soit le domaine qu'il aborde, son art poétique est le seul moyen d'acquérir et d'assimiler la connaissance. De son temps, il est le grand dévorant, et une lecture de son œuvre suffit pour amenuiser Malherbe malgré sa perfection formelle.

Les poèmes les plus séduisants, imagés, faciles, printaniers ne doivent pas être lus comme émanant d'un esprit naïf, se complaisant uniquement à la fraîcheur et au plaisir. Ils apportent une interprétation de son enthousiasme devant la beauté terrestre sans oublier ses sources divines.

Dès les critiquables *Odes,* Pierre de Ronsard va savoir nous convaincre de sa dignité de poète national et de prince des poètes. Qu'il reste en deçà de Dante et de Pétrarque est indéniable. Dans le domaine poétique tel que nous l'envisageons, il ne dépasse ni Maurice Scève ni Louise Labé, mais sa recherche est aussi importante. Qu'Anacréon et Horace lui donnent plus de qualité conventionnelle, que Pindare lui transmette des défauts mais aussi une ouverture, vers toutes ses directions, familières ou savantes, il reste proche de l'Idée, de la fureur poétique la plus conquérante.

A un niveau plus direct, nous devons le considérer comme le serviteur d'une manifestation incluse dans le cadre général de la Renaissance. S'il ne conduit pas toujours, ou s'il ne dépasse pas son propre projet, son charme, ses audaces, ses conquêtes savent étonner.

Au temps des premières *Amours,* il écrivit des *Folatries.* On peut n'y voir qu'un exercice mondain de poésie érotique. Or, plus qu'Éros, c'est le langage, le délire du langage qui règne en maître. Se modelant sur le délire érotique, il en épouse les courbes, les fièvres, les espoirs. L'acte sexuel s'ouvre sur le grand secret que notre précarité dérobe à nos yeux. Les mystères de l'acte physique sont aussi angoissants que ceux de la poésie. Une fois de plus, derrière les apparences gaillardes héritées des marotiques, le poète tente de rejoindre l'ineffable. Il recherche la fusion dans le poème des deux éléments, spirituel et temporel, du langage et de l'acte charnel. *Les Folatries* témoignent de la recherche de Ronsard dont elles sont un des champs de fouilles.

Sa réussite : les Amours.

Si *les Odes,* par leurs défauts et par leur ambition, font osciller le lecteur entre l'irritation et l'admiration, *les Amours,* vaste ensemble de poèmes, des sonnets pour la plupart, nous entraînent en tous lieux de la nature et du corps, dans une incessante splendeur.

Les inspirateurs formels sont Pétrarque, et aussi Catulle, Horace, Anacréon. Ses inspiratrices sont des êtres de chair. Dans *Amours de Cassandre,* 240 poèmes dont 219 sonnets, Ronsard chante la fille d'un banquier florentin rencontrée en 1545 à Blois, lors d'un bal de la cour, et qui se maria l'année suivante, Cassandre Salviati, dont Alfred de Musset sera le descendant. Pendant de longues années,

Cassandre figurera pour Ronsard l'image de la sensualité charnelle, avec quelques traces légères du platonisme de Maurice Scève. Il ne cesse de chanter sa beauté, son charme, sa vertu, et ainsi de l'idéaliser :

> Nature ornant Cassandre qui devoit
> De sa douceur forcer les plus rebelles,
> La composa de cent beautés nouvelles
> Que dés mille ans en espargne elle avoit.

Charles d'Orléans et ses amis pouvaient mourir de soif auprès de la fontaine, Louise Labé avoir « chaut extrême en endurant froidure », les antithèses de Ronsard leur ressemblent et Pétrarque est toujours présent :

> J'espere et crain, je me tais et supplie,
> Or, je suis glace et ores un feu chaud,
> J'admire tout et de rien ne me chaut,
> Je me delace et mon col je relie.
>
> Rien ne me plaist sinon ce qui m'ennuie ;
> Je suis vaillant et le cœur me defaut,
> J'ay l'espoir bas, j'ay le courage haut,
> Je doute Amour et si je le desfie,
>
> Plus je me pique, et plus je suis retif,
> J'aime estre libre, et veux estre captif,
> Tout je desire, et sy n'ay qu'une envie.
>
> Un Promethee en passions je suis :
> J'ose, je veux, je m'efforce, et ne puis,
> Tant d'un fil noir la Parque ourdit ma vie.

On distingue déjà l'Ennui romantique, mais qui sait si ce poème aurait triomphé au concours de Blois du temps de Charles d'Orléans ?

L'originalité de Pierre de Ronsard s'affirme cependant d'un poème à l'autre, alliant le ciel de Grèce aux couleurs de Loire. L'érudition est toujours présente et défilent outre les dieux et déesses mythologiques quelques inventions de l'Arioste. Comme l'a remarqué un historien de la littérature, Charles Gidel, il n'est pas rare de rencontrer dans un même sonnet : « Circé et Mercure, Astolphe et Ulysse, et le Moly, l'herbe qui sauva le fin Grégeois du vin empoisonné de la Magicienne, et le Duliche Troupeau, c'est-à-dire les compagnons du prince de Dulichum changés en pourceaux. » Il est vrai aussi que « Hector, Francus, Pâris, Hélène, Euridyce, Orphée se passeraient d'un commentateur ; mais il faut un

Marcassus, ou un Binet pour expliquer au lecteur ce qu'est le Locrois (Ajax fils d'Oïlée) et les rocs Gyrez ». Mais peut-être ici n'avons-nous à nous en prendre qu'à nous-mêmes!

Cette érudition prend place parmi les fleurettes de la campagne française, et la courtoisie, pimentée d'ardeur gauloise, l'emporte. Nous sommes éloignés des allégories dans lesquelles l'érudition réelle des Rhétoriqueurs en matière de mythologie dispersait ses pouvoirs. Chez Ronsard, la dame n'est pas une abstraction :

> Je veux mourir pout tes beautez, Maistresse,
> Pour ce bel œil, qui me prit à son hain,
> Pour ce doux ris, pour ce baiser tout plein
> D'ambre et de musc, baiser d'une Deesse.
>
> Je veux mourir pour ceste blonde tresse,
> Pour l'embonpoinct de ce trop chaste sein,
> Pour la rigueur de ceste douce main,
> Qui tout d'un coup me guerit et me blesse.
>
> Je veux mourir pour le brun de ce teint,
> Pour ceste voix, dont le beau chant m'estreint
> Si fort le cœur, que seul il en dispose.
>
> Je veux mourir ès amoureux combas,
> Soulant l'amour, qu'au sang je porte enclose,
> Toute une nuit au milieu de tes bras.

Ses exclamations sont jaillies du sentiment humain, non du livre lu :

> Amour, amour, que ma maistresse est belle!
> Soit que j'admire ou ses yeux mes seigneurs,
> Ou de son front la grâce et les honneurs,
> Ou le vermeil de sa levre jumelle.

La rose qui, depuis Guillaume de Lorris, parfume les jardins de la rêverie, avant que Malherbe ne l'enferme dans sa belle serre de rhétorique, trouve avec Ronsard son merveilleux horticulteur :

> Pren ceste rose aimable comme toy,
> Qui sers de rose aux roses les plus belles.

Son amour des beautés champêtres, la manière qu'il a de peindre la nature avec d'amoureux pinceaux, de chanter les bocages, les fleurs cultivées ou sauvages, tranche sur ceux qui l'ont précédé. Apparaît là un Ronsard vrai et sensible, évoquant sensuellement des tableaux, des parfums, des couleurs, rendant par le concret hommage au divin. Il nous jette parmi les splendides images naturelles :

> Comme un chevreuil, quand le printemps détruit
> Du froid hyver la poignante gelée,
> Pour mieux brouter la fueille emmiëlee,
> Hors de son bois avec l'Aube s'enfuit.
>
> Est seul, et seur, loin de chiens et de bruit,
> Or sur un mont, or dans une valee,
> Or près d'une onde a l'escart recelee,
> Libre, folastre ou son pie le conduit,
>
> De rets ne d'arc sa liberte n'a crainte
> Sinon alors que sa vie est attainte
> D'un trait meurtrier empourpre de son sang.
>
> Ainsi j'alloy sans espoir de dommage,
> Le jour qu'un œil sur l'avril de mon âge
> Tira d'un coup mille traits en mon flanc.

Si la philosophie de Ronsard le conduira vers la parfaite réussite de ses hymnes, elle tranche parfois dans ses vers d'amour de manière brusque et didactique :

> Pardonne-moy, Platon, si je ne cuide
> Que sous le rond de la voulte des cieux,
> Soit hors du monde, au plus profond des lieux
> Que Styx entourne, il n'y ait quelque vuide.
>
> Si l'air est plein en sa voute liquide,
> Qui reçoit donc tant de pleurs que mes yeux,
> Tant de soupirs que je sanglote aux cieux
> Lorsqu'a mon dueil Amour lasche la bride?
>
> Il est du vague, ou si point il n'en est,
> D'un air pressé le comblement me naist :
> Plus-tost le Ciel, que piteux se dispose
>
> A recevoir l'effet de mes douleurs,
> De toutes parts se comble de mes pleurs
> Et de mes vers qu'en mourant je compose.

Comme celles de Platon, les idées d'Empédocle et Épicure se répandent dans ses vers :

> Ces petits corps qu tombent de travers
> Par leur descente en biais vagabonde,
> Heurtez ensemble ont compose le monde,
> S'entr'acrochans de liens tout divers.

On le verra dans les œuvres scientifiques, Ronsard rivalise avec Jacques Peletier pour donner une forme à la poésie scientifique de son temps. Il saura pour cela puiser à la source antique. Il n'a pas, comme d'autres poètes, Peletier par exemple, organisé d'expériences nouvelles. Chez les Anciens, la science était fondée sur l'intuition et le raisonnement par analogie, elle faisait donc appel au spectacle de la nature et non à des méthodes rigoureuses comme aujourd'hui. Ronsard, poète scientifique, procède de cet art ancien. Son imagination lui suggère ses comparaisons tandis que sa sensibilité artistique s'émeut de la beauté des spectacles familiers. Le savoir est au cœur de ses préoccupations humaines. D'autres iront plus loin que lui dans la connaissance et l'approfondissement didactiques. Peu seront comme lui enthousiastes, attentifs, curieux de tout et se sentant engagé intellectuellement et physiquement dans les systèmes du monde. De ses doutes même naît une nouvelle dimension poétique.

Dès ses sonnets, il fait ressentir physiquement certains sentiments, ce qu'on trouve aussi chez les poètes lyonnais. Il écrit en engageant tout son corps dans sa fragilité. Maintes images en témoignent :

> Amour coula ses beautez en mes veines.
> Au plus profond de ma poitrine morte.

> Le beau Printemps fait printaner ma peine,
> Et chaque nerf, en chaque artere et veine
> Soufflant un feu qui m'ard jusque a l'os.

> De veine en veine, et d'artere en artere,
> De nerfs en nerfs le salut me passa.

De l'atomisme épicurien à la beauté chirurgicale, de l'architecture renaissante à l'humanisme conquérant, il est le réceptacle d'images éternelles et d'images plus perceptibles dans son temps. Et si la courtoisie se prolonge en ces mignardises déjà présentes chez les Rhétoriqueurs et chez Marot : l'or frisé de maint crespe anelet, le teint damoiselet, le sein verdelet, en bref : l'âmelette ronsardelette..., elle atteint à des sentiments exquis lorsqu'elle incline vers l'élégie :

> Comme on voit sur la branche, au mois de may, la rose
> En sa belle jeunesse, en sa premiere fleur,
> Rendre le ciel jaloux de sa vive couleur
> Quand l'Aube de ses pleurs au poinct du jour l'arrose.

Nous avons quitté ici le décasyllabe pour l'alexandrin. Nous avons aussi quitté Cassandre pour *les Amours de Marie*. Il ne s'agit plus d'une dame de cour, mais d'une simple paysanne angevine que le poète rencontra à Bourgueil lors d'une partie de chasse, Marie Dupin ou Marie Guiet. Dans la plupart de ces poèmes, sonnets en majorité et aussi chants, chansons, élégies, que commentera Rémi Belleau, Ronsard trouve une nouvelle expression, moins riche, moins virtuose, mais plus concrète, expressive et chargée d'émotion.

L'œuvre contient des réminiscences littéraires, mais Anacréon ou plus exactement le pseudo-Anacréon que vient de faire connaître Henri Estienne, les élégiaques latins comme Marulle et néo-latins comme Jean Second éclipsent Pétrarque. Il devient plus familier et direct dans sa quête amoureuse. La jeune Angevine lui permet de se rapprocher des paysages qu'il aime, de retrouver quelques thèmes de terroir. Toujours savant, il devient plus accessible. Les images de la nature, les oiseaux, les fleurs, avec un air de chanson, prennent la place des antithèses. Il se montre plus réaliste aussi dans ses peintures, plus vrai dans ses sentiments, comme lorsque sa déception éclate devant le refus de Marie.

Déjà, dans *Amours de Cassandre,* Ronsard se montrait peu platonique :

> Baise moy donc, mon cœur, car j'aime mieux
> Ton seul baiser, que si quelque Deesse
> Au jeu d'amour d'une accollade espesse
> M'embrassoit nud d'un bras delicieux.

Ici encore la Femme existe bien en chair. Marie n'est pas une abstraction mais « la petite pucelle angevine », la « fleur angevine de quinze ans », à qui il dit :

> Marie, vous avez la joüe aussi vermeille
> Qu'une rose de may, vous avez les cheveux
> Entre bruns et châtains, frisez de mille nœuds,
> Gentement tortillez tout autour de l'oreille.

Peut-on mieux nous montrer cette pastourelle du temps de la Renaissance ? Et ceci encore procède bien d'un amour terrestre :

> Marie, baisez-moy; non, ne me baisez pas,
> Mais tirez moy le cœur de vostre douce haleine;
> Non, ne le tirez pas, mais hors de chaque veine
> Succez moy toute l'ame esparese entre vos bras.

En passant de Cassandre à Marie, il a une conscience entière de ce qu'il fait, il sait que la voix populaire existe, comme il le dit à Pontus de Tyard :

> Tyard, on me blasmoit, a mon commencement,
> De quoy j'estoy obscur au simple populaire,
> Mais on dit aujourd'huy que je suis au contraire,
> Et que je me demens, parlant trop bassement.
>
> Toy de qui le labeur enfante doctement
> Des livres immortels, dy moi, que doy je faire ?
> Dy moy, car tu sçais tout, comme doy je complaire
> A ce monstre testu, divers en jugement ?
>
> Quand je tonne en mes vers, il a peur de me lire ;
> Quand ma voix se desenfle, il ne fait qu'en mesdire.
> Dy moy de quel lien, force, tenaille, ou clous
>
> Tiendray je ce Prote qui se change a tous coups ?
> Tyard, je t'enten bien, il le faut laisser dire,
> Et nous rire de luy, comme il se rit de nous.

Sans doute un sentiment plus ample, moins pétrarquisant, lui a-t-il fait choisir le vers de douze pieds. Rémi Belleau l'explique ainsi : « Il ne se faut esbahir si l'Auteur a escrit en vers Alexandrins la plus grande part de ce livre pour autant qu'il a l'opinion que ce soient les plus françois et les plus propres pour exprimer nos passions. »

En 1559, les sonnets adressés à une Sinope laissent éclater les cris d'une jalousie proche de celle qu'on trouve dans *la Délie* de Scève :

> Je suis (je n'en mens point) jaloux de votre sœur,
> De mon ombre, de moy, de mes yeux, de ma bouche.

Ces sonnets seront incorporés aux *Amours de Marie* qui ne prendront leur forme définitive qu'en 1578 avec l'ajout de quinze poèmes sur *la Mort de Marie,* thème de la jeune morte qui inspirera André Chénier et tant de poètes romantiques. La dame macabre chère aux poètes médiévaux est guidée vers une nouvelle dimension :

> Terre, ouvre moy ton sein, et me laisse reprendre
> Mon thresor, sur la Parque a cache dessous toy.

Ici l'on trouve ses plus beaux chants désespérés et mélancoliques. Il s'agit ici non de la jeune paysanne, mais de Marie de Clèves, maîtresse d'Henri III, morte au moment où celui-ci monte sur le trône. Par un artifice, il a situé dans un cycle personnel des poèmes de circonstance, mais on peut penser que son travail de courtisan n'a pas exclu la sincérité et qu'il a pu aussi penser à la paysanne en chantant la grande dame.

Écrits tardivement, ses *Sonnets pour Hélène,* de 1574, se rattachent aux *Amours.* Après sa *Franciade* dont nous parlerons, il eut le désir de revenir au plus cher et au plus intime de lui-même pour saisir la beauté fuyante au seuil de sa vieillesse. Hélène, c'est Hélène de Surgères, fille d'honneur de Catherine de Médicis. Plus apaisé que les autres *Amours,* celles de Cassandre, de Marie ou de cette Astrée, peut-être Marie de Clèves qui lui a inspiré de jolis madrigaux, ce recueil a des teintes automnales. L'amour voué à Hélène, qu'il ne peut s'empêcher de comparer à Hélène de Troie, semble résumer et inclure celles à qui il fait ses adieux :

> Adieu, belle Cassandre, et vous, belle Marie,
> Pour qui je fu trois ans en servage à Bourgueil.

Hélène est saisie dans les décors de la cour, au Louvre, dans les jardins royaux, dans les salles somptueuses, et ces beautés s'accordent à l'idéalisation de cette jeune fille, qui vit dans les vers de Ronsard, par le geste, par la conversation, par sa personnalité qui lui dicte des réponses coquettes, fières ou cruelles. Sous les signes antiques encore, on trouve la musique savamment modulée de vers sur le ton de l'églogue :

> Je plante en ta faveur cest arbre de Cybelle,
> Ce pin, où tes honneurs se liront tous les jours :
> J'ay grave sur le tjonc nos noms et nos amours,
> Qui croistront a l'envy de l'escorce nouvelle.

C'est là qu'on trouve un des plus beaux sonnets de Ronsard, celui auquel François de Maynard, au xviie siècle, donnera un écho avec sa *Belle Vieille,* et où Ronsard exprime une sorte de congé d'amour :

> Quand vous serez bien vieille, au soir a la chandelle,
> Assise aupres du feu, devidant et filant,
> Direz chantant mes vers, en vous esmerveillant :
> « Ronsard me celebroit du temps que j'estois belle. »

Tout le monde connaît l'appel sensible qui le termine :

> Vivez, si m'en croyez, n'attendez a demain :
> Cueillez des aujourd'huy les roses de la vie.

Les Dames des Amours.

Cassandre, Marie, Astrée, Sinope, Hélène, vous existez, mais Ronsard s'adresse-t-il parfois à votre être profond, individuel? Écoute-t-il vos confidences? Que sait-il de vous? N'éprouvez-vous pas l'impression que, pour lui, à des variations près, une fois incluse dans le poème, vous n'êtes qu'une? Car, parmi les merveilles du poète de cet ensemble admirable et inoubliable, un des sommets de la poésie d'amour, des clichés courent, du « blanc tétin » aux images blasonnées du corps humain comme on en trouve un peu partout durant la Renaissance. Ne peut-on se demander s'il vous aimait, s'il ne préférait pas plutôt à votre personne humaine entière les charmes dont il jouissait égoïstement et surtout la possibilité d'alimenter un poème. Mieux : il aimait sa propre passion qu'alimentaient vos cruautés réelles mais tellement littéraires, et l'idée d'amour maître du monde, et la rencontre interminable des antithèses sentimentales devenues glace et feu, lumière et nuit, tout cela qui donne du nerf à la poésie, et la possibilité de vous métamorphoser en paysages. Il aimait les pouvoirs de destruction de lui-même que vous lui donniez, l'ineffable odyssée amoureuse, la nostalgie de l'impossible, la volupté de la souffrance. Il vous enfermait dans ses sonnets comme sa surdité l'enfermait en lui-même. Il vous remerciait de l'acte poétique par vous permis.

Non, je me trompe. Vous êtes bien la noble Cassandre issue de la splendeur florentine, Marie fille de la nature proche des jeunes ans, Astrée la foudroyante, Hélène l'inaccessible. Vous êtes ce qu'il vous fait, ce démiurge. Et puis, vous n'êtes jamais seules. On vous minéralise, on vous végétalise, on vous fait mythologie. C'est à se demander si ce n'est pas l'univers qu'il chante plutôt que vous-mêmes; mais c'est aussi vous-mêmes, de l'extérieur, vous-mêmes recomposées par de lointains savoirs et une nouvelle présence. L'aventure spirituelle que vous croyez proposer, ce n'est pas dans *les Amours* qu'il la tente, mais dans d'autres poèmes, *les Hymnes* par exemple. Vos pouvoirs apparaissent alors pâles auprès de Béatrice ou de Délie.

Serait-il misogyne? Au fond, il ne cesse de vous reprocher d'être infidèles, vénales, rusées, dévergondées, mais lui, le poète, il est bien, toujours bien. Plaignez le déçu, la victime, le solitaire, l'incompris, le tourmenté. Vous ne comprenez rien à l'amour immortalisant qu'il vous propose, mais le comprend-il, lui? Chez vous, à travers vos individualités réduites au sens qu'il leur donne, il ne cherche que les variations musicales de ses poèmes, les rencontres harmoniques de votre réalité et de son rêve. Vous êtes, malgré toutes sincérités, des occasions d'écrire.

Les analyses de l'amour chez Ronsard, ses antithèses, ses symboles ne sont pas neufs. Il y a, toujours présents, les Anciens et sans cesse Pétrarque. Poètes du XVIᵉ siècle, que seriez-vous sans eux et sans les Italiens? Mais pour le faiseur de vers, il existe ce versant de la mort, le camp retranché, refusé, la réalité de la condition fugitive contre laquelle il bute. Et c'est cela qui oblige Ronsard à créer, à dépasser le jeu formel, la proposition d'école, à inventer son bonheur et ses printemps, à cueillir des fleurs autres que celles de l'Anthologie, à composer sa musique des sens, et il n'est rien d'autre que ces *Amours* à opposer la mort, à celle de ses belles, à la sienne. Et ce qu'écrit Ronsard, visité, est admirable. Grâce à l'amour espéré et fuyant, grâce à la mort redoutée et proche, l'acte poétique s'allie au premier, défie la seconde. Cassandre, Marie, Astrée, Sinope, Hélène, il mérite bien votre pardon.

Des Sonnets aux Hymnes.

On trouve des sonnets tout au long de son œuvre qui sont consacrés aux *Amours diverses* ou aux *Amis divers* parmi lesquels ses hautes relations : Henri II, Henri III, Catherine de Médicis, Charles IX, le roi de Navarre, Anne de Montmorency, les ducs de Touraine et de Lorraine, le prince de Condé, madame de Clermont ou madame de Rohan, et aussi les poètes frères : Loÿs Des Masures, Charles d'Espinay, Étienne Jodelle, Amadis Jamyn. Tout l'œuvre de Ronsard est d'ailleurs semé des noms de ses confrères de la grande famille poétique renaissante.

On découvre des vers curieux, originaux, d'un baroquisme d'époque :

> Je vous donne des œufs. L'œuf en sa forme ronde
> Semble au Ciel, qui peut tout en ses bras enfermer,
> Le feu, l'air et la terre, et l'humeur de la mer,
> Et sans estre comprins comprend tout en ce monde.

Son poème *la Charité* témoigne d'une inspiration élevée, avec des accents hugoliens :

> L'homme qui est mortel, n'est pas digne de voir
> Les Dieux en leur essence, et moins les recevoir :
> C'est un vaisseau de terre entourne de foiblesse.
> L'humain cherche l'humain, et le Dieu la Deesse.

Nous sommes bien éloignés de ses *Odes* qui dès lors apparaissent démodées et pédantes jusqu'à la caricature :

> O Pere, o Phaebus Cynthien,
> O saint Apollon Pythien,
> Seigneur de Dele la divine,
> Cyrenean, Patarean
> Par qui le trepied thymbrean
> Les choses futures devine.

Les *Gayetez,* de 1555, forment un divertissement de poésie familière où sont chantés l'alouette et le frelon, ou deux pucelettes, l'une grosselette et l'autre maigrelette. Y règne l'épigramme à la grecque et un anacréontique *Vœu d'un vigneron à Bacchus.*

Les *Hymnes* affirment le Ronsard le plus ambitieux. Le premier recueil est de 1555, le second de 1556. Il les écrivit dans le même temps que certaines de ses *Amours* dressant parallèlement aux poèmes amoureux le premier essai véritable de poésie philosophique. Là encore, il s'adresse à des illustres : Marguerite de France, Henri II, le cardinal de Lorraine, Odet et Gaspard de Coligny, à des poètes : Lancelot Carle, Jean de Morel d'Embrun, Pibrac, Jean Dorat, Loÿs Des Masures.

Chacun de ces *Hymnes* mériterait une étude particulière comme celle qu'Albert-Marie Schmidt a consacrée à *l'Hymne des Daimons.* Les sujets sont l'éternité, le ciel, les étoiles, la justice, la démonologie, la philosophie, l'épopée, les quatre saisons, Bacchus ou la mort. Derrière les murailles mythologiques, on découvre le Ronsard le plus ample, celui qui préfigure l'aspect philosophique de la poésie romantique, Lamartine, Hugo ou Vigny.

Malgré les embûches des considérations marginales, malgré l'éloquence et le prosaïsme auxquels ses démonstrations l'astreignent, il atteint des hauteurs épiques, allégoriques, cosmologiques, philosophiques et morales peu communes. Son *Hymne de l'Or* qui mène le monde, avec des éléments de morale à la Sénèque, indique déjà l'ascension du capitalisme. Son *Hymne des Daimons* projette des lueurs magiques sur le monde inquiétant et attirant d'un Diable auquel il fait croire. Ses *Saisons* ont des passages délicieux et d'autres grandioses : ces quatre poèmes témoignent d'un sens de la nature et des éléments inégalé jusquelà. Ils dépassent le didactisme et entraînent vers une campagne sublimée, apparaissant parmi les brumes du temps, et donnant au lecteur les sensations les plus colorées, les plus riches en prolongements intérieurs. Son *Hymne de la Mort,* sujet où il se montre original en dépit des clichés inspirés par le genre, est pour maints critiques son œuvre maîtresse.

Le militant national.

Sa vigueur de poète nationaliste s'affirme tout au long de sa vie, dans des œuvres comme *le Discours des misères de ce temps* et sa *Continuation,* dédiés à Catherine de Médicis en 1552 :

> M'apparut tristement l'idole de la France,
> Non telle qu'elle estoit lorsque la brave lance
> De Henry la gardoit, mais foible et sans confort,
> Comme une pauvre femme attainte de la mort.
> Son sceptre luy pendoit, et sa robe semee
> De fleurs de lyz estoit en cent lieux entamee ;
> Son poil estoit hideux, son œil have et profond,
> Et nulle majeste ne luy haussoit le front.

Le poème est chargé d'énergie, de satire réformatrice et patriotique. La passion nationale, la virulence l'emportent, un amour réel de la patrie, un sens de la destinée humaine qui lui dictent de dire la vérité, si noire qu'elle soit.

Pierre de Ronsard a écrit là ses *Châtiments* s'adressant à ceux qui s'entredéchirent pour des questions religieuses. Il tire sur les réformés initiateurs de la rébellion ; il demande aux catholiques de corriger leurs abus. Il prêche la paix et l'union nationale, la renonciation à la guerre civile. Certes, cela lui est plus facile qu'à un autre, étant du côté du pouvoir conservateur, mais il ne le fait pas de manière morte, figée ou guindée, et il prend des tons de révolutionnaire. Les misères de la France sont décrites avec de forts accents. On en retrouvera l'écho plus tard, en plus engagé et violent, chez Agrippa d'Aubigné luttant pour le parti adverse.

En 1549, Ronsard écrit un *Hymne à la France.* Oubliant ses prédécesseurs, Eustache Deschamps ou Alain Chartier, les poètes chroniqueurs du temps des arts de seconde rhétorique, tous nationaux, il se croit le premier à élever un monument poétique national, et il énumère les beautés du pays et ses héros :

> Roland, Renaud et Charlemagne aussi,
> Lautrec, Bayard, Tremoille et La Palice...

Après Clément Marot, il a composé sur la victoire de Cérisoles, refait en poème *la Harangue de François de Guise aux soldats de Metz,* écrit une *Élégie sur la conjuration d'Amboise.* D'autres œuvres politiques ont une égale importance : *Institution pour l'adolescence du*

Roy Charles IX, en 1562, et la même année *Remontrance au Peuple de France,* l'année suivante : *Response aux injures et calomnies* « de je ne sçay quels Predicantereaux et Ministreaux de Genève » et maints *Discours* qui forment un des genres où il se montre le plus proche d'une idée patriotique qu'il ne parviendra pas à exprimer dans *la Franciade,* son échec.

Ailleurs, il affirme encore son génie polémique. Au cours d'une quarantaine de satires éparses dans ses œuvres, on le verra s'en prendre à la vieille sorcière, à une proxénète bigote (Mathurin Régnier s'en inspirera), à un mignon de cour, à bien d'autres sujets : les sots, le luxe, le mauvais sort des prêtres, la richesse, la vanité, l'ambition, les ignorants, les fraudeurs, etc. Ce vaste tableau de critique sociale s'inscrit dans un type éternel de poésie que le moyen âge sut honorer.

L'échec de la Franciade.

Parmi les ambitions du groupe, Joachim Du Bellay avait fait figurer, dans son manifeste, la renaissance de l'épopée : « faire renaître au monde une admirable *Iliade* et une laborieuse *Énéide* ». Le grand espoir de Ronsard, celui d'être l'Homère et le Virgile français, fut déçu. Il ne sut pas distinguer l'imitation servile et encombrée de fastidieuse mythologie d'avec l'imitation originale que voulait Joachim Du Bellay.

La Franciade est une des malheureuses tentatives épiques dont les cadavres jonchent notre poésie. Nous en connaîtrons d'autres avec *le Moïse sauvé* de Saint-Amant, *le Jonas* de Jacques de Coras, *l'Alaric* de Georges Scudéry, *le Saint Louis* de Pierre Le Moyne, *le Clovis* de Jean Desmarets de Saint-Sorlin, *le Saint Paul* d'Antoine Godeau, *la Pucelle* de Jean Chapelain, *le David* de Bernard Lasfargues, *le Charlemagne* de Louis Le Laboureur, *le Childebrand* de Jacques Carel de Sainte-Garde, *la Henriade* de Voltaire, *la Divine épopée* de Frédéric Soumet ou une autre *Franciade* de Jean Viennet qui écrivit aussi une *Philippique.* Tout cela fut si malheureux qu'on essaya de tout temps de prendre une revanche en prose. Fénelon avec son *Télémaque,* Marmontel avec *le Bélisaire* et *les Incas,* Florian avec *Numa Pompilius,* Chateaubriand avec *les Martyrs,* tous connaissant bien plus de bonheur que les malheureux poètes qui, durant la triste époque napoléonienne, portèrent le genre au comble du ridicule.

Pierre de Ronsard eut le génie de ne pas achever son poème. Et pourtant, il possédait un ton épique qu'on retrouve dans des fragments épars parmi *les Hymnes, les Discours, les Élégies, les Poèmes* ou *le Bocage royal*. On pourrait en dire autant de maints poètes français chez qui les « fragments épiques » sont constants : on le verra chez André Chénier, Lamartine ou Hugo. Et, bien avant, chez Agrippa d'Aubigné.

Une ancienne tradition médiévale attribuait à Francus, fils d'Hector, la fondation du royaume de France. Jean Lemaire de Belges avait déjà traité le sujet dans *les Illustrations de la Gaule et Singularités de Troie* en 1512. Passons sur les péripéties de ce récit qui s'arrête à Charles Martel. Le poète voulait célébrer la dynastie régnante et offrir son monument épique à Charles IX. Il en arrêta la rédaction quand le roi mourut.

L'échec de l'œuvre est non seulement celui de Ronsard mais celui d'une partie du programme de la Pléiade confiante en son dessein. Parce que Ronsard gardait une idée conventionnelle de l'épopée, il n'y put réussir. Il apprit à ses dépens qu'on n'établit pas un poème épique de grande ampleur sur des bases artificielles. Une autre erreur fut de garder le mètre décasyllabique des chansons de geste bien qu'il fût considéré comme le mètre épique par excellence : seulement, ses nouvelles coupes ne s'y prêtaient plus. S'il fallait retenir quelque chose de *la Franciade*, ce seraient çà et là des descriptions et un ton parfois élégiaque.

L'abondance de l'œuvre.

Pierre de Ronsard a réussi à adapter un langage renouvelé et exigeant au mouvement de la vie. Si nous nous sommes éloignés des usages de son temps, y compris ceux de la cour, un effort de transposition peut encore nous faire reconnaître sa grâce quand elle se manifeste dans des pièces légères comme *Mascarades, Combats, Cartels,* beaux vers fleurissant à l'occasion des fêtes, bals et divertissements, ouverts à la mythologie et à la courtoisie.

On y trouve aussi un intérêt anecdotique. Par exemple en découvrant que le thème du Roy Soleil existait avant Louis XIV et que Ronsard a sans doute inventé cette union astrale. L'œuvre de circonstance est immense, et l'on n'en finirait pas de citer les *Tombeaux, Épitaphes, Haranges, Exhortations, Paraphrases, Dialogues, Discours,* qui rythment les événements.

Une note spéciale doit être réservée pour ses *Églogues* qui lui permirent de travestir les princes en berger et de donner des poèmes pleins de gentillesse, avec ces images de nature qu'il sait réussir. Parmi ses *Sonnets pour Hélène* ou pour *Astrée,* on a entrevu des élégies où l'homme Ronsard se manifeste. Dans ce domaine, toutes ses qualités se retrouvent au cours d'un poème célèbre *Contre les bûcherons de la forêt de Gastine* :

> Escoute, bucheron, arreste un peu le bras!
> Ce ne sont pas des bois que tu jettes à bas :
> Ne vois-tu pas le sang, lequel dégoutte à force
> Des Nymphes qui vivoient dessous la dure escorce?
> Sacrilege meurtrier, si on pend un voleur
> Pour piller un butin de bien peu de valeur,
> Combien de feux, de fers, de morts et de destresses
> Merites-tu, meschant, pour tuer les Deesses?
> Forest, haute maison des oiseaux bocagers,
> Plus le cerf solitaire et les chevreuls legers
> Ne paistrons sous ton ombre, et ta verte criniere
> Plus du soleil d'este ne rompra la lumiere.

De ses bocages intimes où *l'Amour mouillé* anacréontique nous charme, au *Bocage Royal* par lequel Stace est passé, les grands sont flattés et la patrie exaltée. Peu de poètes jouent sur une gamme aussi étendue : courtisan et ami de la solitude, platonique et sensuel, chrétien et païen, chantant la paix et la guerre, allant du plus simple au plus savant. Tantôt, il se met tout entier dans son poème, tantôt il manifeste un détachement aristocratique. Tantôt nous avons affaire à un savant véritable, tantôt à un pédant érudit. Et pourtant, c'est bien Pierre de Ronsard qui est partout. Sa diversité trouve un accord avec une manière de dire qui n'appartient qu'à lui. Si, au contraire de François Villon, il exècre la ville, quel sens de la nature!

Mort et postérité.

A la fin de sa vie, deux de ses disciples l'éclipsèrent : Philippe Desportes et Guillaume de Salluste Du Bartas. Ses *Derniers vers* ne marquèrent aucun fléchissement. Son ultime regard fut tourné vers les beautés naturelles et dues à la main humaine :

> Il faut laisser maisons et vergers et jardins,
> Vaisselles et vaisseaux que l'artisan burine,
> Et chanter son obseque en la façon d'un Cygne,
> Qui chante son trepas sur les bors Maeandrins.

Sa réputation alla déclinant jusqu'à ce que Malherbe, saisissant son œuvre en bloc, sans tenir compte de son historicité et de ses conquêtes, en biffe la moitié des vers et confie à Racan qu'il n'approuve pas non plus le reste. Guez de Balzac devait continuer le travail destructif : « Ce n'est pas un poète bien entier, c'est le commencement et la matière d'un poète. » On connaît le jugement de Boileau :

> ... Sa muse, en français parlant grec et latin,
> Vit dans l'âge suivant, par un retour grotesque,
> Tomber de ses grands mots le faste pédantesque.

Fénelon avoue plus sagement : « Il n'avait pas tort, ce me semble, de tenter quelque nouvelle route pour enrichir notre langue, pour enhardir notre poésie et pour dénouer notre versification naissante. » Au début du XVIIIᵉ siècle, Bernard de La Monnoye pouvait dire que nul ne lisait plus Ronsard. Et ce fut l'oubli jusqu'à la reconnaissance de Sainte-Beuve et des Romantiques.

Chateaubriand en a fait « une espèce de Shakespeare, non par son génie, non par son néologisme grec, mais par le tour forcé de sa phrase ». Pour Michelet, expert en formules, « il frappait comme un sourd sur la pauvre langue française ». Mais Brunetière dit que personne n'a plus eu autant « le sentiment des harmonies de la langue ». André Gide parle de sa source d'inspiration, « une ivresse mythologique, philosophique, chrétienne même parfois, mais d'un christianisme qui s'allie étrangement au paganisme auquel il doit cette sorte de transport lyrique, d'éruption verbale surabondante, intempérée... ».

Citons deux autres contemporains dont les opinions semblent indiquer quelle est la position de Ronsard aujourd'hui. Thierry Maulnier : « La poésie française n'a plus retrouvé depuis lors cette sensualité si humaine, ce culte des corps et des amours, ces douces arabesques, cette fraîcheur d'eau vive jusque dans le plus subtil artifice, ce goût admirable du bonheur, non pas combattu, mais accru et comme tendrement exalté par la certitude de la fragilité de toute chose, du peu de durée qu'ont la beauté, le plaisir, les chères souffrances de l'amour. » Kléber Haedens : « Ronsard laisse derrière lui des traces lumineuses et tout un ciel semé d'étoiles, un univers terrestre et divin, plein de forêts, d'oiseaux et de fontaines. Il est la Renaissance elle-même, avec ses livres et ses dieux grecs, sa richesse et toutes ses amours. »

Pierre de Ronsard est le type même du poète qu'il faut lire dans son temps car il en exprime toutes les nuances, mais il a su, par son sens de la nature, par sa conception haute de la poésie et du poète, apporter des valeurs durables et certains de ses poèmes sont restés inégalés. Il n'est pas sans défaut, mais quel est l'auteur d'une œuvre aussi vaste qui ait réussi en tous domaines? De plus, il a tracé des voies, donné une leçon souvent mal comprise, influencé toute son époque et gêné les poètes qui l'ont suivi, désireux de l'oublier bien vite à défaut de se hisser à sa hauteur.

3

Joachim Du Bellay

Poésie et passion.

MÊME si Joachim Du Bellay (1524-1560) n'avait pas lancé son manifeste, il mériterait, par son œuvre poétique, d'être situé à la première place, auprès de Ronsard.

Insurgeons-nous contre la tradition qui en fait, par souci de hiérarchisation, un éternel second, alors que, comme l'indique Michel Deguy, il est « en vérité l'un des tout premiers poètes modernes : déchiré, désarticulé, à la jointure du Symbole qui décline (il le salue d'*Olive*) et d'un monde de l'oisiveté affairée où le poète, déserté de *muse,* appartient à son absence d'état, il découvre l'étendue de sa perte : *regret* ».

Né au château de la Turmelière, près de Liré, en Anjou, il portait un nom célèbre avant lui par ses trois oncles : Guillaume Du Bellay, diplomate, homme de guerre et historien; le cardinal Jean Du Bellay, ambassadeur, auteur de poèmes latins; Martin Du Bellay, mémorialiste de François Ier. Les deux premiers furent les protecteurs de Rabelais. Orphelin à deux ans, son frère aîné ne se soucia pas de son éducation et il grandit dans la solitude. Sa fragile santé ne lui permettant pas la carrière des armes qui le tentait; en 1545, il étudia le droit à Poitiers, se liant avec l'humaniste Marc-Antoine de Muret, avec des poètes latins et français comme Salmon Macrin et Jean de La Péruse, puis faisant avec Ronsard la rencontre que nous avons relatée et publiant son manifeste. Il nous reste à parler de son œuvre.

Jacques Peletier lui conseilla de cultiver l'ode et le sonnet. Tous ses concepts sont contenus dans sa *Défense et illustration*. Ayant la plus haute idée de la fonction du poète, il sait que si les Romains ont tant de gloire, c'est à leurs écrivains qu'ils le doivent. Passionné de littérature, combatif, ivre d'ambition, pour lui, donner tout son prestige à son art, c'est faire la gloire de sa patrie. Jamais poètes n'eurent un si riche programme. L'honneur de la Pléiade est d'avoir su magnifiquement le conduire.

Son œuvre, moins étendue que celle de Ronsard, puisqu'il mourut à trente-six ans, ne lui confère pas le même prestige. On pourrait dire qu'il est plus secret, plus discret, plus sensible que son compagnon. Il ne parle pas grec en français. Sa poésie sent moins l'érudition que celle de ses contemporains. Révolutionnaire dans son programme, il est mesuré dans ses réalisations. Comme on a appelé Ronsard « prince de l'ode » un peu rapidement, on le fera « prince du sonnet ». On le dira l'Ovide français et il est plus proche de ce titre que Ronsard de celui d'Homère français. Il égale son ami :

> Heureux qui, comme Ulysse, a fait un beau voyage,
> Ou comme cestuy la qui conquit la toison,
> Et puis est retourne, plein d'usage et raison,
> Vivre entre ses parents le reste de son aage!
>
> Quand revoiray je, helas, de mon petit village
> Fumer la cheminee; et en quelle saison
> Revoiray je le clos de ma pauvre maison
> Qui m'est une province, et beaucoup davantage?
>
> Plus me plaist le sejour qu'ont basty mes ayeux,
> Que des palais Romains le front audacieux;
> Plus que le marbre dur me plaist l'ardoise fine,
>
> Plus mon Loyre Gaulois, que le Tybre Latin,
> Plus mon petit Lyre, que le mont Palatin,
> Et plus que l'air marin la doulceur Angevine.

Après *la Défense,* il publie *l'Olive,* 1549, cinquante sonnets d'amour à la gloire d'une dame qui est peut-être une demoiselle de Viole (anagramme d'Olive), peut-être Olive de Sévigné, la cousine du poète, plus sûrement la princesse Marguerite de France, sœur de Henri II, la « Pallas » de la Renaissance, qui avait pour armes parlantes un rameau d'olivier.

Ces sonnets devançaient *les Odes* de Ronsard. L'année suivante, une édition augmentée en portait le nombre à cent quinze. Si Clément Marot et Mellin de Saint-Gelais l'avaient précédé dans ce genre en France, sans oublier les lointains troubadours, si Louise Labé et d'autres en écrivaient en même temps que lui, Joachim Du Bellay est le premier qui en publia dont on peut dire qu'ils conduisirent le genre à sa perfection.

Plus de la moitié de ces œuvres vient d'Italie. Une douzaine est tirée de Pétrarque, dix-huit dépendent de l'Arioste et de divers pétrarquisants, mais le poète français a su les plier au gré de sa fantaisie, de son inspiration, de son improvisation, traduisant librement, imitant, transposant, paraphrasant avec personnalité. La religion de l'amour idéal, porté si haut qu'il assure le salut, trouve ici son chantre, dans la tradition pétrarquiste, déjà reprise par Scève, Héroët, tant d'autres. Un des sonnets porte un titre scévien, *l'Idée* (si tant est que Délie soit l'Idée). On le pourrait croire écrit après une lecture des *Méditations* de Lamartine, si l'on ose ce saut dans le temps car il a des résonances et des analogies avec le poète romantique qui l'avait lu sans doute :

> Si nostre vie est moins qu'une journée,
> En l'eternel, si l'an qui faict le tour
> Chasse noz jours sans espoir de retour,
> Si perissable est toute chose nee,
>
> Que songes tu, mon âme emprisonnee?
> Pourquoy te plaist l'obscur de nostre jour,
> Si pour voler en un plus cler sejour,
> Tu as au dos l'aele bien empanee?
>
> Là est le bien que tout esprit desire,
> Là, le repos où tout le monde aspire,
> Là est l'amour, là, le plaisir encore.
>
> Là, ô mon âme au plus hault ciel guidee!
> Tu y pouras recongnoistre *l'idee*
> De la beaute, qu'en ce monde j'adore.

La première édition de *l'Olive* était accompagnée d'une invective : *l'Antérotique de la Vieille et de la Jeune Amie* et de treize odes groupées sous le titre de *Vers lyriques*. Ces odes sont inspirées d'Horace avec des souvenirs de Virgile et d'Ovide. Philosophiques, morales, descriptives, mythologiques, intimes ou s'adressant à des amis, apparemment secondaires dans son œuvre, elles montrent déjà bien des traits de caractère du poète. Certains aspects indiquent qu'il est plus individualiste qu'homme de groupe. A tout ce qui est extérieur à l'homme, à ce qui fait la délectation des puissants ou des gens de lettres, il oppose un dur désir de durer par les réalités de l'intelligence. Il y a déjà chez lui un chant de retrait. Il méprise les rivalités des littérateurs et des poètes. Il est un égotiste fasciné par Melancholia. Sans cesse aux écoutes de lui-même, il apparaît double ou triple, contrasté, paradoxal, regardant en lui par quelque trou de serrure et s'étonnant du spectacle changeant de ses humeurs suivant les courbes de ses émotions et de ses mépris.

On trouve dans ces odes de platoniciennes *Louanges d'amour*, d'heureuses *Louanges d'Anjou*, un *Chant du désespéré*, première ébauche de la complainte qui porte le même nom. Des odes sont adressées à Pierre de Ronsard, à Jacques Bouju, poète et humaniste à qui il dédiera aussi deux sonnets des *Regrets*, et on trouve son élogieuse *Épitaphe de Marot*.

A la suite de l'édition complétée de *l'Olive*, se place une *Musagnaeomachie*, guerre des Muses et de l'Ignorance dans le goût de la *Batrachomyomachie* grecque qui opposait grenouilles et rats. Là, on voit la divine cohorte combattre le monstre hideux de l'ignorance. Ladite cohorte est conduite par Dorat et Ronsard, que guide l'étoile de Lazare de Baïf, avec pour soldats Carle, Héroët, Saint-Gelais, Rabelais, Bouju, Scève, Salel, Peletier, Jean Martin, Malclou de La Haye, Pontus de Tyard, Pierre de Paschal. Le poème est curieux mais assez médiocre. On peut en rapprocher, pour le titre, un de ses poèmes de circonstance, *Prosphonematique*, écrit afin de saluer Henri II lors de son entrée à Paris en 1549.

Malgré une santé déplorable, Joachim Du Bellay suivit son programme de travail. Une maladie, comme Ronsard, le rendit sourd, et ce n'est pas une mince curiosité de l'histoire littéraire que ce mouvement conduit par deux hommes atteints de la même infirmité.

Il traduit en décasyllabes le quatrième livre de *l'Énéide*, publie un recueil, *les Inventions*, composé de pièces diverses, il laisse éclater son pessimisme dans la sombre et belle *Complainte du désespéré*.

Le thème essentiel du *Désespéré* est une plainte sur le sort du poète et sur le sort de l'homme. L'idée de désespoir existe chez plusieurs poètes du temps comme Jacques Peletier ou Olivier de Magny. Après son *Chant*, Du Bellay revient sur ce thème dans *la Complainte*, et cette constance témoigne de son authenticité, comme du reste la mélancolie qui baigne toute son œuvre. Sous la forme de sizains de vers de six syllabes, il fait vivre, comme dans des chansons, le charme élégiaque du mal qui l'habite. D'une version à l'autre, le pathétisme va crescendo, le lyrisme aussi, par une orchestration plus vaste du thème. Interrogations et exclamations se succèdent, marquent l'intensité de la souffrance, le bouillonnement intérieur. Le poète cherche ses comparaisons dans les images de nature à la manière romantique, en terminant sur des notes sinistres avec nuit, décrépitude et mélancolie. Oui, déjà Du Bellay se demande si le malheur n'est pas attaché à la condition du poète, comme Charles Baudelaire dans sa *Bénédiction*. Ailleurs, un *Hymne chrétien* témoigne de sa contrition. Plus loin, il se fait satirique et, surprise! il s'attaque au pétrarquisme dans *A une Dame*. Étonner figurait à son programme.

Le grand voyage.

En 1553, Joachim Du Bellay accompagne à Rome son oncle, le cardinal Jean Du Bellay, personnage important qui aurait pu devenir pape, à la maison de qui il est attaché. A Lyon, la riche étape, il rencontre Maurice Scève qu'il admire et le Lyonnais de la Pléiade, Pontus de Tyard. Puis c'est l'arrivée dans cette Rome à laquelle il a tant rêvé. Pour lui c'est la patrie élue des sciences et des arts où l'on peut acquérir un savoir universel dans l'ombre des monuments d'une ville qui régna sur le monde.

Enthousiaste, il décrit la cité en vers latins, écrit les sonnets des *Antiquités de Rome*. Ils disent la grandeur de la cité antique et les misères de sa décadence moderne. Du Bellay n'est pas le premier à traiter ce thème : on le trouve dans des poésies latines de Pétrarque et de Buchanan ou dans un sonnet de Sannazar; mais le poète français en fera tout un recueil.

Et voici le poète devant des ruines inaugurant cette inspiration archéologique qui émouvra tant d'écrivains : Volney ou Chateaubriand, les Romantiques, Maurice Barrès. Le penchant de Joachim Du Bellay à la méditation s'y donne libre cours. La majesté d'une civilisation gardée par les œuvres humaines défiant le temps, la recherche de l'immortalité par le travail d'un peuple lui inspirent des chants qui s'élèvent des vestiges et dont la sincérité fait oublier souvenirs mythologiques, allégories et symboles qui, ailleurs, pèseraient. Le poète a le sentiment que toute civilisation suit un cours naturel allant de la naissance à l'apogée, de l'apogée à la ruine, ramenant ainsi la grandeur à l'humilité originelle. Des images comparatives sont fournies au poète par les cycles de la végétation et de l'eau. L'audace de la civilisation romaine est symbolisée par le mythe des géants foudroyés pour avoir voulu escalader le ciel. Cette méditation historique est la gloire du pur humanisme et fait oublier toute pédanterie :

> Divins Esprits, dont la poudreuse cendre
> Gist sous le faix de tant de murs couvers,
> Non vostre loz, qui vif par voz beaux vers
> Ne se verra sous la terre descendre.
>
> Si des humains la voix se peult estendre
> Depuis icy jusqu'au fond des Enfers,
> Soient à mon cry les abismes ouvers,
> Tant que d'abas vous me puissiez entendre.
>
> Trois fois cernant sous le voile des cieux
> De voz tumbeaux le tour devotieux,
> A haulte voix trois fois je vous appelle :
>
> J'invoque icy vostre antique fureur,
> Et ce pendant qu'une saincte horreur
> Je vays chantant vostre gloire plus belle.

Entre 1554 et 1557, il écrit *les Jeux rustiques* (qui inspireront un titre à Henri de Régnier), recueil varié, merveilleuse démonstration des dons du poète. On y trouve de délicieuses peintures champêtres, *Vœux rustiques* imités du poète italien néo-latin Navagero, avec le fameux *Vanneur de blé au vent :*

> A vous, troppe legere,
> Qui d'aele passagere
> Par le monde volez,
> Et d'un sifflant murmure
> L'ombrageuse verdure
> Doulcement esbranlez,
>
> J'offre ces violettes,
> Ces lys, et ces fleurettes,
> Et ces roses icy,
> Ces merveillettes roses,
> Tout freschement escloses,
> Et ces œilletz aussy.

Dans ce recueil, on trouve des satires. Ainsi *Contre les Pétrarquistes* qui est la refonte de sa satire *A une Dame,* un tableau de mœurs, *la Vieille courtisane* où il se souvient de son *Antérotique* et qui inspirera Mathurin Régnier, Maynard et Sigogne. Il y a aussi cet étrange *Hymne à la surdité* où il salue Ronsard atteint du même mal et montre que grâce à lui on n'entend pas « l'importun caquet ». Dans ces pièces et dans d'autres, on reconnaît des imitations nombreuses : de Virgile, Horace, Ovide, Martial, Pétrarque, Bembo, Persio, Berni, Clément Marot, Ronsard, Pontus de Tyard, mais par ses nouveautés rythmiques, par sa personnalité, son sens mélancolique des demi-teintes, il écrit bien des vers de Du Bellay. Jean Second encore lui inspire des *Baisers :*

> Quand le souspir de ces odeurs,
> Ou noz deux langues se jouent
> Moitement folastrent et nouënt,
> Evente mes doulces ardeurs.

Quarante-sept sonnets composent *les Antiquités de Rome.* Aux trente-deux écrits tout d'abord, il en ajouta quinze sous le titre : *Songe ou Vision sur le mesme subject,* en alexandrins ou en décasyllabes. On y trouve des vers magnifiques qui font penser à ce qu'écrira Corneille :

> Nouveau venu, qui cherchez Rome en Rome
> Et rien de Rome en Rome n'apperçois,
> Ces vieux palais, ces vieux arcz que tu vois,
> Et ces vieux murs, c'est ce que Rome on nomme.

Il n'en est pas quitte avec la ville. Son grand œuvre, ce seront *les Regrets* publiés en 1558. Les 91 sonnets de cet ensemble furent composés l'année précédente à Rome, puis pendant le voyage de retour à Paris. Ils forment un véritable journal intime, un journal poétique, et représentent un moment très haut de notre poésie.

Il dit dans ces sonnets : « J'écris naïvement tout ce qu'au cœur me touche. » Il ne s'agit plus de chanter l'immortalité : « Je ne chante pas (Magny), je pleure mes ennuis. » Il ne veut pas d'une recherche artistique trop poussée :

> Quant a moi, je ne veux, pour un vers allonger,
> M'accoursir le cerveau, ni pour polir ma rime
> Me consumer l'esprit d'une songneuse lime,
> Frapper dessus ma table et mes ongles ronger.

Cette poésie sera une autoconsolation et, sans doute, bien avant l'expression, une auto-analyse. Il repousse, tout au moins apparemment, la haute et érudite poésie, mais le recueil va plus loin, dépasse même le cri romantique individuel pour rejoindre l'universalité des sentiments.

Au début de son séjour à Rome, Joachim Du Bellay a connu un temps d'émerveillement. Il a été séduit par les sites, les monuments, a admiré le Capitole, le Tibre, l'Aventin, s'est plu au spectacle de carnaval, de courses de taureaux ou de buffles, à celui des mœurs de la ville, écoutant les chansons, les rires, suivant les belles Romaines. Il a été le premier Français à chanter l'Italie. On l'a senti grisé par une admiration de poète et d'humaniste. Puis une brusque retombée s'est produite. La nostalgie du petit Liré, des amis poètes l'a saisi. L'enthousiasme s'est changé en dégoût. Que s'est-il passé?

Dans le domaine de sa vie sociale, il n'a connu que déboires. Son métier d'intendant du cardinal l'a accablé de travail subalterne contraire à ses goûts. En même temps, il a approché les grands, connu leurs faiblesses, leurs jalousies, vu de près les médiocrités de la politique. Son tempérament sensible n'a pas pu résister. Il a été rejoint par la nostalgie, celle de la patrie, celle de la vie rustique, celle de sa jeunesse, celle des amis qui risquent de l'oublier.

Exilé, malheureux, ayant le désir d'écrire sans se sentir en mesure de créer une grande œuvre, il va justement en donner une, à son insu. Sonnet après sonnet, il note ses impressions, ses regrets. Et c'est le livre où il apparaît le mieux, émeut le plus, où jaillit l'œuvre la plus personnelle de son temps. Ici, on découvre cette émotion de laquelle, depuis François Villon, les poètes nous avaient déshabitués. Qu'il transpose un vers latin de Pétrarque glorifiant l'Italie, et le départ est donné :

> France, mere des arts, des armes et des loix,
> Tu m'as nourry long temps du laict de ta mamelle :
> Ores, comme un aigneau qui sa nourrisse appelle,
> Je remplis de ton nom les antres et les bois.
>
> Si tu m'as pour enfant advoué quelquefois,
> Que ne me repons tu maintenant, ô cruelle?
> France, France, respons a ma triste querelle :
> Mais nul, sinon Echo, ne respond à ma voix.
>
> Entre les loups cruels j'erre parmy la plaine,
> Je sens venir l'hyver, de qui la froide haleine
> D'une tremblante horreur fait herisser ma peau.
>
> Las, tes autres aigneux n'ont faute de pasture,
> Ils ne craignent le loup, le vent, ny la froidure :
> Si ne suis-je pourtant le pire du troppeau.

C'est là que retentit son *Heureux qui, comme Ulysse...* Heureux : cette épithète revient souvent sous la plume de cet homme mélancolique, tourmenté par une mauvaise santé, enfermé dans sa surdité, connaissant une tristesse de malade romantique.

Ces sonnets de l'exil sont des bouteilles à la mer qu'il adresse à ses amis dont les noms parsèment ses poèmes. Des poètes : Ronsard, Magny, Baïf, Carle, Belleau, Tyard, Peletier, Gohory, Denisot ou Jean de Panjas. Des artistes : Pierre Lescot, Louis Bailleul. Des humanistes : Jean de Morel d'Embrun, Robert de Lahaye, Gilbert Cousin ou Fulvio Orsini. Des personnalités diplomatiques ou religieuses : François Olivier, Jean Bertran, Pierre Gillebert, Nicolas Le Breton, Florimond Robertet, Jacques Duthier, Jean d'Avanson, Étienne Boucher, Jean de Gordes, François de Mauny, Antoine Caraciol ou le chanoine Claude de Bizet chez qui il mourra. Et Pierre de Paschal, l'historiographe du roi, et son fou, Brusquet, qui passa à Rome. Si nous citons tant de noms, c'est pour insister sur l'aspect de « missives » des sonnets. Dès les premières pièces, il les présente comme on présente un journal intime :

> Je ne peins mes tableaux de si riche peinture,
> Et si hauts argumens ne recherche a mes vers,
> Mais, suivant de ce lieu les accidents divers,
> Soit de bien, soit de mal, j'escris a l'adventure.

Et encore :

> Je me contenteray de simplement escrire
> Ce que la passion seulement me faire dire,
> Sans rechercher ailleurs plus graves argumens.

Il dit aussi dans un sonnet de structure marotique : « Moy, qui suis malheureux, je playndrai mon malheur. »

A cet aspect sensible de Joachim Du Bellay en répond un autre. Comme François Villon et Clément Marot, comme Rutebeuf et Ronsard, il sait allier le lyrisme et la satire, mais en façonnant leur union avec une délicatesse qu'on retrouvera chez Alfred de Musset.

Tandis que les satires du temps se diluent dans les embarras mythologiques ou savants, que l'épigramme jette ses traits incisifs mais brefs, Du Bellay trouve la juste mesure dans le sonnet satirique. Dans la seconde partie des *Regrets,* il plie à un nouvel emploi la célèbre forme fixe des deux quatrains suivis de deux tercets et montre ainsi ses infinies possibilités. Ses sujets, la ville et la vie les lui offrent. Il y a le monde des favoris du pape, le tableau politique des Romains face à la guerre menaçante, durant une trêve, puis lors de la marche d'une armée espagnole sur Rome que vient défendre une troupe française, et encore une fois les médiocrités et les intrigues. Voici, digne de La Bruyère, le portrait satirique des courtisans :

> Seigneur, je ne sçaurois regarder d'un bon œil
> Ces vieux Singes de Cour, qui ne sçavent rien faire,
> Sinon en leur marcher les Princes contrefaire,
> Et se vestir, comme eulx, d'un pompeux appareil.

Si leur maistre se mocque, ilz feront le pareil,
S'il ment, ce sont eulx, qui diront le contraire,
Plustost auront ilz veu, a fin de lui complaire,
La Lune en plein midy, a minuict le Soleil.

Si quelqu'un devant eulx reçoit un bon visage,
Ilz le vont caresser, bien qu'ilz crevent de rage :
S'il le reçoit mauvais, ilz le monstrent au doy.

Mais ce qui plus contre eulx quelque fois me despite,
C'est quand devant le Roy, d'un visage hypocrite,
Ils se prennent à rire, et ne sçavent pourquoy.

Pour Joachim Du Bellay, la désillusion romaine se double d'une désillusion à son retour en France. Pour lui, tous les courtisans se valent et les poètes en font partie. Les derniers sonnets des *Regrets,* ceux du voyage de retour et de Paris sont moins forts, plus hâtifs, tout en gardant cette impression de naturel d'un ensemble où le poète a tenu la promesse de son manifeste : transformer en « sang et nourriture » les influences et les imitations.

Dans *les Regrets,* suite de poèmes unique, les peintures des papes et de leur cour, les tableaux de mœurs romaines, les descriptions de fêtes sont autant de courts métrages, de rapides reportages saisis et jetés dans l'immédiat avec couleur et vérité. Le lecteur contemporain, celui qui s'est plu à l'Italie de Stendhal, sera étonné de retrouver ici des impressions qui valent encore. Du Bellay a su se mêler au petit peuple comme aux grands. On verra aussi que ce journal, ou ces épîtres en sonnets, ou cette stylisation de sa vie quotidienne, contient des images proverbiales, une érudition rendue familière, des leitmotive, des parallèles mythologiques, des symboles : images de l'agneau, du cygne, de la danse des Nymphes et des Fées, et, face à ces décors inspirés par Rome et l'Antiquité les chères images du pays natal. Après *les Regrets,* Ronsard appellera son ami « Grand Alcée angevin ».

Le poète mort jeune.

Antiquités, regrets... voilà qui amène en écho nostalgie. Chanter une ville morte, des instants disparus, il y a chez Joachim Du Bellay un ton désespéré. Tout retourne à la poussière. Où sont les neiges d'antan? Il se trouve ce poète brillant, promis à toutes les gloires, décalé dans un temps où il ne peut se situer parce qu'il est trop lucide, parce qu'il voit trop clair, et l'on peut, d'un sonnet à l'autre, distinguer une sorte d'appel angoissé. Alors, il regarde autour de lui, décrit peuple et cité, se complaît à tout spectacle insolite, voit les transformations qui s'opèrent, quitte à en recevoir et à en savourer la blessure. Le grand remède dans un univers corrompu, hypocrite est, outre une sorte de modération épicurienne, un sage stoïcisme, le recours à la nomination poétique. La poésie vient à lui, avec son évasion et sa consolation, comme une sœur qui lui enseigne la magnifique simplicité.

Une étude suivie de son œuvre montre qu'il est un de ceux qui connaissent le mieux le métier du vers. Étienne Tabourot des Accords parle de ses sonnets rapportés dont il serait le premier auteur, mais il se peut qu'il ait été précédé par Jodelle et Saint-Gelais. Le genre était digne des artisans de seconde rhétorique. Or, Agrippa d'Aubigné, Baïf, Ronsard, Magny, Du Bartas, Belleau, Desportes l'ont aussi pratiqué. Joachim Du Bellay les dépasse, et l'on comprend qu'Étienne Pasquier, ainsi qu'il le signale dans ses *Recherches de la France,* ait admiré ce triple sonnet qu'on peut lire d'un trait ou décomposer en trois poèmes :

O Amour	.	O Penser	.	O Désir plein de flamme,
Ton trait,	.	ton fol appat	.	la rigueur que je sens,
Me blesse,	.	me nourrit,	.	conduit mes jeunes ans
A la mort	.	aux douleurs	.	au profond d'une lame.
Injuste Amour,	.	Penser	.	Désirs, cours à ma Dame,
Porte lui	.	loge lui	.	fais voir comme présents,
A son cœur	.	en l'esprit	.	à ses yeux meurtrissants
Le même trait	.	mes pleurs	.	les feux que j'ai dans l'âme.
Force	.	fais consentir	.	contrains sa résistance,
Sa beauté	.	son dédain	.	et sa fière constance ;
A plaindre	.	à soupirer	.	à soulager mes vœux,
Les tourments	.	les sanglots	.	et les cruels supplices
Que j'ai	.	que je chéris	.	que je tiens pour délices
En aimant,	.	en pensant,	.	en désirant son mieux.

Entre 1556 et 1559, il composa quatre *Discours* consacrés respectivement à la trève de Vaucelles conclue par Henri II avec Charles Quint et son fils Philippe II, à la Poésie, au sacre de François II, aux *Quatre États du Royaume de France.* Les quatre États sont le peuple, la noblesse, la justice et l'église entre qui l'harmonie doit régner. Ce discours d'éducation princière est généreux : le malheureux sort du peuple écrasé d'impôts, les réformes ecclésiastiques à accomplir, les devoirs des princes envers les artistes y sont soulignés. S'il ne s'en prend pas aux privilèges de la noblesse combattante, il s'agit quand même de poésie politique et sociale, et l'on voit là le poète montrer une face de lui-même peu connue. Ce discours est clairement exposé, ferme de ton, sans avoir toutefois la fougue passionnée de ceux de Ronsard.

Les Regrets le situèrent au premier rang de la poésie de son temps, mais en butte à des tracasseries qui le conduisent à renoncer à sa terre d'Oudon en faveur de son neveu, malade, épuisé, il touchait à sa fin. Ses dernières œuvres sont un recueil de poésies latines : *Poemata,* proche de ses sonnets de Rome, où il célèbre son amour pour Faustine, dame romaine (après sa mort, on publiera un autre recueil latin *Xenia* composé d'épigrammes), en français, *le Poète courtisan,* satire proche de celles des *Regrets.* Il s'en prend comme le titre l'indique aux médiocres rimailleurs qui effacent les vrais poètes dans l'esprit des princes. Après sa mort, on publia des *Amours* dans sa première manière. Il disparut le soir du 1er janvier 1560 et ses amis lui dressèrent un *Tombeau poétique.*

Sainte-Beuve salua en lui l'auteur du *Poète courtisan,* tenant ce poème pour une des plus grandes satires classiques. Émile Faguet reconnut qu'il était celui qui avait « mis le plus de lui-même dans ses écrits ». Ainsi fut-il souvent envisagé sans enthousiasme et sans perspicacité. Tel reconnaît qu'il fit de bons sonnets, tel autre qu'il a un talent souple, mais le sens de la hiérarchisation qui le classe derrière Ronsard crée un dédain absurde.

Il y eut heureusement de bonnes reconnaissances. Celle de Kléber Haedens : « Du Bellay est le maître des images nocturnes dans la légèreté du ciel d'Anjou. Il paraît soudain écrasé par le monde, sa froideur et ses ruines; il nous dit, comme Musset, ses illusions déçues et, comme Musset toujours, il se réveille le fouet à la main. » Michel Deguy, dans un *Tombeau de Du Bellay* a vu en lui l'inventeur du « journal de bord quotidien de son expérience poétique » et l'auteur « de la seule franciade que nous puissions encore lire ». Enea Balmas l'a situé en proposant trois définitions : « un homme malheureux qui a cherché dans la poésie une manière de justification, un écrivain qui ne s'est pas montré à la hauteur de ses ambitions, ou encore le plus grand lyrique de son temps ».

Nous avons aimé que Kléber Haedens écrive encore : « Les adolescents songeurs trouveront toujours dans ses poèmes un accent fraternel » et l'on pourrait ajouter : « les adolescents songeurs *et révoltés* ».

Ronsard premier, Du Bellay second? Quelle absurdité! On veut continuer de les voir unis, comme au collège. Joachim Du Bellay a su mêler à la voix intime la voix sociale. Il a su être l'homme méditant et le poète dans la cité, l'homme moderne qui ne triche pas, celui qui s'approche au plus près du mystère fuyant et des rivages inaccessibles du temps.

4

Les cinq autres astres de la Pléiade

Baïf le docte.

JEAN-ANTOINE DE BAÏF (1532-1589) fut accusé de pédanterie. A la fin d'un sonnet, Joachim Du Bellay se moque gentiment de lui, l'appelant « Docte, doctieur et doctime Baïf! » Érudit, comme ses amis, il est plein d'idées révolutionnaires tout en restant un très doux poète.

Fils naturel de Lazare de Baïf, ambassadeur du roi de France auprès de la République de Venise, il naquit dans cette ville d'une Vénitienne inconnue.

Aucun de ses amis ne poussa aussi loin que lui l'adoration des Anciens, allant jusqu'à imposer des systèmes prosodiques difficilement adaptables en français, désirant conformer l'orthographe à la prononciation, inventant des superlatifs et des comparatifs curieux. Il apparaît à nos yeux comme un original, un néo-rhétoriqueur au fond, ne cédant jamais à la facilité. Ainsi, il se consacre à des recherches sur la mesure de la poésie française et prône de la marquer non par la rime, mais par la quantité de syllabes. Il invente donc le vers dit *baïfin*. Un exemple est donné, lorsqu'il traduit ce distique latin :

Phosphore, redde diem : cur gaudia nostra moraris?
Caesare venturo, Phosphore redde diem.

par des vers français déguisés en hexamètre et pentamètre :

Aube, rebaille le jour : pourquoi notre aise retiens-tu?
César va revenir, Aube rebaille le jour.

Enflammé par le manifeste de son ami Joachim, il débuta avec un *Tombeau de Marguerite de Navarre*. Dès ce temps-là, il rêvait de théâtre et voulait se faire acteur, mais c'est seulement en 1567 qu'il fera représenter *le Brave* d'après Plaute.

Ses *Amours* figurent parmi les nombreux poèmes du genre qui jalonnent le siècle. En 1552, il chante celles de *Méline*, amante imaginaire à la douceur de miel. En 1555, celles de *Francine*, la belle Françoise de Gennes, sœur cadette de cette Marie que Jacques Tahureau chante, lui, dans *l'Admirée*.

Ces poèmes amoureux ne sont pas sa réussite. On se demande en lisant ces imitations : sans Bembo, Pétrarque, l'Arioste, Ausone, Sannazar, qu'en serait-il de Baïf? Cependant, notre traducteur va chercher à se dégager d'une certaine lourdeur. Manquant de l'aisance d'un Ronsard ou d'un Du Bellay pour traduire ses émotions sentimentales ou esthétiques, il va user de l'incantation et de la répétition. Et soudain, par-delà son afféterie, sa prolixité, des vers émouvants vont apparaître, comme dans le sonnet : « Ô doux plaisir plein de doux pensement... » Quand il évoque la nature, la rose chère à l'époque, il sait dépasser les artifices pour atteindre à un naturel rude et rustique qui porte son enchantement. Ces poèmes, il les corrigera, allant vers plus de dépouillement, de discrétion, sans atteindre cependant cette musique supérieure en laquelle il croit tant.

En 1567, il s'inspire des *Géorgiques* de Virgile pour son poème didactique des *Météores*. Là, il jette vers la nature et le ciel des regards interrogatifs. L'enfantement des météores l'amène à invoquer le Saint-Esprit. Ressentant l'influence astrale, il la décrit simplement :

> La Lune sur l'humeur exerce son empire,
> La mer lui obéit, qui déborde et retire
> Son flux et son reflux...

Pour exposer la science de son temps, sans avoir recours à un attirail mythologique, il a compris qu'il devait trouver des vers de qualité, à la fois perceptibles et ne trahissant pas les faits qu'ils exposent. Il use de modération et d'humilité, et il est beau de voir ce chercheur de voies nouvelles devenir humble, simple, sensible, dès qu'apparaît la science.

Travailleur, il adapte Plaute dans *le Brave*, traduit Térence dans *l'Eunuque* et Sophocle dans *Antigone*. Il écrit *le Ravissement d'Europe* et surtout *les Passe-temps*, jeux et pièces légères où il pille Martial pour les épigrammes, imite Horace dans une épître, et, dans un pot-pourri allant du facétieux au funéraire, se mêle de gaillardises, de mascarades, d'anagrammes et d'acrostiches.

Les Étrennes de Poezie Fransoeze en vers mezurés, 1574, dès le titre affirment son néographisme. Pour mesurer les vers à l'antique, une révision de l'orthographe s'imposait. Il modifia légèrement le système de Ramus et prôna un alphabet de vingt-neuf lettres. Il fit des vers selon ce système et apporta une méthode à laquelle se référeront Nicolas Rapin, Scévole de Sainte-Marthe ou Jean Passerat, mais c'était sans avenir.

En 1576, ses *Mimes, Enseignements et Proverbes* lui font rejoindre une tradition gnomique de la poésie française qu'on trouve au moyen âge, et notamment chez le Villon de *la Ballade des proverbes*. Il ajuste là, tant bien que mal, maximes, aphorismes, adages, sentences ou proverbes, réduits en sizains d'octosyllabes. Cela va de la morale traditionnelle à la remontrance politique. Lorsque l'apologue passe par cela, on supplie La Fontaine de venir pour effacer :

> Tout l'este chanta la Cigale :
> Et l'hyver elle eut la faim vale.
> Demande a manger au Fourmi.
> « Que fais-tu tout l'este ? – Je chante.
> – Il est hyver : dance, faineante. »
> Apprends des bestes, mon ami.

Lorsque, entre 1581 et 1589, au cœur des troubles civils, il prêche la modération, c'est avec vigueur. Il a écrit aussi *Contre la guerre*. Il pense que le poète doit rester hors du service militaire parce qu'il lui assigne un rôle à part, voulant le tenir loin du « simple populaire », dans la discrétion d'un faubourg, exempt du service de guet, de l'impôt. Il écrira une requête à ce sujet. Il est l'ami de la paix, comme il le dit dans un hymne adressé à Jeanne d'Albret :

> Je veux louer la paix, c'est la paix que je chante.

Il le répétera lors des « noces vermeilles » d'Henri de Navarre et de Marguerite de Valois comme il l'écrira à Catherine de Médicis. Mais ce pacifiste ne restera pas neutre. Il mettra sa plume, peu aiguisée pour cela, au service de la cause catholique qu'il tient comme nationale. Attaqué, il saura répondre dans ses *Œuvres en rime* à grand renfort d'exclamations et de métaphores.

Protégé par Charles IX, il fonda avec sa permission, en s'associant avec le musicien Thibaud de Courville, une Académie de Poésie et de Musique, préfiguration du Conservatoire, et qui devint Académie du Palais sous Henri III pour disparaître ensuite. La grande ambition de Baïf était de réunir poésie et musique en un seul art. On le voit dans ses chansonnettes mesurées, avec leur forme « doux-coulante », prêtes pour la musique, qui parurent après sa mort. Et aussi dans son *Psautier,* posthume lui aussi, préparé pour la musique.

Jean-Antoine de Baïf peut être classé parmi les esprits à tous points de vue curieux qui jalonnent les époques, ne créent que modestement par manque de génie, mais avancent des idées et inventent sans cesse. Si la plupart des inventions baïfiennes sont discutables, son sens de la recherche et sa probité sont indéniables. Citons cette significative *Ode rythmée à la Françoise et mesurée à la Grecque et Latine :*

Ce petit dieu / cholere, archer / leger oiseau,
A la parfin / de me lerra / que le tombeau
Si du grand feu / que je nourri / ne s'amortit / la vive ardour.

Un este froid, / un hyver chaud / me gelle et fond,
Mine mes nerfs, / glace mon sang, / ride mon front;
Je me meurs vif, / ne mourant point; / je seiche au tems / de la verdour.

Sote, trop tard / a repentir / tu te viendras;
De l'avoir fait / ce mal à tort / tu te plaindras :
Tu attends donc / à me chercher / remède au jour / que je mourray?

D'un amour tel / meritoit moins / ta loiaulté
Que de gouster / du premier fruit / de la beauté :
Je le veus bien / tu ne veus pas; / tu le voudras / je ne pourray.

Il se fit au xvie siècle des applications du vers métrique bien oubliées. On s'efforça de transposer en français non seulement hexamètres et pentamètres, mais toutes les variétés de rythmes composant les strophes savantes des Anciens. *L'Iliade, l'Odyssée, l'Énéide* furent ainsi prospectées. Au xixe siècle, Turgot, traduisant Virgile, reprendra ces tentatives. En 1811, l'ex-roi de Hollande, Louis Bonaparte, publia un ouvrage répudiant l'habituelle versification fondée sur la rime. Les vers harmonico-rythmiques (selon son appellation personnelle) qu'il composa furent sans succès et sans suite.

Jean-Antoine de Baïf, tout le temps de sa vie, figura en bonne place auprès de Ronsard et de Du Bellay, mais après sa mort, on lui contesta tout talent et on l'oublia. Sainte-Beuve tentera maladroitement de le réhabiliter en indiquant que ses œuvres se confondent avec celles de Ronsard et Du Bellay, et qu'il n'y voit aucune différence. Aurait-il mal lu?

Un fils de Baïf publia en 1609 une curieuse pièce de vers, *le Fait du procès de Baïf contre Fontenay et Monguibert,* ce pour la petite histoire. A la deuxième page, on trouve ces vers :

> Or feu mon père fit des rimes
> Dont un livre s'appelle mimes.

« Fort mauvais poète » pour Jacques Davy Du Perron, « plus heureux en latin qu'en français » pour Agrippa d'Aubigné, Baïf ne suscita pas d'enthousiasme. On ne retient généralement que les aspects négatifs de son œuvre et les échecs de ses systèmes. On ne peut retirer à certains poèmes leur charme. Honorons un chercheur, un approfondisseur du langage. Les erreurs, elles aussi, accompagnent la progression poétique.

Le maître Dorat.

Ronsard, Du Bellay, Baïf... quels canards n'avait pas couvé leur bon maître Jean Dorat (1508-1588), humaniste et philologue plus que poète, homme joyeux dont la gloire fut celle de ses illustres élèves qui le hissèrent au rang de la Pléiade où il figure comme une sorte de maître de chœur. A ses débuts, il fut, à la cour de François Ier, le précepteur des pages, avant de devenir directeur du collège de Coqueret : c'est là que l'on vit, selon une expression d'Antoine Du Verdier, une troupe de poète s'élancer de son école comme d'un cheval troyen. Il fut payé en éloges et en vénération. En 1560, il occupa la chaire de grec du Collège Royal et fut nommé par Charles IX *poeta regius.* A soixante-dix-huit ans, jouant au patriarche, il épousa une jeune fille de dix-neuf ans. Ses poésies grecques, latines, françaises sont de second ordre et l'on retient en lui l'accoucheur d'une génération exceptionnelle plutôt que le géniteur de poèmes. Les poètes de la Pléiade, si dédaigneux des sobriquets des Rhétoriqueurs, goûtèrent ses anagrammes. Pierre Bayle nous apprend que Jean Dorat passait pour un grand devin en ce genre et que les personnes illustres lui donnaient leur nom à anagrammiser. En 1586, ses œuvres furent publiées sous le titre de *Poematia.* Son fils, Louis Dorat, y a traduit en vers français un poème. Sa fille, Madeleine Dorat, fut une érudite écrivant en plusieurs langues. Son neveu, Jacques Dorat, fut un poète officiel composant des inscriptions pour les arcs triomphaux élevés à Reims en l'honneur de Louis XIII, une complainte sur la mort de Henri IV, un poème, *la Nymphe rémoise,* et des *Stances sur la louange de saint Martial.*

Io le Délien.

Lorsque le seigneur de Lymodin, connu sous le nom d'Étienne Jodelle (1532-1573), fit représenter en 1553 sa *Cléopâtre captive,* drame lyrique et élégiaque, le poète Jacques Tahureau anagrammisa son nom en « Io le Délien ».

Cette représentation de la première tragédie pure de cette Renaissance qui en était encore aux œuvres théâtrales médiévales, due à un étudiant de vingt-trois ans, eut l'importance de la bataille d'*Hernani.* En même temps, elle fut une fête d'union de la famille poétique d'une génération. Les élèves du collège de Boncourt nommés Belleau, La Péruse, Grévin, Denisot, en furent les acteurs. Étaient invités les élèves du collège de Coqueret que nous connaissons et les deux groupes se reconnurent comme serviteurs d'un même idéal. Déjà, à lui seul, Jodelle accomplissait une partie du programme du manifeste.

Précoce, à dix-huit ans, ayant pour maître Muret dont l'influence fut décisive pour son goût théâtral, il écrivait déjà des *Sonnets, odes et charontides.* De la Pléiade, il est l'homme de théâtre, donnant encore *Didon se sacrifiant,* cinq actes en alexandrins avec chœurs, représentation après laquelle se situe la cérémonie d'Arcueil où les poètes de la Pléiade auraient sacrifié un bouc en son honneur, *Eugène ou la Rencontre,* comédie. Déjà, le relais des mystères et soties était assuré, et nous avions un premier modèle de théâtre classique, touffu, désordonné, fougueux, et traversé de passages puissants et d'éclairs lyriques.

Acteur, metteur en scène, décorateur, machiniste, en même temps qu'auteur, Jodelle a parlé de son travail dans des vers qui pourraient s'appliquer aux animateurs du jeune théâtre d'aujourd'hui :

> Je dessine, je taille, et charpente, et massonne ;
> Je brode, je pourtray, je coupe, je façonne ;
> Je cizèle, je grave, émaillant et dorant ;
> Je musique, je sonne, et poétise encore.

Si la critique lui reconnaît d'être un précurseur en matière de théâtre, elle fut assez sévère envers une poésie jugée bizarre, pédantesque, déclamatoire. Même l'œuvre dramatique recèle de beaux vers à chercher dans une masse prolixe. En 1574, Charles de La Mothe recueillit des pièces diverses qui montrent l'injustice des censeurs. Jodelle écrit en se jouant dans tous les genres, du sonnet pétrarquisant à la satire religieuse, des figures et devises précieuses aux mascarades et aux chansons grivoises.

Politiquement, il fut un ultra. La foi, l'État lui ont fait jeter ses fougues contre les huguenots, donner son approbation à la Saint-Barthélemy, s'attaquer au chancelier de L'Hôpital et insulter le cadavre de Coligny. Et même il s'exalta en rappelant le massacre des Albigeois. Dans tout cela, il est abominable, mais son infamie n'a pas empêché l'intérêt de son théâtre et de sa poésie.

Rien d'étonnant à ce qu'il se montre misogyne dans ses *Contr'amours,* poèmes en désordre, avec de belles audaces rythmiques et des facilités. Ses contemporains le jugeaient vaniteux et grisé par ses succès. Son éditeur se réjouissait qu'il écrivît rapidement. En fait, il déconcertait ses confrères par ses singularités.

Il se distingue par l'emploi d'une musculature verbale à l'intérieur de vers parfaits :

> Le flamboyant, l'argentin, le vermeil,
> Œil de Phoebus, de Phoebe, de l'Aurore,
> Qui en son rond brûle, pâlit, decore
> Midi, minuit, l'entree du Soleil.

Ce novateur en matière dramatique a gardé dans ses vers quelque chose qui l'apparente aux Rhétoriqueurs défendus ici en ce qu'ils eurent de dynamique et de nouveau. Habité de ces idées, en plein triomphe de la Pléiade, il se met à douter et prend ses distances avec le groupe et, à contre-courant, défend Marot et les marotiques. Dans une adresse nationaliste *Au Peuple français,* en 1556, il s'en prend à la poésie paganisante et dit les torts des Anciens :

> Quoy que le vulgaire m'en tance,
> Je me permets sans arrogance
> De dire que la grand'faveur
> Que faisons a notre labeur,
> Ne vient que de nostre ignorance.

Il apporte une contestation : l'imitation des Anciens ne correspond pas aux exigences d'imagination et d'originalité de la poésie. Ici, nous assistons à une des contradictions des poètes du XVIᵉ siècle : l'imitation des Anciens leur est nécessaire, mais elle peut être envahissante. Jodelle rejoint Jacques Peletier lorsque celui-ci, s'adressant aux néo-latins, s'exclame :

> J'escri en langue maternelle,
> Et tasche de la mettre en valeur :
> Affin de la rendre eternelle,
> Comme les vieux ont faut la leur :

> Et soutien que c'est grand malheur
> Que son propre bien mespriser
> Pour l'autruy tant favoriser.

De même, Joachim Du Bellay oppose *la Lyre Chrestienne* au paganisme :

> Si les vieux Grecz et les Romains
> Des Faux Dieux ont chanté la gloire,
> Seron nous plus qu'eulx inhumains,
> Taysant du vray Dieu la memoire?

quand ce pétrarquisant attaquant Pétrarque, ne dit pas, dans une ode pindarique, ses doutes sur le pindarisme :

> Si je voulois suyvre Pindare
> Qui en mille discours s'egare
> Devant que venir a son poinct,
> Obscur je brouillerois ceste Ode,
> De cent propos : mais telle mode
> De louange ne me plaict point.

Plus tard, dans sa *Muse chrétienne,* Du Bartas, à son tour, s'en prendra au paganisme. La discussion se poursuivra bien après le siècle.

Jodelle, déjà, on le voit, manifestait, au nom de la nouveauté poétique, nombre de refus et d'exigences. Après une période de gloire où il égalait Ronsard, il connut des échecs dont il ne se releva pas. Abandonné de ses amis, il mourut dans la pauvreté en réclamant qu'on ouvrît la fenêtre pour voir encore « ce beau soleil ». Ajoutons qu'il avait, comme Baïf, tenté des transpositions de vers grecs et latins et que Pasquier tient pour un chef-d'œuvre ce distique :

> Phoebus, Amour, Cypris veut sauver, nourrir et orner
> Ton vers et ton chef d'ombre, de flammes, de fleurs.

De son vivant, il fut fort apprécié, de Guillaume Guéroult, Jacques Tahureau à Marc-Antoine de Muret, comme des poètes d'un cénacle dont il était le centre : Hugues Salel, Claude Gruget, Guillaume Capel, Claude Colet, Charles Fontaine, Guillaume Des Autels, Olivier de Magny. Il avait la force d'un chef d'école. Plus tard, Agrippa d'Aubigné le loua et les siècles le délaissèrent. Il s'agit d'une injustice envers celui qui revendiqua la fureur poétique et l'originalité. Il y aura cependant maintes mises en valeur : Louis-Aimé-Victor Becq de Fouquières au XIXe siècle, et, près de nous, Marcel Raymond, Albert-Marie Schmidt, Enea Balmas surtout, qui a publié ses *Œuvres complètes.*

Admiré par le maître Ronsard, ceux qui le saluent font toujours allusion à sa personnalité : « un Jodelle impétueux et plein de chaleur poétique » écrit Jacques Peletier, « homme au naturel émerveillable » écrit Étienne Pasquier, « un tempérament », écrit Enea Balmas.

L'amant savant de Pasithée.

Le Lyonnais de la Pléiade, Pontus de Tyard (1521-1605), né d'une famille riche au château de Bissy-sur-Fley, en Bourgogne, destiné à l'Église, fit ses études à l'université de Paris, devint aumônier ordinaire de Henri III et évêque de Chalon-sur-Saône. Avant même Ronsard, il publia les trois recueils des *Erreurs amoureuses,* le premier volume en 1549, les suivants en 1551 et 1555.

Disciple d'Antoine Héroët et de Maurice Scève, assez éclectique pour unir, comme il l'a écrit dans un *Chant en faveur de quelques excellens poëtes de ce temps,* en 1551, Saint-Gelais, Marot et marotiques, poètes lyonnais, Ronsard et Du Bellay, il fut rattaché à la Pléiade à la suite de cette profession de foi.

Dans ses *Erreurs amoureuses,* il chante une dame nommée Pasithée, « la toute-divine », qui pourrait bien être Louise Labé. Beauté physique et élévation morale y sont célébrées. Pasithée inspire des chants éthérés car il s'agit de « chaste amour », ornés de métaphores compliquées, d'antithèses loin cherchées, de périphrases amphigouriques. Le voici mièvre et précieux :

> Je vis rougir son blanc poli ivoire
> Et cliner plus humainement sa vue,
> Quand je lui dis : si ta rigueur me tue,
> En auras-tu, cruelle, quelque gloire ?

et saluant la Dame en rimes féminines acrobatiques :

> Quelle Sirène hors du sein ce chant pousse,
> Qui decevrait le caut Prince de Grèce ?
> Quels sont ces yeux mais bien quel trophee est-ce
> Qui tient d'amour l'arc, les traits et la trousse ?

Ces vers de virtuose désinvolte furent suivis d'*Odes* influencées par ses amis parisiens du groupe. Fortement nourri d'un humanisme bien assimilé, ayant assez d'art pour corriger le désordre de ses épanchements, il se montre plus souple et plus léger que Ronsard. En 1555, pour Diane de Poitiers, il compose *les Douze fables de fleuves et de fontaines* où il se livre avec délicatesse aux voluptueuses peintures mythologiques, aux allégories calquées sur Homère, Ovide et Pausanias. Le public ne les connaîtra qu'en

1586 par une indiscrétion du poète Étienne Tabourot des Accords. La même année 1555, il publia *le Livre des vers lyriques*. On n'oubliera pas la grandeur du plus beau de ses sonnets où il en appelle au

> Père du long repos, Sommeil père du songe.

Jamais les sensations de la nuit et du repos ne seront dégagées avec tant d'art et de pénétration. Ici les allégories mythologiques n'ont rien de surajouté.

Pontus de Tyard était savant. Il le montra avec ses *Discours* philosophiques sur l'inspiration poétique, l'art divin de la musique, la mesure du temps, l'astronomie, la nature, les sciences, avec Platon pour guide. Les premiers parurent chez Jean de Tournes en 1552 et 1556, l'édition complète en 1587. Il parle de la « fureur poétique » qui, unie à la musique, éveille à la Connaissance, ramène l'ordre et l'harmonie, permet d'en venir à la « fureur de Bacchus », à la religion, à la « fureur de l'Amour », établit une gradation scolastique. On en retient surtout que le Poète, par la fureur et l'inspiration, supplée aux connaissances encyclopédiques trop nombreuses pour être acquises; c'est là une idée présente chez Lucrèce et qu'on retrouve au XXe siècle chez des poètes proches de la pensée d'Heidegger.

Entre 1558 et 1568, il retourna à ses études au château de Bissy, pour revenir à Paris, découvrir le salon néo-pétrarquiste de la maréchale de Retz, faire admirer ses vers, revenir à ses premières amours italianisantes et publier en 1573 ses *Œuvres poétiques* augmentées de pièces galantes, d'élégies, d'une épître et d'une épitaphe. Les années de méditation avaient nourri son œuvre et ses derniers vers sont admirables. Il se préoccupa ensuite de philosophie et de théologie jusqu'à sa mort à l'aube du XVIIe siècle. Ajoutons que ses *Douze fables de fleuves et de fontaines* servirent de guides à Jean Goujon, Jean Cousin et Philibert Delorme pour la décoration du château d'Anet.

Au fil de son œuvre, on découvre des vers d'une étonnante coulée, en avance sur son temps. Ainsi cette *Élégie d'une Dame enamourée d'une autre Dame* qui, sous des signes saphiques, laisse attendre *les Femmes damnées* de Charles Baudelaire et les poèmes de Renée Vivien :

> Qu'en vain j'avois pense que le temps advenir
> Nous devroit pour miracle en longs siecles tenir :
> Et que d'un seul exemple, en la françoise histoire,
> Nostre Amour serviroit d'eternelle memoire,

Pour prouver que l'Amour de femme a femme epris
Sur les masles Amours emporteroit le pris.

Ayant une haute idée de la poésie, il en a parlé comme éveil et purification de l'âme d'une manière spirituelle et dynamique qui force le respect :

D'avantage elle (la poésie) est éveillée du sommeil et dormir corporel à l'intellectuel veiller, et rappelée des ténèbres d'ignorance à la lumière de vérité, de la mort à la vie, d'un profond et stupide oubli à un resouvenir des choses célestes et divines : enfin, elle se sent mise en mouvement, aiguillonnée, et incitée d'exprimer en vers les choses qu'elle prévoit et contemple. Aussi n'entreprennent témérairement chacun de heurter aux portes de Poésie : car en vain s'en approche, et fait ses vers misérablement froids, celui auquel les Muses ne font grâce de leur fureur, et auquel le Dieu ne se montre propice et favorable.

Pontus de Tyard, poète imagé et harmonieux, à l'avant-garde de son époque, le plus savant de tous, a vu dans la poésie sa plus haute fonction, celle de percer le mystère pour atteindre à la connaissance.

Rémi Belleau, réaliste et observateur.

Rémi Belleau (1528-1577) naquit à Nogent-le-Rotrou. Il fut précepteur de Charles de Lorraine, duc d'Elbeuf. De son enfance, on ne sait rien. Il naît à la littérature au collège de Boncourt, auprès de son ami Jodelle.

Cela commence sous des signes helléniques avec sa traduction des odes anacréontiques qu'il accompagne de « quelques petites hymnes » de son cru, en 1556. Les titres en sont dignes de Jules Renard ou de Francis Ponge. Le papillon, l'escargot, l'huître, le ver luisant des bestiaires sont rejoints tout naturellement par la cerise ou le pinceau sans qu'on s'étonne de ce voisinage. Ces poèmes doux-coulants, légers, en font le gentil Belleau, coquet, mignard, observateur de la nature dont il chérit particulièrement, comme plus tard Monsieur Fabre, les petites œuvres :

O que j'estime ta naissance
Pour de rien n'avoir connoissance,
Gentil Papillon tremblotant,
Papillon tousjours voletant,
Grivole de cent mille sortes,
En cent mille habits que tu portes,
Au petit mufle elephantin,
Joüet d'enfans, tout enfantin,

> Lors que de fleur en fleur sautelles,
> Couplant et recouplant tes aelles,
> Pour tirer des plus belles fleurs
> L'email et les bonnes odeurs.

On vit ce pacifique poète s'enrôler dans la cavalerie du marquis d'Elbeuf partant pour l'Italie et publier ensuite des œuvres de circonstance comme son *Ode au duc de Guise sur la Prise de Calais,* en 1558. Il n'était guère fait, ce gentil Belleau, d'une nature féminine, pour chanter les événements nationaux. Son ami Ronsard était là pour telle tâche. Ce dernier dit : « Ronsard et Belleau n'étaient qu'un. » Ils furent ensemble engagés au service des Guise et l'un et l'autre célébrèrent en vers la victoire de Moncontour en 1559, mais Belleau ne quitte pas Pindare. Il préfère écrire en style macaronique *le Dictamen metrificum de Bello hugonotico.* Signalons encore son épithalame sur le mariage de Charles de Lorraine et de Claude de France, ou, plus intime et touchant, son *Chant pastoral sur la mort de Du Bellay* en 1560.

En 1565, il publia sa *Bergerie* dont une édition complétée paraîtra en 1572. Il s'agit d'un recueil de proses descriptives dans lesquelles s'insèrent des pièces diverses, déjà publiées ou inédites, comme son *Avril,* délicieuse miniature :

> Avril, l'honneur et des bois
> Et des mois,
> Avril, la douce esperance
> Des fruictz qui sous le coton
> Du bouton
> Nourrissent leur jeune enfance.

La prose poétique qui entoure les poèmes n'est pas le moins intéressant de cet ensemble composite où l'on trouve des tableaux de nature, des idylles rustiques ou marines, des blasons, des prières tirées de la Bible, des *Baisers* à la Jean Second, des poèmes inspirés de l'antique ou même de Ronsard, ses pièces de circonstance. Il paraphrase, blasonne, imite, pillant allégrement la Bible, les Grecs, les Latins et néo-latins, en excellant dans les courts morceaux d'histoire naturelle.

Ayant le sens de la description, il multiplie les variations sur les beautés naturelles en les comparant aux charmes physiques des êtres. Il adore la joliesse et se délecte avec sensualité. Un simple baiser l'amène à des comparaisons infinies avec les fleurettes nommées amoureusement. Il choisit de traduire *le Cantique des cantiques* qui lui va si bien, et les parties du corps : nombril, ventre, seins, yeux, nez, cheveux, etc. sont prétextes à des blasons unis au texte sacré sous le signe d'un épicurisme voluptueux. Érotique, anacréontique, sa minutie, son habileté, sa souplesse pétrarquisante vont jusqu'à la plus exquise préciosité.

En 1576, un an avant sa mort, il publie ses traductions du *Cantique des cantiques* et de *l'Ecclésiaste,* en les faisant suivre du plus étonnant des lapidaires : *les Amours et nouveaux Eschanges des Pierres precieuses et proprietes d'icelles,* qui sera complété dans une édition posthume de 1578.

Pierre de Ronsard y a distingué sa plus parfaite réussite. Nous découvrons un chef-d'œuvre d'imagination et de subtilité. On trouve entre autres, un poème signalé par Albert-Marie Schmidt, *Hyacinthe et Chrysolithe* faisant pendant à l'élégie de Pontus de Tyard *A une Dame* dont nous avons parlé. Là est décrite en termes peu voilés la passion d'un dieu pour un bel adolescent. L'infinie variété de ce lapidaire montre que Rémi Belleau mérite mieux que la petite place qu'on lui accorde dans l'ombre des grands de la Pléiade.

Dans ses *Petites inventions,* il avait poétisé la « branche coraline » et « le ver luisant de nuict ». Il trouve ici à blasonner sur les pures œuvres de la nature dont les noms merveilleux constellent les poèmes s'ils ne leur donnent un titre : diamant, calamite, perle, chrysolite, rubis, opale, onyx, émeraude, saphir, turquoise, agate, jaspe, cornaline, sélénite, béryl, sardoine... toutes pierres chères aux futurs poètes du baroque.

> Recherchant curieux la semence premiere,
> La cause, les effets, la couleur, la matiere,
> Le vice et la vertu de ce thresor gemmeux,
> J'ay saintement suyvi la trace de ces vieux
> Qui premiers ont escrit que les vertus secretes
> Des pierres s'escouloyent de l'influs des planetes.

Ces *vieux* dont il suit la trace lui offrent une ample moisson scientifique et merveilleuse. Ce sont l'Orphée d'un lapidaire grec, le Pline l'Ancien de *l'Histoire du monde,* d'autres comme Jules Solin, Isidore de Séville, les auteurs de lapidaires néo-latins et français du moyen âge.

Comme Gérard de Nerval pour qui « un mystère d'amour dans le métal repose », Rémi Belleau voit dans ces pierres des objets vivants de la planète. Il les décrit, les fait naître, vivre, vieillir, dans une histoire fabuleuse où chacune d'elles, issue du monde céleste, comme on le pensait à l'époque, s'apparente à une planète déterminée et devient un pur joyau cosmique, avec ses secrets et ses propriétés mystérieuses.

En octosyllabes ou en alexandrins, Belleau compose une épopée minérale entraînant de la terre aux contrées célestes dont les pierres portent les radiations. D'incessantes métamorphoses bouleversent d'incandescentes beautés. Un intense frémissement court de vers en vers. Chaque pierre prend une dimension qui étonne et ravit. Sont données pour vraies les propriétés physiques et magiques les plus singulières. Les secrets du bonheur humain sont recherchés dans la médecine lapidaire. Et, par-delà tout ce qui pique la curiosité, l'inspiration poétique est vraie, chargée de correspondances, l'homme Belleau étant présent dans ses pierres vivantes. Ce grand lapidaire est un maître livre de la poésie scientifique. Il s'insère parmi les richesses de la Renaissance avec le plus haut éclat.

Quand Rémi Belleau mourut, quatre poètes portèrent son cercueil sur leurs épaules : Ronsard, Desportes, Baïf et Jamyn. Aimé de tous, ses amis lui dressèrent un *Tombeau poétique*. Ils recueillirent ses œuvres en y joignant une comédie, *la Reconnue* où Belleau apparaît là encore comme un observateur. « Peintre de la nature », dit Ronsard, « Anacréon de son siècle », ajoute Pasquier. Il dépasse, notre gentil Belleau, ces gentillesses, et Marcel Raymond saura dire son influence et son prestige.

Toute son œuvre, en vers ou en prose, a pour caractère commun ce sens de l'observation et de la restitution poétique quasi picturale qui, loin de le réduire au dédain réservé aux miniaturistes, l'élève à l'illustration cosmique la plus grandiose. Ce septième astre de la Pléiade n'est pas le moindre.

5

La constellation renaissante

Autour des Sept, appartenant de fait à leur groupe, rayonnent d'autres poètes qui auraient pu, à plus d'un titre, figurer dans la constellation renaissante : Olivier de Magny, Jacques Tahureau, Guillaume Des Autels, Jacques Peletier, Amadis Jamyn, Jean de La Péruse ou Jean Passerat. Plusieurs ont d'ailleurs figuré sur certaines listes des Sept, remplaçant l'un ou l'autre d'entre eux. La Pléiade aurait pu être double.

Olivier le raffiné.

Olivier de Magny (1529-1561) est, comme Clément Marot et Hugues Salel qui l'employa comme secrétaire à Paris et dont il fit le *Tombeau* poétique, né à Cahors. Sur ses itinéraires, on trouve Lyon où il séduisit Louise Labé en se montrant coupablement indiscret, on trouve Rome où, secrétaire, il connaît les mêmes déboires, les mêmes souffrances et la même inspiration que son ami Joachim Du Bellay.

Il lui ressemble comme sonnettiste de même qu'il s'apparente à Ronsard par ses odes. Il oscille de l'un à l'autre, poussant loin leur imitation. Son livre principal, *les Amours,* 1553, réunit une centaine de sonnets en décasyllabes, des baisers, avec une dizaine de préfaces versifiées recommandant ce débutant aux lecteurs.

Il pétrarquise pour sa Laure personnelle avec élégance et facilité, une certaine froideur aussi, et certains de ses sonnets ne seraient pas déplacés dans d'autres *Amours* signées Ronsard ou Du Bellay.

En 1554, *les Gayetez* ressemblent au Ronsard le plus léger. C'est, selon Marcel Raymond, un « jardin assez gracieux, où fleurit tout l'épicurisme de la Pléiade ». En 1557, *les Souspirs,* sonnets de Rome, sont en plus petit les *Regrets* de Du Bellay. Nés d'une même situation, ils développent le même sujet dans le même esprit de déception et de satire, mais ne supportent pas la comparaison. En 1559, ses *Odes* sont au modèle de Ronsard. Tout donne à penser qu'il n'est qu'un mince disciple. Or, il vaut mieux que cela. Il fait souvent penser à ses amis lyonnais par son sens de l'antithèse, très sûr, où il semble donner un écho à Louise Labé :

> Je cherche paix, et ne trouve que guerre,
> Ores j'ai peur, ores je ne crains rien,
> Tantôt du mal et tantôt j'ai du bien,
> Je vole au ciel et ne bouge de terre.

Ses contemporains admirèrent certains sonnets. L'un de ceux-ci *l'Auteur et Caron* connut un immense succès. Guillaume Colletet a rapporté que tous les musiciens le mirent en musique, que « chacun en chargea ses tablettes ou sa mémoire », qu'on le chanta « mille fois avec un grand applaudissement, en présence du roi et des princes ». En voici la chute :

> J'iray donc malgrè toy; car je porte dans l'âme
> Tant de traits amoureux, tant de larmes aux yeux,
> Que je seray le fleuve et la barque et la rame!

Imitateur de Pétrarque, l'Arioste, Sannazar, Second, s'il reste en deçà de ses amis, Sainte-Beuve l'a présenté ainsi : « Il est du vrai groupe central de la Pléiade au xvie siècle, et comme mérite et talent, il y tiendrait le quatrième rang, sinon le troisième. » Bien qu'on lui reconnaisse un sens de la mesure qui lui permit d'éviter certains excès du groupe, nous ne le placerions pas en si bon rang.

Un poète descendant de Du Guesclin.

Il s'agit de Jacques Tahureau (1527-1555) dont la Laure fut, nous l'avons dit, la sœur de la Francine de Baïf. Il la nomme *l'Admirée* et la chante tendrement. Ayant quitté la carrière militaire pour les lettres, il mourut à vingt-huit ans, le jour de son mariage. Sainte-Beuve en fait « le Parny du xvie siècle ». Dès qu'il veut s'élever au-dessus de la poésie galante, il retombe et reprend la

« lyre mignardelette ». C'est un amoureux de la « nymphette jolie ». Il le dit :

> D'amours je vis et d'amours je respire,
> D'amours friand, d'amours je veux escrire.

Protestant contre l'abus des fables antiques, il se range, comme Jodelle, dans le rang de ceux qui revendiquent l'originalité. Il n'en eut guère et resta bien inférieur à son maître Ronsard et à ses amis Baïf, Du Bellay et Jodelle. Conventionnel et maladroit, seules sa sensualité et sa juvénile sincérité le sauvent.

Il loue en prose et le roi et la langue française, il sait dans des *Dialogues* attaquer ses contemporains avec verve. L'amour et la satire : les deux mamelles de la Pléiade. Il s'y adonne gentiment ou fougueusement, défend la poésie contre ceux qui blâment son exercice, fait des clins d'œil à Rabelais. Il n'a pas vécu assez longtemps pour grandir.

Un fait curieux cependant : lorsque les frères Edmond et Jules de Goncourt publièrent un article dans *Paris* le 15 décembre 1852 où ils décrivaient un tableau de Diaz, un passage leur fut reproché par dame Justice, d'où l'un de ces absurdes procès littéraires. Le délit était surtout dans quatre vers cités :

> Croisant ses beaux membres nus
> Sur son Adonis qu'elle baise :
> Et lui pressant le doux flanc;
> Son cou douillettement blanc,
> Mordille de trop grand aise.

Ces vers avaient été pris dans *le Tableau historique et critique de la poésie française,* de Sainte-Beuve, et ils étaient de Jacques Tahureau! Un poète du temps de la Pléiade héros d'un procès au XIX⁰ siècle, c'est trop beau!

Thémis contre Erato.

Le cousin de Pontus de Tyard, le Bourguignon Guillaume Des Autels (né en 1529), comme Tahureau fait des sourires à Rabelais qu'il imite avec succès dans sa *Préhistoire barragouyne de Fanfreluche et Gaudichon,* 1559. Il croise le fer avec le grammairien Meigret qui veut réformer l'orthographe. Il défendra le catholicisme et les Guise. Son premier recueil, *le Moy de May* coïncide avec sa vingtième année. Sa devise, « Travail en repos » lui inspire *le Repos du plus grand travail,* 1550, et une suite, *l'Amoureux repos,* 1553. Ses sonnets, odes, épigrammes ont de la tenue, peu d'originalité. Il a sa Laure, sa Délie, sa Cassandre, il l'appelle en toute simplicité *la Sainte.* Ayant étudié le droit, toute sa vie se partagea entre un tel exercice et celui du poème. Finalement Thémis l'emporta sur Erato et le poète fut oublié.

Un poète scientifique : Jacques Peletier.

La réforme de l'orthographe nourrit un des grands débats du xvie siècle. Jacques Peletier (1517-1582), né au Mans comme Jacques Tahureau, prit parti pour Louis Meigret quand Des Autels l'attaqua, mais en proposant son système personnel qui lui paraissait plus rationnel : *Dialogue de l'Ortografe e Prononciacion Françoise,* 1550, ce qui lui valut une riposte de Meigret.

Jacques Peletier du Mans fut un des hommes les plus savants de son temps. Universitaire, toute sa vie, il étudie et professe : la médecine à Bordeaux, le droit et les mathématiques à Poitiers, les lettres et la philosophie à Paris. La variété de ses connaissances est infinie. Elle se reflète dans ses œuvres. Tête bien faite et bien pleine aussi, sa devise « Moins et meilleur » est contredite. Il est un représentant parfait de l'humanisme : passion de connaître, d'ouvrir des voies nouvelles. Son système orthographique auquel il fut fidèle jusqu'à sa mort ferma longtemps son œuvre aux rééditions. La lecture aujourd'hui en est restée difficile et a valu beaucoup de peine à qui trace ces lignes. Il fut souvent tenté d'abandonner le français pour le latin.

Il a fait des séjours prolongés à Bâle et à Lyon où une tradition le veut amoureux de Louise Labé et évincé par Olivier de Magny. Il fut l'ami de Pontus de Tyard, de Maurice Scève, et Jean de Tournes l'édita. Ce fut le temps le plus fécond de sa carrière, celui où il adressa, comme Ronsard, à Henri II et à Charles Quint une *Exhortation à la paix,* celui aussi de ses travaux mathématiques.

On connaît son importance : nous avons cité son *Art poétique* qui est celui d'une Pléiade assagie. Il n'a pas l'aspect de manifeste de celui de Du Bellay. On peut être tenté d'y voir la vraie doctrine du groupe. Il est certain que Ronsard s'en est inspiré. Le citeront élogieusement Étienne Tabourot des Accords, Antoine Du Verdier, Pierre Delaudun d'Aigaliers, Vauquelin de La Fresnaye, Jules Pilet de La Mesnardière, Guillaume Colletet et Gilles Ménage, tandis que Pierre de Deimier, en le critiquant, le démarquera.

En traduisant les Anciens, il fit des vers nouveaux et fut un maître de l'ode. Il eut le sentiment de la nature, sut observer et décrire, atténuant ainsi l'aspect livresque de son inspiration.

La Savoye, 1572, et *les Louanges,* 1581, diffèrent bien de *l'Amour des Amours,* 1555. Ce précurseur en toutes choses n'excelle pas dans le pétrarquisme, mais il intéresse, durant une partie du recueil, *l'Uranie,* quand il se mêle de physique et d'astronomie, décrivant en lyrique, l'air, la rosée, le frimas, la pluie et ses sœurs grêle et neige, les vents et la foudre, les grandes planètes. Un de ses poèmes, *l'Alouette,* écrit selon son système orthographique donne une idée de son art :

> Alors que la vermeilhe Aurore
> Le bord de notre ciel colore,
> L'alouete, en ce même point,
> De sa gantile voés honore
> La foeble lumière qui point.
>
> Tant plus ce blanc matin eclère,
> Plus d'ele la voés se fait clère;
> Et samble bien, qu'en s'eforçant,
> D'un bruit vif elle veulhe plère
> Au soleilh qui se vient haussant.
>
> Ele, guindée de zeffire,
> Sublime, an l'er vire et revire
> Et declique un joli cri
> Qui rit, guérit et tire l'ire
> Des espriz, mieux que je n'écri.

On notera l'essai d'harmonie imitative de l'avant-dernier vers.

Dans *la Savoye,* Jacques Peletier, comme son prédécesseur en cela, Pierre Grognet, blasonne les villes savoyardes, dit les qualités des honnêtes gens qu'il y rencontre. A la campagne, il fait déjà son Buffon quand il ne traite pas d'horoscope. Comme l'apothicaire tourangeau Thibaut Lespleigney qui avait eu l'idée d'employer la versification comme moyen mnémotechnique dans un *Promptuaire des médecines simples,* Jacques Peletier compose des blasons botaniques où se déroulent les termes monotones d'une santé par les plantes :

> La Saxifage, exquise aux graveleux,
> Le Liseron, exquis aux grateleux,
> Le Splénion, consumant la ratelle,
> La Germandrée ayant la vertu telle
> Et telle aussi l'Arabesque Cedrac,
> La Scabieuse aide contre l'entrac...

« Le Splénion consumant la ratelle », ne sommes-nous pas entre Rabelais et Henri Michaux dans cette belle langue que nous avions ?

Traitant de la poésie scientifique au XVIᵉ siècle, Albert-Marie Schmidt a ouvert son ouvrage sur Jacques Peletier. Scévole de Sainte-Marthe avait écrit à son propos : « Son esprit était tellement propre aux sciences qu'il ne pouvait s'arrêter à une seule, et qu'il se donna la liberté de les embrasser toutes. » Albert-Marie Schmidt, en parlant du poète, lui donne un écho : « Découvre-t-il une lacune dont souffre la littérature, il la comble; une route encore peu connue où les écrivains français puissent s'engager, il la fraie. »

Comptant bien plus sur les sciences que sur la poésie pour accéder à la postérité, il affirma leur supériorité. Sans indulgence pour lui-même, doutant de la poésie, un platonisme ayant pour fins la science lui servit d'union. Le poème lui parut simplement le meilleur instrument de synthèse.

Sans génie poétique, mais travaillant bien, avec des moments lyriques et touchants, il eut une grande influence sur les poètes de son temps qu'il sut conseiller en tenant compte de leur personnalité. Schmidt a montré que, à part Ronsard, tous ceux qui cultivèrent la poésie scientifique furent ses tributaires, sinon ses plagiaires. Type de l'homme universel comme sut en produire la Renaissance, il excella en tout; il ne lui manqua que de se dépasser en poésie. Mais il eut le mérite de remettre sans cesse son art en question et de ne jamais profiter d'une réussite pour s'imiter lui-même. Un esprit sans sommeil!

Amadis-Corydon.

Élève de Jean Dorat et d'Adrien Turnèbe, le Champenois de Chaource, Amadis Jamyn (1538-1585) fut le page, le secrétaire et le disciple préféré de Ronsard qui l'appelait Corydon.

Amadis collabora avec lui à *la Franciade,* continua la traduction de *l'Iliade* commencée par Hugues Salel sous François Iᵉʳ et traduisit les trois premiers livres de *l'Odyssée.*

Sa muse est *Oriane,* une tourangelle; plus tard, il chantera sa protectrice, la maréchale de Retz sous le nom d'*Artémis;* puis, après avoir écrit un *Avant-chant nuptial* pour le mariage de Charles IX, il chantera la maîtresse du roi sous le nom de *Callirée,* tout comme Ronsard et Desportes. C'est sous Henri III qu'il connaîtra son apogée, appartenant à l'Académie du Palais avec Ronsard et Baïf, et des poètes un peu plus jeunes que lui, Desportes et Agrippa d'Aubigné.

Proche de Ronsard, il est plus facile, de moindre envolée. S'il chante l'amour, c'est avec plus de mélancolie et de volupté que de passion. Moralisateur et satirique, s'il s'attaque aux cocus ou aux courtisans, aux abbés paillards ou aux gens riches, il le fait moins bien que ses contemporains. Et soudain, un poème se détache de sa grisaille, comme ses *Stances de l'Impossible* où apparaît le baroquisme renaissant :

> L'été sera l'hiver et le printemps l'automne,
> L'air deviendra pesant, le plomb sera léger :
> On verra les poissons dedans l'air voyager
> Et de muets qu'ils sont avoir la voix fort bonne.
> L'eau deviendra le feu, le feu deviendra l'eau
> Plutôt que je sois pris d'un autre amour nouveau.

Ainsi se poursuit son voyage en Absurdie sans autre but que de tracer des antithèses à propos d'amour. Il ne lui manqua que de la constance dans la hardiesse. Son frère, Benjamin Jamyn, donna des *Stances pleines* et fut loué par Dorat, et Agrippa d'Aubigné.

Les deux Jean du collège de Boncourt.

Jean Bastier de La Péruse (1529-1554) et Jean Passerat (1534-1602), amis du fameux collège, furent appréciés en leur temps.

A l'exemple de son ami Jodelle, La Péruse composa une tragédie inspirée de Sénèque, *Médée,* qui, jouée en 1553 le fit connaître. Il ne devait lui survivre que d'un an, mourant de la peste.

Fêté à Paris par la Pléiade, à Poitiers, où il étudia le droit, par l'extraordinaire société littéraire de cette ville : Jacques Tahureau, Jean-Antoine de Baïf, Guillaume Bouchet, Boiceau de La Borderie, Vauquelin de La Fresnaye, Scévole de Sainte-Marthe, il a laissé des vers vigoureux, amples, bien frappés. Sa terrible maladie lui inspira des accents émouvants dans son *Oraison pour santé* et son *Ode à Boiceau.* Il a la force et la vivacité des contemporains de Marot, même lorsqu'il se mêle de lyrisme léger. Dans ses élégies, comme celle *Sur la mort de F. de Clermont,* il sait toucher sans être mièvre.

Son ami Jean Passerat, bien qu'il fût plus érudit et humaniste que poète, avait lui aussi de l'allant, une saine gaieté, un sens de la plaisanterie gauloise qui l'apparentent à des poètes plus anciens que ceux qu'il côtoie. Champenois, son esprit pétille. Sainte-Beuve le définit bien : « C'était un de ces hommes comme il y en avait plus d'un au XVIe siècle, unissant les études fortes, les mœurs bourgeoises et les joyeux propos; travaillant quatorze heures par jour à ses lexiques, à ses commentaires; et le soir, à un souper frugal, sachant rire avec ses amis. » Il remplaça Ramus au Collège de France où ses cours furent très suivis.

Son poème le plus célèbre est cette villanelle :

> J'ai perdu ma tourterelle :
> Est-ce point celle que j'oy?
> Je veux aller apres elle.

Il n'est cependant guère fait pour les vers d'amour ou les mélodies élégiaques. Gai, robuste, tout le contraire d'un précieux, il excelle davantage dans les poèmes où il peut donner libre cours à sa verve, dans des satires ou des poèmes politiques. Et l'on en vient naturellement à ce fameux pamphlet politique dirigé contre la Ligue : *la Satyre Menippée* dont il est pour les vers un des collaborateurs :

> Mais, dîtes-moy, que signifie
> Que les Ligueurs ont double croix?
> C'est qu'en la Ligue on crucifie
> Jesus-Christ encore une fois.

Sainte-Beuve dira qu'il est Varron et Lucien ensemble. Parmi ses œuvres, citons *Adieu à Phoebus et aux Muses,* suivi d'une *Ode à Bacchus,* 1559, *Hymne de la Paix,* 1562, *Chant d'allégresse,* 1564. Il est aussi l'auteur d'une poésie merveilleuse : *le Coucou ou la Métamorphose d'un homme en oiseau.* Il reste chez lui du Marot, il y a déjà du La Fontaine.

6

De La Boétie à la masse ronsardisante

L'Ami de Montaigne.

L E *Discours de la servitude volontaire* d'Étienne de La Boétie (1530-
1563) fut écrit, selon le témoignage de Montaigne, alors qu'il
était encore adolescent. Cette dissertation « à l'honneur de la
liberté contre les tyrans », son amitié fraternelle pour l'auteur des
Essais, ses traductions de Xénophon et de Plutarque, son érudition,
sa clairvoyance, sa probité ont plus fait pour sa gloire que ses
Sonnets amoureux dans le goût de l'époque.

Ils ne le cèdent en rien à l'excellence de sa prose et l'on
comprend que Montaigne en ait retenu vingt-neuf dans son grand
livre. On y trouve la même fermeté, la même noblesse de pensée,
et la sagesse tranquille de l'humaniste :

> Je publïeray ce bel esprit qu'elle a,
> Le plus pose, le plus sain, le plus seur,
> Le plus divin, le plus vif, le plus meur,
> Qui oncq su ciel en la terre vola.
>
> J'en sçay le vray, et si cest esprit là
> Se laissoit voir avecques sa grandeur,
> Alors vraiment verroit l'on par grand heur
> Les traicts, les arcs, les amours qui sont là.
>
> A le vanter je veux passer mon aage :
> Mais le vanter, comme il faut, c'est l'ouvrage
> De quelque esprit, helas, et non du mien;
>
> Non pas encore de celuy d'un Virgile,
> Ny du vanteur du grand meurtrier Achile;
> Mais d'un esprit qui fust pareil au sien.

Il est permis de penser que Michel de Montaigne qui lui dut beaucoup et le regretta si fort lorsqu'il mourut à trente-trois ans, s'il avait écrit des vers, aurait eu un ton proche de celui de son ami. Montaigne, il est vrai, sut donner à la prose un équilibre prosodique digne de révérence.

Dans l'entourage de la Pléiade.

Ronsard dédia son *Hymne des Daimons* à Lancelot Carle (1500-1568), Bordelais comme Montaigne. Ce blasonneur du *Genou* fut surtout un docte protecteur des poètes de la Pléiade, les guidant vers leurs entreprises les plus érudites. Évêque de Riez, sa propre production fut religieuse. Traduisant *l'Ecclésiaste, les Cantiques de la Bible,* mettant *le Cantique des Cantiques* en quatrains, il le fit sans élévation.

Lorsque Pierre de Ronsard s'en prend aux huguenots, Jacques Grévin (1538-1570), de Clermont-en-Beauvaisis, médecin et poète, pourra bien, avec un des auteurs de *la Ménippée,* Florent Chrétien (1541-1586) lui lancer à la face son pamphlet en vers *le Temple de Ronsard,* il n'en aura pas moins subi son influence. Son *Olimpe,* 1560, inspirée par Nicole Estienne, est une sœur de Cassandre et de Marie. Comme Ronsard, il pindarise dans ses odes. Comme Du Bellay, il s'inspire de Rome dans ses sonnets. Comme Jodelle, il s'occupe très jeune de théâtre. Dans ce domaine, il est plus original : *la Maubertine,* 1558, *la Trésorière,* 1559, *les Ébahis,* 1561, sont ses comédies. Il est le premier à employer exclusivement l'alexandrin dans sa tragédie de *Jules César,* 1561, inspirée d'une œuvre latine de son maître Marc-Antoine Muret.

Ses sonnets de *la Gelodacrye,* 1560, 1561, satiriques, ont du mordant. Avec lui, Némésis est sacrée dixième Muse. Ses polémiques ne se comptent plus. Ronsard sut le dominer. Il dut y mettre tout son génie car Grévin, redoutable dans l'attaque, a toutes les armes du grand lyrique tourmenté. Ronsard l'appelle « jeune drogueur », le chasse de ses vers et le remplace par les noms de Patouillet et de Gruget, noms qui, comme dit Fleuret « choquent l'oreille des Muses ». Ronsard le gardait avec affection dans sa chère bande, l'appelait « mon Grévin » mais un jour il écrira :

> J'ôte Grevin de mes escrits
> Parce qu'il fust si mal appris
> Afin de plaire au Calvinisme.

Par-delà ses aspects querelleurs, si l'on tient compte du fait que tout en réussissant bien dans tous les genres il ressemble à trop d'autres, Jacques Grévin mérite la considération.

Scientifique, il mit en vers *les Œuvres de Nicandre, médecin et poète grec* qui auront une influence sur maints savants, en particulier Baïf. Lyrique, son *Olimpe* montre des images semblables à celles de ses confrères. Lent, appliqué, il sait être élégant et plein. Ses sonnets, qu'ils évoquent la cruauté de la belle, des Naïades dans l'Oise, la nuit et le sommeil, montrent une rigueur déjà classique. Ses poèmes d'exil, écrits en Angleterre et en Flandres, ont de la personnalité.

Il fit des à-propos politiques : *Regrets de Charles d'Autriche, Hymne à Monseigneur le Dauphin, Chant de joie de la paix,* il mit en pastorales les mariages princiers, fit une *Description du Beauvaisis.* Claude Binet écrivit une complainte sur son trépas. Guillaume Colletet le déclara digne de mémoire et Jacques-Auguste de Thou lui conféra l'immortalité. En général il fut dédaigné. Maxime Du Camp nous apprend cependant que Théophile Gautier le tenait pour un précurseur de Corneille.

Avec toutes les belles idéalisées qui au xvie siècle firent l'objet d'*Amours,* on pourrait composer un véritable calendrier. *Amalthée* est célébrée en 1560 en cent vingt-huit sonnets par le docte Marc-Claude de Buttet (1530-1586) avec le même ton de terroir que dans ses poèmes où il a le ton juste. *Sibille* est la muse de Jean Doublet (1529-1604) dans ses élégies jamais mièvres et enrichies de mots normands à bel accent local. *L'Idée,* sans être la Délie, inspire trois cents sonnets à Claude de Pontoux (1540-1579); il imite Ronsard et chante le charme de Rome, tout au contraire de Du Bellay; d'humeur carabine, il écrit aussi bien une élégie pour la reine d'Espagne que pour un cochon. Et il y a encore *la Camille* de Pierre Boton, *la Belle fille* d'une élégie de Ferry Juliot, *la Ceocyre* où Enoc de La Meschinière, en cent cinquante sonnets entremêlés de stances, chansons, épigrammes, se montre amoureux peureux. Le traducteur de Boccace, éditeur de Clément Marot et de Jean Lemaire de Belges, Antoine Le Maçon, publie ses propres *Amours de Phydie et de Gélasine.* Nicolas Renaud donne *les Chastes amours* et donne une *Ode à la paix* comme Ronsard. Le prêtre Vasquin Philieul, de Carpentras, traducteur de Pétrarque, écrit dans son Comtat Venaissin des poèmes italiens et français : on les trouve dans les recueils d'Honoré Henry et d'un autre sujet du pape, l'historien Louis de Pérussis. Autre ronsardisant : Bernard de Poey du Luc dans ses *Odes du Gave.*

Dans le mouvement général des lettres, tout semble procéder de l'imitation d'un groupe. Le juriste Loÿs Le Caron (1534-1613) après ses *Poésies* et les soixante-dix-neuf sonnets de *la Clarté amoureuse* écrit des dialogues à la manière de Pontus de Tyard où entrent en conversation les poètes Ronsard et Jodelle, les orateurs Étienne Pasquier et Claude Fauchet. L'un d'eux s'intitule *Ronsard ou la Poésie*. Il s'agit là de témoignages précieux comme des interviews : on y entend Jodelle parler de sa fureur poétique et Ronsard montrer plus de modération.

Ronsard a un disciple de haute qualité sociale puisqu'il s'agit du roi Charles IX (1550-1574), l'auteur de *la Chasse royale* qui, se mêlant de faire des vers, se place sous sa coupe :

Je puis donner la mort, toi l'immortalité.

Est-il plus bel hommage du roi au poète ? Il lui reconnaît aussi, dans le même poème, un esprit « plus gaillard que le mien ».

Dans l'entourage du groupe, deux frères ont pris une place de choix. L'aîné, Jean de La Taille (vers 1535-1611) a composé des tragédies et comédies, des sonnets, des satires très fortes comme *le Courtisan retiré*. Sa *Remontrance pour le Roy,* 1562, affirme sa foi en la paix. Ayant étudié le droit à Orléans, c'est la lecture des deux premiers de la Pléiade qui détermina sa vocation. René de Maulde l'a montré poète et politique, se mêlant de tout et aimant tout, paladin de Ronsard, confondant volontiers la plume et l'épée, précédant Molière et Corneille dans le champ de leur gloire.

Dans plusieurs sonnets, Jean de La Taille a su peindre la guerre dans sa réalité misérable, avec ses souffrances, ses horreurs, sa vanité, son absence de gloire. Il a su prendre ses exemples dans l'histoire de France, rendant hommage à Louis XI au passage. Il est plus heureux là que dans son *Prince nécessaire,* tracé pour le roi de Navarre. Il reste un de ceux qui ont su parler de tolérance et de paix dans un temps difficile. Il est à saluer en illustre compagnie comme celle d'Étienne Pasquier, De Thou, Pibrac, Du Vair, et quelques autres qui voyaient plus loin que Jodelle.

Son jeune frère, Jacques de La Taille (1542-1562) mourut à vingt ans de la peste après avoir écrit une œuvre ample et étonnamment précoce : des comédies, six tragédies, des épigrammes, inscriptions, anagrammes, épitaphes, odes, et un court traité poétique sur la manière de faire des vers en français comme en grec et latin.

Il arrive qu'un poète soit célèbre pour un seul sonnet. C'est, avant Félix Arvers, le cas de l'imprimeur Christophe Plantin

(1514-1589) qui, avec deux siècles d'avance, joue à l'honnête homme, avec son *Bonheur de ce monde* et sa sagesse bourgeoise :

> Avoir une maison commode, propre et belle,
> Un jardin tapissé d'espaliers odorans,
> Des fruits, d'excellens vin, peu de train, peu d'enfans,
> Posseder seul sans bruit une femme fidèle.

Se mêlent d'un peu tous les genres nombre de petits disciples chez qui l'on reconnaît toujours quelque membre de la Pléiade. Il y a du Ronsard chez l'Angevin Jean Avril (né en 1540) qui écrit sur les faits guerriers et échange épîtres et sonnets avec ses amis Pascal Robin Du Fau et Jean Le Masle, cet avocat, Angevin lui aussi, disciple de Jean Dorat, auteur de satires et d'*Élégies* sur les jeunes filles. Ronsard encore chez Charles d'Espinay (1531-1591), amoureux transi de quarante-neuf sonnets dédiés *A sa Dame,* chez Flaminio de Birague, d'origine italienne, qui écrit des *Amours* et s'attriste en élégies, tombeaux et épitaphes quand il ne joue pas les courtisans auprès de Ronsard, Blaise de Vigenère ou Jean-Édouard Du Monin, chez Guillaume Aubert (1534-1600) et chez Jean de Morel d'Embrun (1511-1581) qui prépareront la première édition collective des œuvres de Du Bellay, chez l'Étienne Valancier du *Colloque des deux amants,* chez Guillaume de La Tayssonnière et ses *Amoureuses occupations* où on trouve un genre qu'il est allé cherché chez Seraphino : le strambot.

Dans la même perspective, d'autres manient l'élégie. C'est Roland Bétholaud (1536-1606), ami de Jean Dorat, avec *Deux églogues sur le tombeau de Salmon Macrin,* Médard Bardin avec l'*Élégie de feu Vatable* et celle de Jacques Tusannus, le premier hébraïsant, le second grécisant, Jacques Dubois, de Péronne, qui pleure le trépas de Henri III quand il ne fait pas une comédie avec, pour personnages, la Ville de Paris et ses trois filles, la cité, la ville et l'université.

L'épopée suscite quelques vocations, comme celle du ronsardisant François Descalis avec sa peu lisible *Lydiade,* celle de Barthélemy Tagault à qui Ovide inspire *le Ravissement d'Orythie,* celle de Loÿs Saunier qui se disperse en sonnets sacrés et héroïques dans *les Hiero-poèmes.*

Plus intéressants parfois, et tout au moins pour le témoignage d'époque qu'ils apportent, sont les savants, les religieux, les historiens, les satiriques ou les poètes rustiques. Une rapide revue en donnera une idée.

Poètes savants et humanistes.

Dans la lignée des poètes qui unissent la recherche scientifique à la pensée chrétienne, fort proche de Peletier, de Du Bartas et de quelques autres, figure Guy Lefèvre de La Boderie et ses poèmes de *la Galliade.* Ce savant en toutes sciences, tous arts et toutes techniques, ce traducteur de Pic de La Mirandole, ce linguiste, ce collaborateur de *la Bible polyglotte,* sait chercher les secrets de l'Ancien Testament et réfléchir sur le problème de l'homme. Annexant la psychologie à la poésie, il tente un essai de différenciation entre la raison humaine et l'instinct animal :

> Car ils n'ont que le sens, que la matière guide
> Dedans l'organe creux qui de Raison est vide
> Mais l'homme a un esprit qui contemple et se meut
> Sans objet présenté, tout aussitôt qu'il veut.

L'intelligence créatrice de Dieu lui dicte des vers à sa gloire :

> Aussi l'Ouvrier parfait, de qui Nature est l'art
> Est entendu par tout et clos en nulle part,
> Si subtil, et si pur, que combien qu'il nourrisse
> La Terre et tous les lieux, et qu'il meuve et remplisse.

Pour Marcel Raymond, il se plaît aux « oripeaux de la grande rhétorique, conservés dans les académies provinciales ». A défaut de génie, il peut par l'emploi d'un langage savant orner son didactisme. Comme dit Albert-Marie Schmidt, « grâce à La Boderie, la poésie scientifique se soumet et se mesure au Psautier ». On trouve de subtiles comparaisons à faire entre *le Microcosme* et cette *Galliade.* Guy Lefèvre de La Boderie admirait Scève. En toutes recherches, il se veut fidèle au catholicisme, mais le teinte d'orphisme et de baroquisme. Son poème développe une légende des siècles d'où les chimères ne sont pas absentes. Dès qu'il traite d'art mécanique ou d'architecture, les innombrables termes de métier apparaissent dans une énumération rocailleuse et burlesque.

Il croit au progrès, à l'amélioration des connaissances et clôt les cercles de sa *Galliade* par des listes impressionnantes de savants, d'artistes, de poètes, chacun étant une composante de l'univers promise à l'élévation vers une vision béatifique. Il y a de l'Auguste Comte chez ce catholique.

On peut rapprocher de lui Charles Toutain qui en 1557 étudie lui aussi en vers les caractères spécifiques humains à grand renfort de termes rares et de néologismes. Avec ses *Chants de philosophie et d'amour* que suivit sa tragédie d'*Agamemnon,* il peut prendre place parmi les poètes férus de philosophie.

Le Languedocien Pierre de Paschal (1522-1565), humaniste, historiographe de Henri II, dit « le Cicéron français » fut loué par Ronsard avant qu'un retour de bâton ne lui vînt par le même et par Turnèbe. Notre savant, flagorneur et arriviste, avait été percé à jour. Parmi ses relations poétiques, Jean de Pardeillan, qui pleura Hugues Salel en vers, et François Charbonnier, fils adoptif de Crétin qu'il édita, et ami d'Olivier de Magny, furent par lui exagérément loués.

Un autre savant, Jean-Pierre de Mesmes (1516-1518), donna un sonnet liminaire pour *les Odes* de Ronsard et des poèmes figurant dans divers recueils. Un ami de jeunesse de Ronsard, Malclou de La Haye, publie d'honnêtes *Œuvres poétiques* où l'on peut lire un poème comme *l'Embrassement* qui dépasse le thème du Baiser de Jean Second, de Ronsard et Belleau. On assiste à une transfiguration sensuelle allant de la chair à l'éternité.

La tradition rustique.

Pierre de Ronsard ayant donné l'exemple, toute une tradition rustique s'instaura. On la retrouve un peu partout, et notamment dans les comparaisons des poèmes amoureux. Elle est plus particulièrement présente dans un certain nombre d'œuvres.

Claude Binet (1553-1600), confident de Ronsard, lui dédie *la Truite,* un des poèmes de ses *Plaisirs de la vie rustique.* Exécuteur testamentaire du maître, il écrira *le Discours de la vie de Ronsard* et participera avec une églogue au tombeau littéraire qu'on érigera au conducteur du groupe.

François de Belleforest (1530-1583) a un nom tout désigné pour écrire des *Pastorales amoureuses* qu'il puise chez l'espagnol Garcilaso. Il en est de même quand le Sieur Du Petit-Bois fait un *Chant pastoral.* Étienne Forcadel (1554-1573) trouve dans Théocrite l'inspiration de son *Dialogue rustique et amoureux.*

Le Poitevin Jacques Béreau se réfère à Virgile pour ses dix *Églogues* auxquelles il ajoute neuf odes, une gaieté et quarante sonnets. Partout, il reste remarquablement simple, s'en tenant au culte de la nature et de l'amour. Retiré, solitaire, il est essentiellement provincial, ce qui ne l'empêche pas de parler des malheurs du temps dans sa *Complainte de la France* contre les guerres civiles. Dans tous ses poèmes, ce pacifique s'élevant contre « mutines fureurs » et « discordes civiles » prêche une grandeur qui ne peut s'affirmer que par la paix.

Pierre de Laval s'écarte de l'idyllisme pour plus de réalisme dans *les Misères et pauvretés de la vie rustique* où il décrit, généreusement, le sort de ces paysans bien oubliés par les poètes aristocrates de l'époque.

D'autres cultivent le genre aimablement comme un jardin de banlieue : Raoul Bouthrais, historien, ami de Du Verdier, élégiaque et bucolique, Pierre de Monchault à qui la mort de Charles IX inspire une bergerie, J. Grangier qui prend prétexte du baptême du prince de Piémont pour faire une pastorale, Anselme Isambert qui dans son *Églogue de deux bergers de France* trace un poème sur l'excellence de l'âme raisonnable, Adrien de Gadou qui manie l'ode dans *le Premier Livre des paysages,* Adrien Du Hecquet qui, dans *le Chariot de l'année fondée sur quatre roues,* décrit en vers et en prose les saisons, fêtes et oraisons. Antoine Fumée, fils de l'humaniste Adam Fumée, publie chez Jean de Tournes une *Amaryllis* et une *Daphnis.* Dans cette famille Fumée, on trouve encore un poète, Gilles Fumée qui met l'Arioste en vers français, et deux historiens, Martin Fumée et Jacques Fumée.

Aucun de nos poètes rustiques ou pastoraux n'atteint à la force et à la délicatesse d'un Pierre de Ronsard ou d'un Rémi Belleau. Celui qui pourrait s'en approcher, c'est le sieur Guy Du Faur de Pibrac (1528-1584) lorsqu'il chante *les Plaisirs de la vie rustique* avec un certain réalisme, mais il est plus connu dans un autre genre où il sera un des poètes les plus imités : les quatrains.

La vogue du quatrain à la Pibrac.

Une inspiration chrétienne et stoïcienne à la fois domine *les Quatrains* de Guy Du Faur de Pibrac. Ils furent réédités de nombreuses fois car leur gnomisme inspiré, leur parfaite contention, leur côté conventionnellement sage aussi purent plaire à un nombreux public parmi lequel éducateurs et enfants. Ce sont parfois de petites perles de didactisme sans bavardage qui ravissent par leur tournure :

> Ce que tu vois de l'homme n'est pas l'homme ;
> C'est la prison où il est enserré,
> C'est le tombeau où il est enterré,
> Le lit branlant où il dort un court somme.

Cette poésie d'almanach supérieur eut une foule d'imitateurs. Elle venait tout droit de Pierre Mathieu (1563-1621), tout autant que de Pibrac. En effet, Mathieu les domina tous avec son recueil de 274 quatrains moraux divisés en trois centuries qui fut jusqu'au xixᵉ siècle le best-seller de l'éducation enfantine. Mais Pibrac peut être tenu pour le précurseur.

Citons Claude Paradin (mort en 1573) et ses *Quatrains historiques de la Bible* souvent réédités, Gilbert de Gondouyn et ses *Quatrains spirituels et oraux,* Jérôme d'Avost (1558-1592) et ses *Quatrains de la vie et de la mort,* Antoine Favre (1557-1624) et ses *Centuries de quatrains moraux,* ces divers auteurs souvent édités ensemble pour fournir aux écoliers un bagage facile à retenir. Ajoutons que Jérôme d'Avost fut un bon traducteur des poètes italiens et qu'Antoine Favre, ami d'Honoré d'Urfé, est aussi l'auteur d'*Entretiens spirituels* en sonnets et d'une tragédie pré-cornélienne : *les Gordiens et les Maximins.*

Et dès lors, les auteurs de quatrains pullulent : Guillaume La Perrière, Antoine Truquet, Renaud Ezanville, François Pourmerol. En 1605, Claude de Morenne donnera des *Quatrains spirituels.* En 1610, Renaud Ezanville (1560-1620), esprit curieux, inventeur de globes de guerre et d'un des premiers gadgets : une salière qui ne se renverse pas, réunira à une étude sur ces découvertes *Quatre-vingts quatrains dédiés aux filles légères.* En 1625, Louis Dorléans (1542-1629) fera *612 quatrains pour l'instruction de la jeunesse,* que suivront *300 sonnets spirituels.*

En 1631, François Pourmerol donnera de didactiques *Quatrains sur la façon des arquebuses et pistolets.* Au xviᵉ siècle, on ajoute Bernard Méraud et *les Points principaux des trois vertus théologales en quatrains* et Claude Paliot, *Quatrains sur la louange de l'écriture* classés alphabétiquement. C'est en quatrains que Georges de Scudéry, plus tard, décrira les tableaux de son cabinet.

De tous les auteurs de quatrains, Pibrac fut le plus lu. Lorsque Claude Mermet (1550-1601) écrira sa fameuse épigramme des « amis de l'heure présente » qui ont « le naturel du melon », et que reprendront à leur compte les chansonniers de quatre siècles, on l'attribuera tout naturellement à Pibrac, maître de la sentence juste et concise.

On cite des poèmes non pour la curiosité, mais parce qu'ils habitèrent les mémoires contemporaines plus que tous autres. Au xviiᵉ siècle, Racan, joué par sa mémoire, crut ainsi avoir écrit un quatrain qui était de Pierre Mathieu. Ses lectures enfantines lui avaient préservé cette réminiscence.

Le goût des proverbes, sentences, maximes ne s'est pas démenti au xviᵉ siècle. Depuis François Villon, les écrits des Rhétoriqueurs sont farcis de dictons populaires moraux, de petites pointes de sagesse ou d'ironie. L'humanisme trouve dans le trésor antique une mine inépuisable. Érasme donne un exemple dans ses *Adages* et ses contemporains le suivent. Des recueils pullulent qui sont de Jérôme Alexandre, 1512, de Robert Estienne, 1530, d'Élie Vinet, 1543, de Mathurin Cordier, 1549, de Turnèbe, 1553, la plupart souvent réédités et augmentés. La pédagogie renaissante les utilise largement. Tous les poètes les ont connus dès leur enfance.

En vers, on traduit les livres de la Bible et les œuvres spirituelles, les auteurs anciens comme Caton très apprécié, les néo-latins contemporains comme Andrea Alciat et ses *Emblèmes* si prisés, on donne aussi des œuvres originales comme c'est le cas de Baïf ou de nos auteurs de quatrains, encore qu'on puisse trouver bien des sources à leurs enseignements poétiques. Comme l'a montré Henri Chamard, c'est surtout entre 1570 et 1590 que s'est développée cette poésie gnomique, usant de l'alexandrin comme Rémi Belleau et Pierre Tamisier, du sonnet comme Jacques de Billy et François Perrin, des sixains comme Jean-Antoine de Baïf, des distiques comme Pierre Habert et Pantaléon Bartelon, mais c'est, nous l'avons vu, le quatrain qui aura le plus de faveur et le plus de durée.

Poètes et militants chrétiens.

Le christianisme, les guerres de religion, au temps de Ronsard, ont inspiré non seulement les quelques deux douzaines de grands poètes de l'époque, mais aussi une foule de traducteurs, de croyants et de moralistes. En attendant la fin du siècle, ils ont apporté une présence remarquable.

Parmi les Réformés, Loÿs Des Masures (1523-1580), premier traducteur de *l'Énéide,* a mis en vers français *les Psaumes de David,* s'inscrivant parmi les auteurs composant depuis Marot le grand psautier renaissant. Il est aussi l'auteur de *Tragédies saintes,* 1563, trilogie dramatique sur David où le Diable commente l'action. Agace d'Albiac, protestant, a une inspiration proche : *le Livre de Job, les Proverbes de Salomon, l'Ecclésiaste,* divers cantiques, traduits par lui, n'apportent guère d'enrichissement.

Pour le mystique Nicolas de Bargedé (mort en 1585), la poésie prend le deuil : pénitence, trépas, misère humaine sont ses sources d'inspiration. Laurent Desmons défend la foi catholique en alexandrins. Michel Boucher de Boscommun fait suivre une *Exhortation aux soldats du prince de Condé* d'un *Cantique de Moïse.* Gilbert Damalis tire de saint Luc son *Sermon du grand souper,* Michel Foucqué versifie une *Vie de Jésus-Christ.* Marin Le Saulx fait en sonnets une *Theanthropogamie en forme de dialogue.* Autres recueils : *Paraphrase de l'admirable histoire de sainte Judith,* par Thierry Pétremand ; *Cent neuf sonnets spirituels,* par Jacques de Billy ; *le Décès ou fin de monde,* trois visions, par G. Chevalier ; *Dévotes méditations chrétiennes,* par Baptiste Badère ; *Confession vraiment chrétienne,* par J. Chipault ; *Cantique des Cantiques en vers français,* par Pierre de Courcelles ; les livres religieux et de controverse en vers de François Burgat ; les poèmes français et latins de Jean Girard ; et nommons Jacques Le Lieur, poète religieux lui aussi. Quant à Étienne de L'Huillier de Maisonfleur, cet ami de Ronsard qui lui dédie ses poèmes religieux, il cesse d'être en faveur auprès de lui quand il se fait protestant : les poèmes restent, les dédicaces sont annulées.

La passion religieuse entraîne des œuvres contre les protestants souvent odieuses. Coppier de Velay, dans *Déluge des Huguenots* s'en prend aux massacrés de la Saint-Barthélemy. Pascal Robin du Fau, dans *la Nicodie,* choisit le même parti, et aussi Odde de Triors : *le Bannissement des Huguenots,* et P. Barrilard, *Discours du siège des Huguenots.* Comme Jodelle, Louis Dorléans s'en prend au tolérant chancelier de L'Hôpital.

Le portrait le plus vivant de la politique et des combats religieux du temps se trouve dans de nombreuses chansons anonymes et dans ce *Chansonnier huguenot* qui, au xixe siècle, réunira chants religieux, polémiques, satiriques, guerriers, politiques, martyrologiques. C'est l'écho des abominations de la guerre civile.

La satire et l'histoire en vers.

Les grands de la Pléiade, personnages combattants, ont manié la satire mise au service de la cause nationale tout en s'attachant aux portraits individuels et aux tableaux de mœurs.

Ils eurent des émules comme Jean Le Bon (1530-1583) qui se faisait appeler Jean Nobel par anagramme ou « l'Hétropolitain » parce que né à Autreville. Il attaque, avant Verlaine, la rime. Il s'attaque aussi aux mauvais poètes. On lui attribue injustement une philippique contre Ronsard alors qu'il l'aimait et l'admirait. Elle est en fait de Jean Macer, adversaire de ces libertins de la Pléiade. Intitulée *Philippique contre les poétastres et rimailleurs,* elle amorce la réaction contre les abus mythologiques. Abel Foulon met en vers français *les Satires* de Perse.

Quand il imite *les Regrets,* l'italianisant Claude Turrin (1540-1572), de Dijon, n'oublie pas d'être misogyne, misanthrope et satirique. Plus moral est Jean Van der Noot dans *le Théâtre auquel sont exposés et montrés les inconvénients et misères qui suivent les mondains et les vicieux.* Plus aimable est François Gentillet dans son *Discours de la cour,* petites peintures de la diversité courtisane. Plus plaisant est Pierre de Borne (1525-1581) en demandant dans son *Jugement de Daire* s'il faut préférer les femmes, le vin ou la vérité. Plus drôle est l'érudit bibliographe Antoine Du Verdier dans ses *Omonimes,* satires des mœurs du temps, avec rimes formant calembours, les mots étant pris au rebours de leur sens naturel.

D'aucuns furent misogynes comme Nicolas Margues qui s'en prend à la mode : le luxe, les décolletés impudiques, les déguisements du corps le hérissent. On trouvait déjà cela au moyen âge. Plus galant, Jacques de Romieu a l'élégance de publier une défense du sexe féminin due à sa sœur Marie et d'oublier sa propre satire.

Des joyeusetés apparaissent : *Sur le banquet,* discours gastronomique qui fait de Beauregard un ancêtre de Berchoux; les bien nommées *Récréations puériles* de Pierre de Javercy; un courant gaulois apparaît chez Nicolas Debaste; et si François Gomain intitule *Histoire joyeuse* un recueil, il ne faut pas s'y laisser prendre : il se montre comme un martyr amoureux d'une dame.

Satiriques encore le protestant Tarander dans ses *Actes de Poissy mis en ryme françois,* 1561; Jean de Boyssières précurseur de ces auteurs gaillards qui annoncent Mathurin Régnier, mais plus heureux dans la verve que dans l'épopée du *Voyage des Chrétiens en Terre Sainte* retardataire; Claude de Trellon, soldat-poète attaquant volontiers ses supérieurs et s'inspirant de l'Italie dans des sonnets. Ses livres, *la Muse guerrière, la Muse sainte, le Ligueur repenti, la Flamme d'amour,* etc., ont de l'intérêt.

Poésie de circonstance chez Nicolas Clément qui dédie ses *Prémices* aux grands personnages de Lorraine et d'Allemagne, chez Fiacre Gourreau : *Sur le trépas d'Henri de Bourbon,* chez N. Gillet : *Épithalame sur la noce d'Henri II,* chez Loÿs de Balsac et François Rose qui écrivent aussi des épithalames pour le duc de Joyeuse ou le roi, chez les auteurs de *Louanges* pour les seigneurs de Lorraine comme Hierosme de La Prat ou Pantaléon Thévenin mieux inspiré dans son *Hymne de la philosophie de Pierre de Ronsard.* Michel Leconte jette une *Invective contre la mort du duc de Guise.* Jean Le Bigot fait de plats poèmes sur les grands personnages. On préfère que Jean Fornier donne une *Chronique rimée sur le siège de Montauban en 1561 :* au moins les historiens trouveront-ils de la matière. Ajoutons le *Colloque social de Paix* de Jean d'Aubusson célébrant le traité de Cateau-Cambrésis.

Poésie encore inspirée par l'histoire : *Épitaphe de Calais,* par Antoine Fauquel; *Louange de Mars* et *Chanson de la Paix,* par Paris Grant; *Commentaire des guerres civiles,* chronique versifiée, par Honoré Henry, d'Avignon; *Causes motives des troubles de la France,* par Jacques de L'Espervier; *Regrets du Comte de Mongommery sur les troubles du royaume de France,* par Charles Demorenne; *Opportunité et malheur de nos ans,* par Balthazar Bailly; *Discours sur les misères du temps,* par André Du Cros; *la Maladie du grand corps de France,* par Gérard François; *Description de la source,* par Arnaud Sorbin, où est contenu le portrait du vrai politique moderne.

Tous ces titres, on les retrouve à quelques mots près dans les œuvres des grands de la Pléiade. Chaque événement historique a son poète comme aujourd'hui il a son reporter ou son historien.

Vers une autre période.

Faut-il encore citer? Dire que Ferrand de Bez traduit Virgile et envoie des *Épîtres héroïques* aux muses. Saluer en André Fontaine un auteur d'odes qui a pris conscience de l'esprit de navigation et de découvertes de son époque. Indiquer que Pierre Sorel invente *le Paysan du Danube* repris par La Fontaine. Annoncer *les Enthousiasmes ou Éprises amoureuses* de Pierre Du Sapet. Constater que Guillaume Belliard puise chez Ovide pour *les Délicieuses amours de Marc-Antoine et Cléopâtre,* et, avec Guillaume Colletet, répéter que sa poésie ne vaut pas plus que la dernière syllabe de son nom. Pleurer avec Christofle Du Pré une épouse dans des *Larmes funèbres.* Énumérer comme dans un manuel bibliographique : Estienne Thevenet, *les Estrennes;* Joachim Blanchon, *Premières œuvres poétiques,* titre repris par Martin Spifame; Simon Poncet, *Regrets sur la France,* en quarante-huit sonnets; Darinel, *la Sphère des deux mondes,* en vers et prose.

Faut-il vraiment citer tous ceux-là? Nous le croyons car beaucoup d'entre eux sont mal connus, mal déchiffrés. Un exemple peut nous en être donné. « Ne cherchez pas le sieur Anceau de Soucelles dans nos traités d'histoire littéraire », nous dit Verdun L. Saulnier. Il aura fallu attendre quatre siècles pour qu'il mette à jour *Douze sonnets de la prison* dus à ce gentilhomme partisan de la Réforme. Arrêté, il demeura six mois au château de Vincennes, puis aux prisons d'Amboise et de Tours, d'où, véritable héros de cape et d'épée, il s'évada en compagnie de Robert Stuart, assassin présumé du président Minard dont Du Bellay a chanté le trépas. Entre septembre 1559 et mars 1560, Anceau de Soucelles écrivit ces douze sonnets marqués au sceau de la souffrance et de la captivité. Dans une forme parfaite, ses accents douloureux, son appel à la liberté, ses essais d'autoconsolation, avec description des longues nuits du prisonnier, sa patience, sa foi, son amertume, son espoir, témoignent d'un haut lyrisme personnel qui mettent cet inconnu Soucelles, avec une œuvre réduite, au premier plan.

Et le pauvre Pierre de Boscorel de Chastelard (1540-1563), qui le connaît ? Une passion malheureuse pour Marie Stuart le fit décapiter par la reine à Édimbourg. Les petits poèmes dictés par son amour, élégiaques et teintés de romantisme, avaient été distingués en son temps. Il était le jeune ami de Ronsard.

Il faut abréger. Des miniaturisations de grands poètes, des ronsardisants, des pétrarquisants, il en est tant !

L'inspiration de la Pléiade, multiple et variée, va se prolonger et l'influence des maîtres continuera de régner. A la fin du siècle, ce sera le temps de Philippe Desportes et de Jean Bertaut, de Guillaume de Salluste Du Bartas et d'Agrippa d'Aubigné, déjà entrevus, et la préciosité, le maniérisme, le baroquisme, les tendances préclassiques vont s'affirmer dans une succession de poètes d'ordres divers, les uns de transition, les autres de grand ordre, la plupart venus à temps pour détruire la fadeur des pâles disciples, et tous cohabitant dans l'amitié ou le combat, aucun n'annulant vraiment son rival s'il est de qualité.

De la Pléiade aux Baroques

I

Remarques sur un caractère commun
à maintes œuvres

L A poésie connaît donc son véritable grand siècle : le XVIᵉ.
Des Rhétoriqueurs à Marot, de Marot à Ronsard, de Ronsard à Agrippa d'Aubigné, insensiblement, nous assistons à de
lentes métamorphoses. Dans la dernière partie du siècle, des caractères présents depuis longtemps se développent : le maniérisme, la
préciosité des platonisants et pétrarquisants, constants chez les
poètes de la Pléiade, et aussi ce baroquisme sans cesse entrevu,
depuis le temps de *la Couronne margaritique* jusqu'à Rémi Belleau
et tant d'autres, et dont on peut dire qu'à la fin du XVIᵉ siècle et au
début du XVIIᵉ siècle, il est présent chez des poètes aussi différents
qu'Agrippa d'Aubigné et Desportes, que Malherbe et Mathurin
Régnier.

Dans le domaine de la poésie, il reste cependant difficile de qualifier de baroque la période intermédiaire entre le temps de la
Pléiade et le classicisme. Cette appellation ressort bien plus aux
domaines de l'architecture et des beaux-arts que de celui de la littérature où tout est plus fluide, plus mouvant. A la fin du
XVIᵉ siècle, les différents courants poétiques font penser à ces
mélanges de liquides divers qui ne parviennent pas à s'amalgamer
à moins qu'un vigoureux battement ne les y oblige. Parce que chacun a dans sa composition un élément du baroque, nous devons
essayer de trouver sinon une définition du moins quelques caractères de ce dernier.

Les discussions esthétiques, théoriques, littéraires touchant au
baroque sont loin d'être closes. On a pris conscience qu'il a existé
une Europe baroque, comme une Europe romantique, et qu'elle

n'a pas été assez étudiée. On s'aperçoit aussi que le Baroque échappe encore à toute définition. Les spécialistes procèdent par accumulations d'idées, par comparaisons, avec le maniérisme, la préciosité, le burlesque, le grotesque, et cela à défaut d'une définition magistrale qui faciliterait l'emploi du terme.

Baroque viendrait du portugais *barroco* ou du castillan *berrueco* qui serait une déformation de *verruco,* « à verrue », c'est-à-dire abrupt, rocailleux, excroissant comme la loupe d'un arbre. En 1690, pour Antoine Furetière, « c'est un terme de joaillerie qui ne se dit que de perles qui ne sont pas parfaitement rondes ». Quatre ans plus tard, on trouvera dans *le Dictionnaire de l'Académie :* « Baroque, adjectif. Se dit seulement des perles qui sont de rondeur imparfaite. Un collier de perles baroques. » Il faudra attendre 1740 pour que le même dictionnaire prenne le mot au figuré : « Baroque se dit aussi au figuré pour irrégulier, bizarre, inégal. Un esprit baroque, une expression baroque, une figure baroque. » En 1788, Antoine-Chrysostome Quatremère de Quincy, écrit dans *l'Encyclopédie méthodique :* « Le baroque en architecture est une nuance du bizarre. Il en est, si on veut, le raffinement ou s'il était possible de le dire, l'abus. Ce que la sévérité est à la sagesse du goût, le baroque l'est au bizarre, c'est-à-dire qu'il en est le superlatif. L'idée de baroque entraîne avec soi celle de ridicule poussé à l'excès... » Partout, on insiste sur l'aspect péjoratif du terme et on l'incline vers le grotesque.

L'impression que donne la lecture des œuvres auxquelles ce terme est appliqué est celle du mouvement, des métamorphoses, du déguisement, et cela s'accompagne d'une idée de fête, d'apparat non pas greffé sur le poème mais étant dans sa nature même. Et ce sont toujours les Baroques qui rejoignent le mieux les vérités intérieures, les grands débats, les unions avec la nature. Il semble qu'un mouvement soit saisi d'emblée dans toutes ses phases et que plusieurs dimensions puissent être saisies d'un regard.

Les bases thématiques de Jean Rousset, lorsqu'il établit une anthologie de la poésie baroque : *Protée ou l'inconstance, l'Eau et le miroir, De la métamorphose à l'illusion, le Spectacle de la mort, la Nuit et la lumière,* ou encore, *Bulles, Oiseaux, Nuages,* donnent à elles seules une idée d'action, de transformation, de cheminement, de représentation, de surréalité, et il est vrai que le Baroque, quels que soient les lieux où il se manifeste, et même en architecture, cet art enraciné, ne donne jamais une image fixe, immobile. Le spectacle baroque est mouvant, enrichissant. Il offre au regard une infinité de points de vue, de prises, ce qu'un art classique peut refuser.

Comme il existe un « ange du bizarre », il existe un « architecte du baroque », génie mouvant, à la fois édificateur, sculpteur, joaillier, metteur en scène, danseur, musicien, décorateur. Il faut oublier la querelle du mot pour opposer à l'idée de désordre suscitée par le vague de son emploi celle d'un grand ordre où la métaphore est reine.

S'il existe un épanouissement du baroque, nous ne parlerons pas d'une époque purement baroque, et non plus purement maniérée. Du Baroque, il y en avait au moyen âge, chez les marotiques et chez les poètes de la Pléiade comme il y en aura chez les poètes du dernier tiers de la Renaissance, chez Malherbe et chez les classiques. Avec Agrippa d'Aubigné, Du Bartas, Sponde, Chassignet, La Ceppède, Malherbe, plus tard chez les précieux et les burlesques, chez les satiriques, les poètes religieux, nous nous trouvons dans la période où le baroque fleurit le mieux et donne ses œuvres les plus sûres.

S'il y a du baroque un peu partout, ce n'est pas une bannière qui réunit les écoles opposées. L'idée baroque est à tous naturelle et c'est plus volontiers nous qui la mettons en lumière. Les intéressés en avaient-ils pleine conscience? Nous ne le pensons pas. Cette tendance existait déjà chez les Romains, dans certaines descriptions ornant les chansons courtoises, chez Villon, Marot, Rabelais; plus tard on la retrouvera chez Brébeuf, chez La Fontaine, chez Corneille en ce qu'il a d'espagnol.

Les délimitations entre maniérisme, préciosité et baroque sont mal définies. Marcel Raymond nous éclaire : « Si le maniérisme a pris le départ le premier (vers 1520, dans les arts figuratifs), il peut arriver que le maniérisme et le baroque composent ensemble, s'interpénètrent, s'entrelacent, chez un même poète, dans un même poème. Il ne s'agira jamais en littérature que d'éléments s'attachant à l'un ou à l'autre de ces styles, et qu'on ne retrouvera jamais tous réunis. Au reste, ni le maniérisme ni le baroque ne sont des systèmes fermés : ils constituent des ordres de référence commodes, permettant une meilleure *lecture*. »

Du maniérisme des divers recueils d'*Amours* qui sont des parodies liturgiques, la Femme remplaçant la Vierge, à celui qu'on trouve chez Jodelle, Baïf ou les poètes protestants au lyrisme haletant, syncopé, il y a une constante mise en mouvement, un dynamisme des métamorphoses fabuleuses, une énergie conduisant l'imagination magique, mystique, cosmique, comme à aucune autre époque de la poésie. Étendant ses pouvoirs, le bon virtuose du maniérisme devient peu à peu le chef d'orchestre d'un ensemble baroque à l'instrumentation plus ample : les mouvements de la nature et de l'âme, les éléments et les sens, les idées et les images y participent. Dans une vérité totale, réalité et surréalité se rejoignent. La poésie est alors grandiose, pleine, surabondante. L'art baroque devient aussi un art de contradiction, de contestation, de paradoxes de comparaisons hardies, d'antithèses renforcées, de remise en question constante des sujets consacrés par l'usage. La beauté n'est plus figée. On la recherche partout et jusque dans son intime repaire : la laideur.

En se libérant toujours de nouvelles contraintes, les poètes baroques retrouvent certains aspects intéressants des Anciens mis sous le boisseau par les rigoureux théoriciens de la Pléiade. L'invraisemblable repoussé par Ronsard devient possible. Ce mode permet de pousser les images à leur paroxysme, de monter jusqu'aux plus hauts degrés de la passion, offrant ainsi un exemple aux maîtres de la tragédie classique, de faire régner l'hyperbole.

Des dangers existent : l'incohérence, la démesure, mais Clément Marot n'a-t-il pas montré avec ses coq-à-l'âne que la poésie peut pousser sur un humus défavorable à la prose? Ces dangers, Malherbe en aura conscience, et c'est pourquoi il tentera une mise en ordre, un tri, une épuration, attaquant en cela aussi bien prédécesseurs et rivaux qu'un certain Malherbe existant en lui, le premier Malherbe, celui qui est plus émouvant que le maître dont il a laissé l'image. Comme dit encore Marcel Raymond : « Je suis presque tenté de dire que je le trouve moins grand du jour où il prend une conscience totale des rigueurs de sa poétique. »

Le baroque crée une accélération. Un peu comme une caméra exagérant par le truquage des mouvements de nuages dans le ciel ou permettant de percevoir les phases trop lentes pour le regard de l'épanouissement d'une fleur. Aujourd'hui une prise de conscience des pouvoirs de ce baroque permet de situer à une juste place des poètes qu'on a longtemps crus de second ordre alors que leur influence fut prépondérante et qu'ils firent avancer le mouvement de la poésie.

De plume et d'épée : Agrippa d'Aubigné

ANS les dernières années du siècle et bien au delà règnent les grandes tendances héritées de Ronsard : une poésie de cour et une poésie de combat vont s'affirmer parallèlement, avec plus ou moins de bonheur.

Déjà l'immense Ronsard avait fort à faire pour maintenir sa suprématie poétique quand la nouvelle génération lui opposait un poète courtisan comme Philippe Desportes, ou, d'une tout autre race, Guillaume de Salluste Du Bartas, un des créateurs les plus originaux, fougueux et féconds de notre poésie.

Un illustre protestant, Théodore-Agrippa d'Aubigné, qui ne le cède en rien aux plus illustres, jouant sur plusieurs registres, comme celui des *Amours* ronsardisantes, est surtout le maître de la poésie armée. La France serait-elle une nation protestante qu'il serait considéré depuis longtemps comme un des trois ou quatre grands. Aujourd'hui, par plusieurs éditions des *Tragiques,* par de nombreux travaux, justice semble lui être enfin rendue.

Les gibets d'Amboise.

Au départ, Théodore-Agrippa d'Aubigné (1552-1630), né près de Pons, en Saintonge, de parents réformés, mérite de figurer dans une galerie des enfants prodiges. Orphelin de mère, il commence ses humanités avec le calviniste Mathieu Béroalde, père du poète Béroalde de Verville. Un an plus tard, il lit le français, le latin, le grec, l'hébreu. A sept ans et demi, il traduit déjà Platon. Sa naissance se situe en plein triomphe de la Pléiade; il mourra sous

Louis XIII, ce qui amène certains historiens à le situer au xviiᵉ siècle, mais c'est bien à un homme du xviᵉ siècle, combattant des guerres de religion que nous avons affaire.

Alors qu'il atteignait sa dixième année, son père lui montra les gibets des conjurés d'Amboise et lui fit jurer de venger les martyrs de la foi. Durant tout le cours de sa vie, il s'y emploiera. Poursuivi par l'Inquisition, en même temps que son maître et ses condisciples, l'enfant doit fuir à Montargis, à Gien, à Orléans où se trouve l'armée huguenote et où sévit une épidémie de peste. De retour en Saintonge, il se met comme simple soldat au service de la cause protestante et se bat à Jarnac, Roche-Abeilles et Pons.

Le temps d'amour.

En 1572, au moment de la Saint-Barthélemy, un duel l'a éloigné de Paris. Assailli dans une hôtellerie de Beauce, grièvement blessé, il parvient à s'échapper et à rejoindre à cheval le château de Talcy où il est soigné par la belle Diane Salviati, qui est, dans une curieuse filiation des muses, la nièce de la Cassandre de Ronsard. A ce moment-là, Dieu lui aurait ordonné d'écrire l'épopée des martyrs protestants, comme en témoignent certains vers des *Tragiques*.

A Talcy, il écrit tout d'abord, ce que sa passion amoureuse lui dicte, des poèmes d'amour à la mode néo-pétrarquiste, dans le goût de Ronsard, qu'il ne publiera pas et qu'on ne connaîtra qu'à la fin du xixᵉ siècle. Ce sont les cent sonnets de *l'Hécatombe à Diane, les Odes, les Stances*.

Les sonnets à Diane Salviati, s'ils ne se distinguent pas de bien d'autres du même genre, s'ils n'ont pas l'harmonie de ses futures œuvres, s'ils comptent des imperfections, témoignent de plus de vigueur, de plus de passion, de plus de sincérité qu'on n'en trouve dans ceux de ses prédécesseurs. Si, dans la ligne d'un poème, il y a quelque imprécision, un trait décisif et mâle étonne soudain. Le soldat y apparaît : combat, guerre, sont des mots qu'on retrouve de sonnet en sonnet et ses comparaisons de prédilection sont empruntées à la terminologie militaire. A tel poème orné et précieux succède tel autre plus direct où l'on sent l'homme d'action et de caractère :

> Guerre ouverte, et non point tant de subtilités :
> C'est aux faibles de cœur qu'il faut un avantage.
> Pourquoi me caches-tu le ciel de ton visage
> De ce traître satin, larron de tes beautés ?

Tu caches tout, hormis les deux vives clartés
Qui m'ont percé le cœur, ébloui le courage;
Tu caches tout, hormis ce qui me fait dommage,
Ces deux brigands, tyrans de tant de libertés;

Belle, cache les rais de ta divine vue,
Du reste, si tu veux, chemine toute nue,
Que je voye ton front, et ta bouche et ta main.

Amour! que de beautés, que de lys, que de roses!
Mais pourquoi retiens-tu tes pommettes encloses?
Je t'ai montré mon cœur, au moins montre ton sein.

La même hardiesse, la même fantaisie se retrouvent dans *les Odes,* si calquées qu'elles soient sur l'esthétique de la Pléiade. On dirait qu'il met de l'humour à côtoyer le conventionnel, le mondain, le précieux, mais sa mâle personnalité, sa virilité, son sens cynique et satirique le sauvent d'être n'importe qui.

Les Stances, plus fortes, annoncent déjà sa grande œuvre. Aucun autre que lui n'aurait pu les écrire, y mettre autant de passion et de tragique beauté. Stances d'amour, de mort et de sang, les tableaux qu'il y trace sont terrifiants comme un champ après la bataille, et il atteint à une harmonie digne des grands classiques, et même plus puissante et plus vraie :

Mille oiseaux de nuit, mille chansons mortelles
M'environnent, volant par ordre sur mon front;
Que l'air, en contrepoids, fâché de mes querelles
Soit noirci de hiboux et de corbeaux en rond!

Les herbes sécheront sous mes pas, à la vue
Des misérables yeux dont les tristes regards
Feront tomber les fleurs et cacher dans la nue
La lune et le soleil et les astres épars.

Ma présence fera dessécher les fontaines,
Et les oiseaux passants tomber morts à mes pieds,
Étouffés de l'odeur et du vent de mes peines;
Ma peine, étouffe-moi comme ils sont étouffés!

Sa peine? Ses fiançailles sont rompues. Protestant, il n'épousera pas sa Diane, catholique. Il est fou de douleur et lorsqu'il s'adresse à l'inconstante, c'est avec une violence inouïe :

Je briserai, la nuit, les rideaux de sa couche,
Assiégeant des trois Sœurs Infernales son lit,
Portant le feu, la plainte et le sang en ma bouche :
Le réveil ordinaire est l'effroi de la nuit,

> Mon cri contre le ciel frappera la vengeance
> Du meurtre ensanglanté fait par son inconstance.

Nous sommes bien éloignés de Ronsard. Et nous nous rapprochons de l'esthétique malherbienne lorsqu'il écrit une *Consolation* :

> Ta perte, ta pitié pour quelque temps excuse
>   Ta douleur et tes pleurs,
> Mais craignons que quelqu'un se vengeant ne t'accuse
>   De feindre ces douleurs.
> Ils diront : Et à quoi servent ces vaines plaintes
>   Qu'enfin il faut finir?
> Belle, cessant tes pleurs, de ces cendres éteintes
>   Éteins le souvenir.

Il unit la grâce renaissante à la perfection classique dans sa célèbre élégie à la vieillesse : *l'Hiver de M. d'Aubigné.*

> Mes volages humeurs, plus stériles que belles,
> S'en vont, et je leur dis : Vous sentez, hirondelles,
>   S'éloigner la chaleur et le froid arriver;
> Allez nicher ailleurs, pour ne fâcher, impures,
> Ma couche de babil et ma table d'ordures;
>   Laissez dormir en paix la nuit de mon hiver

Revenons à son *Printemps*. Le poète ardent se libère des modèles traditionnels en portant la passion amoureuse à son comble. Nous sommes loin des amoureux transis. Il est aussi violent en amour qu'à la guerre, y mettant une ivresse verbale romantique. Il accélère le mouvement de la nature et la sensibilise à son mal, à ses clameurs. Et, auprès de sa violence de guerrier apparaît la tendresse, l'émotion. Orchestrateur d'images incomparables, ayant élevé un monument à son mal avec toute la nature, il le transperce de son cri déchirant, jetant de la douleur vraie dans un univers où l'élégiaque paraissait de commande. En le lisant, on voit pâlir bien des poètes de la Pléiade et s'amollir maints Romantiques.

Après sa déception, il sert, dès 1573, le roi Henri de Navarre, qui est en quelque sorte dans la prison dorée de la cour de France. Pour servir son prince, Agrippa doit rentrer les griffes, assister aux fêtes de la cour, à cet univers de divertissements, de duels, d'intrigues, d'afféterie. Il voit ces tares et ces vices qu'il peindra dans la seconde partie des *Tragiques*. Il contribue à l'évasion d'Henri de Navarre, dont il partage la vie aventureuse et guerrière, avec des alternatives de bon service et de fâcherie, mécontentant le roi par son opposition aux catholiques ralliés à la cause, le blâmant pour sa tiédeur, jusqu'à rompre un jour avec lui lorsqu'il sera Henri IV, roi de France, au prix d'une apostasie.

Lors de la paix de Bergerac, en 1577, il se retire près de Blois, et, dans une période de fièvre, couche sur le papier les premiers fragments du poème magnifique qu'il a promis à son Dieu, ces *Tragiques* qu'il enrichira sans cesse et ne publiera qu'en 1616. Henri de Navarre le rappellera en 1577 pour la nouvelle guerre et il participera à toutes ses campagnes jusqu'en 1593, la date de la conversion du roi au catholicisme. Entre-temps, il s'est marié avec Suzanne de Lezay. La paix établie par le nouveau roi, il se retire à Maillezais dont il est gouverneur, participant aux assemblées protestantes réclamant des garanties politiques et militaires, qui aboutiront en 1598 à l'Édit de Nantes.

L'intransigeance et la droiture d'Agrippa d'Aubigné s'indignent devant les conversions intéressées. Il écrit son pamphlet *la Confession du Sieur de Sancy* contre convertisseurs et convertis, contre ceux qui corrompent et ceux qui sont corrompus. On voit déjà que le poète s'accompagne d'un prosateur à sa mesure. Dans ce domaine, il entreprend une *Histoire universelle* embrassant la période qui s'étend de 1560 à 1601, celle des combats de la Réforme. Ces œuvres, écrites parallèlement aux *Tragiques,* lui apportent une information qui enrichira les diverses parties de son grand poème. L'assassinat du roi Henri IV en 1610 le rejette dans les rangs de l'opposition active. C'est en 1616, alors que les événements de la Saint-Barthélemy sont lointains qu'il publie sa grande œuvre.

Les Tragiques.

Un temps d'arrêt : nous sommes devant un des plus importants poèmes de la langue française, une œuvre de voyant et de prophète, celle d'un pèlerin de l'Absolu, une apocalypse protestante à hauteur de *l'Enfer* de Dante, une immense épopée que Victor Hugo ne dépassera pas. Juvénal ici prend la lyre et va faire éclater au cœur de l'histoire les plus hauts accents. Cet ensemble touffu, trouble, sombre comme une épaisse forêt est sans cesse traversé d'éclairs et d'incendies.

Sept chants composent *les Tragiques,* poème de la fureur : *Misères, Princes, Chambre dorée, Feux, Fers, Vengeances, Jugement.*

Le premier livre, *Misères,* est celui de la colère et de la dénonciation des misères du temps. Les souffrances du royaume, qu'elles soient causées par les mauvais gouvernants et les reîtres ou par les épidémies et les famines, y sont exposées impitoyablement, le poète

voyant là une punition de Dieu qu'il implore. Agrippa se place
sous le signe de Melpomène, la muse tragique. Il ne s'agit plus,
comme dans la satire, d'en rire pour ne pas en pleurer, mais d'une
révolte contre la société :

> Ce siècle, autre en ses mœurs, demande un autre style.

Ce style, il le lui donne sous le signe de l'horreur qu'il projette,
de l'indignation qu'il soulève, à grand coups de violence et de crudités de langage, par exigence de vérité et contre le sommeil de la
parole.

A l'historien de narrer les faits en jouant l'impartialité! Le
poète, lui, prend parti, commente, s'émeut et s'indigne. Il utilise
l'amplication, le grossissement, et ses tableaux en appellent à
la vengeance plus encore qu'à la justice. Il dénonce les respon-
sables : Catherine de Médicis, le cardinal de Lorraine, le pape.

Dans *Princes,* la magie verbale se poursuit. Au cours de cette critique des Valois, toute la famille est vitupérée, et notamment
Henri III, le roi efféminé qu'il appelle « un sodomite, un maque-
reau, un traître » et qu'il décrit avec rage :

> Pensez quel beau spectacle, et comme il fit bon voir
> Ce prince avec un busc, un corps de satin noir
> Coupé à l'espagnole, où des déchiqueteures
> Sortaient des passements et des blanches tirures;
> Et afin que l'habit s'entresuivît de rang,
> Il montrait des manchons gaufrés de satin blanc,
> D'autres manches encor qui s'étendaient fendues,
> Et puis jusques aux pieds d'autres manches perdues.
> Ainsi bien emmanché, il porta tout ce jour
> Cet habit monstrueux, pareil à son amour :
> Si qu'au premier abord, chacun était en peine
> S'il voyait un Roi femme ou bien un homme Reine.

Après la satire violente, il se rapproche de ce poète de l'autre
bord en donnant les principes d'un bon gouvernement qui rappelle *l'Institution pour le règne de Charles IX.* Dans ces *Princes,*
Agrippa d'Aubigné affirme sa rupture avec ce qu'on pourrait
appeler la poésie frivole. Il ne se complaira pas dans la parodie
antique. Le voici poète responsable de son temps, en son temps, et
se référant à l'actualité pour trouver la voix combattante :

> Si quelqu'un me reprend que mes vers échauffés
> Ne sont rien que de meurtre et de sang étoffés,
> Qu'on n'y lit que fureur, que massacre, que rage
> Qu'horreur, malheur, poison, trahison et carnage,
> Je lui réponds : Ami, ces mots que tu reprends
> Sont les vocables d'art de ce que j'entreprends.

Son style, il l'a dit, n'est plus celui des oisifs, des « lépreux de la cervelle », on ne peut rire « ayant sur soi sa maison démolie ». Dans un monde où l'ordre naturel est renversé, où les rois ne sont plus des rois, où les juges sont criminels, où les classes dirigeantes sont corrompues, le poète, pas plus que le soldat, ne trichera.

La Chambre dorée amplifie la diatribe contre les mauvais serviteurs de la justice, ceux qui rendent des jugements iniques contre les religionnaires. La grande et juste Thémis doit triompher de ces allégories qui se nomment Ambition, Servitude, Injustice, Paresse, Faiblesse, Faveur, Envie ou Formalité fille de Pédantisme.

Les Feux du quatrième livre sont ceux des bûchers. Le poème forme l'épopée des persécutions. Les derniers moments des condamnés, leurs exhortations à la foule y sont dépeints avec grandeur et pathétisme, le poème étant animé par un souffle dantesque :

> Dieu vit donc de ses yeux, d'un moment dix mille âmes
> Rire à sa vérité, en dépitant les flammes :
> Les uns qui, tout chenus d'ans et de sainteté,
> Mouraient blancs de la tête et de la piété;
> Les autres, méprisant au plus fort de leur âge
> L'effort de leurs plaisirs, eurent pareil courage
> A leur virilité; et les petits enfants,
> De qui l'âme n'était tendre comme les ans,
> Donnaient gloire au grand Dieu, et de chansons nouvelles
> S'en couraient à la mort au sortir des mamelles.

C'est parmi ces vers dont la force fait penser au troubadour Vellave Peire Cardenal, que se dissimule le fameux :

> Une rose d'automne est plus qu'une autre exquise

qu'on imaginerait plus volontiers dans quelque verger d'amour.

Et le grand poème se poursuit dans *les Fers* où la foi triomphe parmi les supplices. Dans ces deux poèmes unis, *Feux* et *Fers,* il s'agit moins de batailles, que de massacres, des Oradours de ce temps-là qui sont Vassy en 1562 ou la Saint-Barthélemy de 1572.

Ces martyrs de la foi, ces massacrés, ces suppliciés appellent les *Vengeances* qui forment l'avant-dernier livre. Le Dieu vengeur finit par frapper persécuteurs et rénégats. C'est le Yahvé de l'Ancien Testament, et du meurtre de Caïn au massacre de la Saint-Barthélemy, le tableau des châtiments divins :

> Le meurtrier sent le meurtre, et le paillard attise
> En son sang le venin fruit de sa paillardise;
> L'irrité contre Dieu est frappé de couroux;
> Les élevés d'orgueil sont abattus de poux;

> Dieu frappe de terreur le fendant téméraire,
> De feu le boutefeu, de sang le sanguinaire.

Enfin, le grand poème est couronné par l'envolée mystique du *Jugement,* dernier livre, où surviennent la justice et le suprême châtiment. Les tyrans sont damnés. Les élus sont glorifiés. En voici les vers finals :

> Chétif, je ne puis plus approcher de mon œil
> L'œil du ciel; je ne puis supporter le soleil
> Encor tout ébloui, en raisons je me fonde
> Pour de mon âme voir la grande âme du monde,
> Savoir ce qu'on ne sait et qu'on ne peut savoir,
> Ce que n'a ouï l'oreille et que l'œil n'a pu voir :
> Mes sens n'ont plus de sens, l'esprit de moi s'envole :
> Le cœur ravi se tait, ma bouche est sans parole :
> Tout meurt, l'âme s'enfuit et, reprenant son lieu,
> Extatique, se pâme au giron de son Dieu.

Dans *les Tragiques,* on constate l'ampleur d'une inspiration, d'une imagination peu communes. Le poète est en quelque sorte investi par son sujet. Lorsqu'il imagine les quatre éléments, l'air, le feu, la terre et l'eau se conjuguer pour accuser les criminels, il rejoint une thématique de notre temps.

Un esprit rationnel peut trouver matières à critique. Certaines références au passé, notamment dans *les Feux,* martyrologe d'Israël ou de Rome, peuvent sembler trop longuement étalées. On peut juger qu'Agrippa d'Aubigné s'est laissé prendre au piège de l'érudition humaniste, mais aussi bien en replaçant son actualité dans un cadre plus vaste, il lui donnait toute sa valeur révolutionnaire.

Que son art s'accompagne d'un certain baroquisme est indéniable, mais il ne saurait être le but. Celui-ci n'est autre que l'exposé, à la Juvénal et à la Lucain, d'un épouvantable fait historique, tracé aux fins de témoignage, de plaidoyer, d'accusation et aussi de propagande politique et religieuse. Les phases de cet exposé tragique suivent tous les mouvements intérieurs de celui qui se fait le porte-parole des martyrs. Le souffle n'est pas égal, monotone, serein; il est parfois haletant, brisé même, puis il s'anime et va de l'ellipse à l'accumulation, de bise devient tempête.

Agrippa d'Aubigné, restant dans son temps, même s'il cherche des références dans le passé, a évité les caractères conventionnels. Il ne procède pas de la geste, ne fait pas intervenir dans les batailles humaines des anges combattants, il sait être réaliste en même temps que spirituel et mystique. Cela, il le doit à un autre livre, la Bible qui lui offre ses exemples prophétiques, ses images, ses incantations, la vigueur de ses Psaumes. Le poète des *Tragiques* sait avoir, en même temps que la tête épique, la tête religieuse et mystique.

Le Bouc du Désert.

Il a un point commun avec Maurice Scève, c'est de ne pas se soucier de la gloire littéraire. Il s'adresse impersonnellement à ses lecteurs, se disant simplement l'imprimeur du poème. Surnommé par d'autres « le bouc du désert », c'est avec les initiales L.B.D.D. qu'il signe son livre. Il y écrit :

> « Il y a trente-six ans et plus que cet œuvre est faict, assavoir aux guerres de septante et sept à Castel-Jaloux, où l'autheur commandoit quelques chevaux-légiers ; et, se tenant pour mort pour les plaies receues en un combat, il traça comme pour testament cet ouvrage, lequel encores quelques années après il a peu polir et emplir. »

Si toute œuvre d'art est testament, il a laissé le plus grandiose, à la fois apocalyptique, prophétique, épique, lyrique, satirique, critique, didactique, mêlant les accents de la cruauté à ceux de l'élégie touchante et confidentielle, mais aucune épithète ne peut à elle seule cerner l'œuvre.

Dans une transe poétique, convulsive, il va du délire à l'extase, brise les liens, a un but qui se nomme Dieu, et mille desseins pour le servir. C'est un étonnant mélange d'Antiquité profane et d'Antiquité sacrée où Juvénal et Lucain côtoient Isaïe, où Tacite rencontre Ézéchiel, où tout est de la terre et du ciel, où l'allégorie la plus quintessenciée suit le tableau le plus réaliste. Dans le même verbe enflammé sont réunis des récits, dialogues, sentences, prophéties, évocations. L'œuvre est chaotique, traversée de hauts moments qui dépassent Corneille ou Hugo, le tout formant la grande épopée du calvinisme français, avec ses rages, sa fureur et sa grandeur lugubre.

Par sa manière unique de peindre le Mal, il rejoint en diabolisme Milton et Goethe, qui, comme Nietzsche, l'admirera. Ce poète qui dit ce qu'il a à dire ne dévie jamais de son chemin et réussit là où tous les autres, poètes de cour ou soucieux de gloire calquée sur les plus grands, ont échoué.

De la vision réaliste jaillit le symbole comme le sang d'une blessure. Les images grossissantes sont empruntées aux trois règnes, aux particularités physiologiques dans un rapport direct avec le fait éprouvé. Aucune image n'est statique : c'est la vie immense avec ses germinations et ses pourrissements, la grande mascarade avec ses déguisements, et, plus haut, le règne éblouissant de la vie spirituelle.

Dans des recherches d'antithèses étranges, dans l'utilisation renouvelée de la mystérieuse allégorie médiévale, dans une recherche de l'image rare, dans l'exaltation du corps et de l'univers, apparaît une sorte de baroquisme militant, de lumière noire et rouge sang qui éblouit et parfois aveugle. Un mouvement comparable à ceux apparemment désordonnés du grand ordre de la nature anime la structure du poème. Contrastes, reprises, insistances, rejets, brusques symétries, arrêts du flot oratoire inattendus et majestueux, lacs puis torrents, rythmes accélérateurs puis ralentisseurs, coupes inattendues du vers à l'intérieur des hémistiches, enjambements, dissymétries, tout cela qui procède de la rhétorique et de la prosodie les plus savantes, par-delà le bourgeonnement tumultueux, s'accorde aux inflexions de la voix profonde, des étapes de la véhémence. Ici, selon l'image fréquemment employée durant la Renaissance, l'Ame est véritablement Voix.

Présent dans son temps.

Sa carrière héroïque lui dicta en prose des œuvres nourries. Son *Histoire universelle* qui est celle des combats de la Réforme dans toute l'Europe, est un travail d'historien, engagé certes, mais qui donne la première place aux faits, sans les recours de la poésie aux amplifications. Elle lui valut sa quatrième condamnation à mort tandis qu'on la livrait au bûcher. Dans la *Confession du Baron de Faeneste,* on sent son goût pour Rabelais et le picaresque Cervantès. En montrant un Gascon vantard et arriviste, il fait place à la fantaisie, à la drôlerie, au burlesque et à la verve comique. Encore un livre qui fut censuré pour « blasphèmes et crudités ». Son *Sieur de Sancy* où il raille les abjurations intéressées est un ouvrage dénonçant le système de corruption des gouvernants.

Sa *Vie à ses enfants* est un livre de mémoires au contenu précieux pour l'époque et pour lui-même. Le contenu historique en est franchement engagé et partisan.

On pourrait ajouter qu'auprès de ce violent vivant « A l'heure que le Ciel fume de sang et d'âmes », de cet homme confiant, car « Rien n'arrête le pas de la blanche Thémis », de ce terrien qui dit « Terre, tu es légère et plus douce que le miel », de ce pur qui s'exclame « La terre n'aime pas le sang ni les ordures », de cet élégiaque « L'âme pleine d'amour et de mélancolie », qu'auprès de ce capitaine, cet orateur, ce pamphlétaire, cet historien, ce grand poète, il existe un Agrippa d'Aubigné moins connu, ingénieur et savant, proche de Léonard de Vinci.

Homme singulier, singulier poète. Le plus mauvais courtisan qui soit. Henri IV, devenu roi, doit se séparer de lui pour le faire revenir quelques semaines avant sa mort qui fut une grande douleur car Agrippa d'Aubigné ne cessa d'être son ami et son exigeant critique.

Il prendra parti dans les querelles du temps de Louis XIII, contractera un nouveau mariage à soixante-douze ans. Réfugié à Genève, il y mourra avant ses quatre-vingts ans, « rassasié et non ennuyé de vivre ». Il laissa deux fils, l'un savant, l'autre allant vers le catholicisme, qui fut le père de Françoise d'Aubigné, épouse Scarron, avant d'être madame de Maintenon, éducatrice, favorite, et ennemie des protestants.

L'originalité de Théodore-Agrippa d'Aubigné, dans l'ensemble de la poésie française, est d'avoir été un militant sans rien renier des prestiges de la poésie la plus douce à l'esprit. Le poète de *l'Hécatombe à Diane* peut, en se dépassant lui-même, en exaspérant les contrastes, en amplifiant les sentiments, en faisant pénétrer la violence physique et l'horreur macabre dans le poème, en unissant l'héroïque au baroque, en se servant de la poésie comme épée et porte-voix, devenir un combattant de dimension nationale. Il est de tous les poètes français le plus puissant.

3

Du Bartas et ses amis

Les deux Sepmaines.

Si Guillaume de Salluste Du Bartas (1544-1590) se situe avec Philippe Desportes dans la postérité littéraire de Ronsard son ennemi, tant de liens religieux et combattants, poétiques et baroques l'unissent à Agrippa d'Aubigné que nous le plaçons près de lui, et aussi ses amis et toute cette troupe de poètes protestants belliqueux et mystiques, maîtres souvent de la pensée scientifique, unissant élégance et fougue fanatique sous d'admirables signes baroques.

Il a de grands défauts, ce Du Bartas. On l'a accusé cent fois de mauvais goût dans ses métaphores et de puérilité dans ses tentatives de jeux de mots. Singulier, bizarre, étrange, ces épithètes reviennent sous la plume des critiques et l'on croirait se retrouver avec les anciennes définitions bien vagues du baroque. Il abuse de l'harmonie imitative jusqu'à la cacophonie. Il donne, en suivant la Pléiade, dans le ridicule poussé à l'extrême des mots composés. Irrégulier, démesuré, d'où vient-il que, dédaigné par les Français, il ait été reconnu par Milton et le Tasse, Byron et Goethe?

Né près d'Auch, il fut gentilhomme ordinaire d'Henri de Navarre, remplit des missions diplomatiques au Danemark, en Écosse, combattit à Ivry. Il mourut en soldat des suites de ses blessures.

Auteur d'*Uranie*, de *Judith*, du *Triomphe de la foi*, des *Neuf Muses*, de *l'Histoire de Jonas*, d'un *Cantique sur la bataille d'Ivry*, le plus important et justement célèbre de ses poèmes est *la Sepmaine ou la Création en sept journées*, 1579, que suivra *la Seconde Sepmaine*.

Soldat comme Agrippa d'Aubigné, apôtre de sa foi calviniste, il vitupère la Pléiade et ses satellites, les accusant d'être corrompus. Poète français, il n'oublie pas ses origines gasconnes, et les Gascons, à la fin du siècle, à défaut d'écrire dans leur langue originelle, ont apporté beaucoup à la littérature française : François de Belleforest, Jean de La Jessée, Joseph Du Chesne, Jean Rus sont de Gascogne, tandis que Jean de Sponde est leur voisin basque. Disons, par parenthèse, que lorsque Du Bartas écrit ses *Dialogues des Nymphes,* organisant un débat entre ces trois dames pour savoir laquelle, de la Latine, la Gasconne, la Française, recevra la reine Marguerite à Nérac, chacune parlant en sa langue, il montre qu'il sait faire des vers latins et français, mais aussi être un poète occitan de qualité.

Sa ferveur religieuse le pousse à écrire sa grande œuvre, ce recensement proche du Maurice Scève du *Microcosme,* qui fait de lui aussi un précurseur de Chateaubriand, ces *Sepmaines* où la Création, puis l'Enfance du Monde vont surgir dans un chatoiement verbal à la mesure cosmique.

Toutes les connaissances historiques, philosophiques, scientifiques de l'époque se sont donné rendez-vous dans ce poème d'aspect ésotérique où grouillent astres, éléments, animaux, plantes et minéraux du monde habité. Les poèmes, intenses, prodigieux de savoir encyclopédique, riches de mots et de verve, ont une souple musculature pour soutenir une exubérance incessante. A l'intérieur du poème se presse la foule stellaire et tout s'anime comme dans l'espace d'un vaste vivier, d'une jungle, d'une volière géante. C'est le kaléidoscope de l'univers animé que domine la voix humaine avec ses exhortations, ses apostrophes, ses commentaires, ses descriptions comme on en trouve chez Pline. Michel Braspart le constate : « Il aime les oiseaux, les fleurs, les arbres, les moissons, les prairies comme Adam les a aimés, les aime en nous, et le fruit défendu de la Connaissance est bien le symbole le plus clair de l'alliance éternelle, ou plutôt de la complicité savoureuse entre la concupiscence humaine et les diversités de la nature. »

La poésie française est conviée à ses plus riches fêtes baroques. Mais faut-il passer cependant sur les harmonies contestables : flo-flottant ou sou-soufflant, sur les mots composés dont il abuse? On lit par exemple :

> ... O Terre porte-grains,
> Porte-or, porte-santé, porte-habits, porte-humains,
> Porte-fruits, porte-tours...

et encore : annonce-jour, chasse-monstre, digère-fer. Faut-il passer sur l'énumération qui en fait le catalogue de la nature, sur la
bibliographie poétisée qui cite tant d'œuvres, sur les néologismes
de l'héritage ronsardien, les archaïsmes et les jeux venus des Rhétoriqueurs, ou sur l'absence de rimes quand l'auteur est distrait?

L'ampleur du projet, sans faire oublier ces défauts, force parfois l'admiration. On se sent pris par cette magnificence même
si elle paraît affectée. Et il y a le message d'un poète dans la lignée
des grands hermétistes lorsque le mythe du phénix apporte ses
fulgurances, ou lorsque la parole est célébrée :

> O bouche! C'est par toy que nos aïeuls sauvages,
> Qui, vagabons, vivoyent durant les premiers aages
> Sous les cambrez rochers, ou sous les fueilleux bois,
> Sans regle, sans amour, sans commerce, sans loix
> S'unissans en un corps ont habité les villes
> Et porté, non forcez, le joug des loix civiles.
> O bouche! C'est par toy que les rudes esprits
> Ont des esprits sçavants tant de beaux arts apris.
> Par toy nous allumons mille ardeurs genereuses
> Dans les tremblans glaçons des âmes plus peureuses.
> Par toy nous essuyons des plus tristes les yeux,
> Par toy nous rembarons l'effort seditieux
> De la bouillante chair qui nuict et jour se peine
> D'oster et throne et sceptre a la raison humaine.

C'est en grande partie une poésie d'hymnes : à Dieu, à la lumière,
au soleil et à la lune, au ciel et à la terre. Qu'il ait utilisé la Bible,
Pline, Lucrèce, Lucain, Ovide, saint Basile, qu'il ait été influencé
par Ronsard, Scève ou Belleau est indéniable. On trouve déjà chez
lui ce ton qui sera celui de la poésie descriptive des didactiques du
XVIIIe siècle comme Delille :

> Bref, l'art si vivement exprime la nature
> Que le peintre se perd en sa propre peinture.

Goethe, rappelant l'admiration dont Du Bartas fut l'objet au
XVIe siècle, a reproché aux Français de l'oublier ou de s'en moquer.
Il a rappelé ce titre de « roi des poètes français » que lui ont
décerné les critiques allemands. Il nous a reproché notre goût
« local et instantané » et est resté justement pessimiste quant à
l'avenir du poète en France. Il a cité et commenté avec admiration
le commencement du septième chant de la Sepmaine :

> Le peintre qui, tirant un divers paysage,
> A mis en œuvre l'art, la nature et l'usage,
> Et qui, d'un las pinceau, sur son docte pourtrait

> A pour s'éterniser donner le dernier trait,
> Oublie ses travaux, rit d'aise en son courage,
> Et tient tousjours ses yeux collez sur son ouvrage.
> Il regarde tantost par un pre sauteler
> Un aigneau qui, toujours muet, semble besler ;
> Il contemple tantost les arbres d'un bocage,
> Ore le ventre creux d'une grotte sauvage,
> Ore un petit sentier, ore un chemin batu,
> Ore un pin baise-nue, ore un chesne abatu.

Sainte-Beuve riposta au nom d'un goût formé et fortement marqué par le classicisme. Il rejoignait en cela Jacques Davy Du Perron qui, bien avant un tel avènement, reprochait à Du Bartas sa préciosité et contestait le choix de ses métaphores. C'est que Du Perron a établi une hiérarchie personnelle entre la valeur de ces dernières, préférant « les coursiers » d'Éole à ses « postillons » ou le « roi des lumières » au burlesque « duc des chandelles ». Cela se conçoit, mais Marcel Raymond, en approfondissant, a donné une raison aux choix de Du Bartas : en le montrant « en proie à un amour immense, infatigable, pour tous les objets du monde, quels qu'ils soient, les plus bas (à notre goût), ou les plus élevés ».

Singuliers peuvent paraître ces quatre vers où il a tenté d'exprimer par onomatopées comme on en a vu chez les Rhétoriqueurs, le vol et le chant de l'alouette :

> La gentille alouette avec son tire-lire,
> Tire l'ire à l'iré et tire liran lire,
> Vers la voûte du ciel, puis son vol vers ce lieu
> Vire et désire dire : Adieu, Dieu ! adieu Dieu !

L'ensemble de l'œuvre incite à dépasser certains sourires et ce goût d'extraire pour tuer isolément avec plus de facilité. On peut regretter ses enfilades d'épithètes ou de participes mais leur rencontre souvent inattendue provoque des images neuves et de beaux vers. Il va sans cesse jusqu'au bout de sa recherche rhétorique et de cela naît une outrance à caractère baroque qui porte sa séduction. Il demande pour être mieux lu que le lecteur se débarrasse par moments de ce penchant naturel au bon goût pour se plaire à quelques nouveautés exotiques qui surprennent le palais.

Animation de la nature, comparaisons, contrastes, enchaînements, tout est mouvement et feu d'artifice. C'est aussi une poésie d'instruction dont le paradoxe est de rebuter l'esprit trop logique. Partout, dans ses descriptions, il obéit à un double mouvement, celui du regard qui se déplace et celui de l'objet lui-même mouvant. Et, par-delà des images s'enivrant de leur propre baroquisme, on distingue le film des ères de la vie et le film intérieur mêlés dans une profusion de gestes, de sons et de couleurs qui emporte. Mais là encore, il faut aimer la surabondance de l'ornement, le déferlement du détail, la sollicitation multiple et simultanée du regard. Le baroque est encore refusé par beaucoup ou à beaucoup se refuse.

Amis et disciples de Du Bartas.

A *la Sepmaine,* un protestant, de trente ans le cadet de Du Bartas, Christofle de Gamon (1576-1621) répondra par une autre *Sepmaine,* 1615, de moindre portée. Il réfute son coreligionnaire et s'en prend surtout à ce bestiaire moralisé que contient son poème où apparaissent phénix, griffon, basilic, et aussi ce pélican déjà rencontré au moyen âge, plus tard évoqué par Alfred de Musset, qui se sacrifierait pour nourrir ses petits. Homme de bon sens, Gamon n'y croit pas. Il fallait du courage à ce jeune contestataire pour oser s'attaquer au célèbre Du Bartas. Saluons-le en déplorant que son poème n'ait pas été à la hauteur de ses intentions : il reste vraiment trop terne. Christofle de Gamon réussira mieux dans *le Trésor des trésors* où poète alchimiste il cherche dans les métaux leurs accords avec les variations humaines, et encore dans *le Discours de l'astronomie intérieure,* tentative poétique de valorisation de la haute science.

Autre ami de Du Bartas, Antoine Mage de Fiefmelin (né vers 1533 à Oléron) lui envoya ses poèmes. Ses talents sont variés et il apparaît comme un provincial original capable d'imiter Horace ou, ainsi que son maître avec ses nymphes, de faire parler trois muses, une Latine qui parle latin, une Oléronnaise et une Marennaude. Il donne encore sa tragédie de *Jephté* et des comédies. Touffu, inégal, il est parfois capable de capter l'intérêt par sa voix propre tout en étant dans la lignée de *la Sepmaine* et de Ronsard. Certains de ses sonnets sont assez pleins et ramassés pour faire penser à Jean de Sponde. Ainsi, cette *Cosmologie* extraite de son recueil baroquement nommé *l'Image d'un Mage ou le Spirituel d'Antoine Mage de Fiefmelin,* très révélatrice de ses qualités et de son ton rocailleux :

> Boule, belle au-dehors moins qu'au-dedans immonde
> N'ayant fruits qu'en peinture en leur surface beaux,
> Mais fondés sur les vents qui sont les arbrisseaux
> Roulant comme un esteuf la forme de ce monde.

Cristal beau, mais coulant et s'écoulant en onde;
Route de l'aigle en l'air; passe de nef en eaux;
Glissade de serpent sur les pierreux coupeaux;
Trac qu'à la trace en vain pour le voir on seconde.

Point de cercle invisible enterré sous les cieux;
Fleur de Prime mourant soudain que née aux yeux;
Flux d'eaux roulant sans cesse; aure en l'air agitée;

Heureux qui vous connaît du monde le tableau!
Et plus heureux qui n'a sur vous l'âme arrêtée!
Mais qui est tel? ah Dieu! Nul fors l'homme nouveau.

Dans certaines éditions de *la Sepmaine* de Du Bartas, on trouve les poèmes français du théologien Jean Du Chemin (1540-1616). Léonce Couture l'a publié en même temps que ses amis condomois Jean-Paul de Labeyrie et Gérard-Marie Imbert, auteur des *Sonnets exotériques.* Encore des disciples de Du Bartas dont on n'a pas assez dit l'influence en son temps : Didier Oriet, dans *la Suzanne,* poème biblique, l'imite et lui dédie l'ode terminale; le Breton Michel Quillian de La Touche, à son exemple, divise une *Dernière Sepmaine* en sept journées. Jusqu'à son neveu, Jean d'Escorbiac, qui dans sa *Christiade* suit son exemple.

Du Bartas eut un autre proche en la personne d'un artisan nommé Auger Gaillard (1530-1594) qui délaisse volontiers son enclume de charron pour le cabinet de musique ou l'art des vers quand il ne va pas faire la guerre en Guyenne. Chez lui, les influences de Ronsard et de Du Bartas qui l'introduisit à la cour de Navarre se conjuguent, mais son accent de terroir lui est propre. Joyeux, truculent, il écrit dans cette langue provençale que nous n'oublierons pas aussi bien qu'en français. Auteur des *Obros,* il se soucie de donner à chacun selon sa faim quand il compose son *Banquet* réunissant tous les genres en vogue, des remontrances sur les misères du temps à des poèmes familiers.

En compagnie de Du Bartas, le Bordelais Pierre de Brach (1548-1605) voyagea en Gascogne ce qui lui inspira un poème. On découvre chez lui un baroquisme familier, un ton champêtre proche de celui de Ronsard. Son langage est à la fois savant et spontané. S'il écrit des *Amours* pour une belle Aymée, il se montre digne de ses prédécesseurs. S'il donne des vers patriotiques, il le fait sans pompiérisme. Guillaume Colletet le préférait à tous les poètes du siècle. Viollet-le-Duc le considéra comme un des plus dignes d'être étudiés quant au langage. Dans ce sonnet, ne serait-ce que par ses interjections, on reconnaît son appartenance à une province :

> Misérables Français, hé! que voulez-vous faire?
> Hé! pourquoi voulez-vous, enivrés de courroux,
> Enfélonnant vos cœurs, vous occire entre vous
> Et, de vos propres mains, vous-mêmes vous défaire?
>
> Misérables français, hé! qu'aviez-vous à faire,
> En vous remutinant, de vous élever tous?
> Mais encor, qui pis est, hé! pourquoi, pauvres fous,
> Armez-vous l'étranger, pour vider votre affaire?
>
> Las! c'est le plus beau jeu qui lui pourrait venir,
> Sous couleur de vouloir un parti soutenir,
> De pouvoir envahir la France désolée.
>
> Un jouet plus plaisant il ne pourrait avoir
> Que de voir cette guerre entre vous s'émouvoir,
> Pour pêcher, comme on dit, quand la mer est troublée.

Dans une époque où la poésie fourbit ses armes, catholiques pour Ronsard, Jodelle ou Belleau, protestantes pour D'Aubigné, Du Bartas et leurs amis, la voix de la raison s'élève avec Pierre de Brach.

Fort curieux aussi fut un autre ami de Du Bartas, Salomon Certon (1550-1610), traducteur en vers de *l'Odyssée,* et surtout auteur de *Vers lipogrammes,* c'est-à-dire de vers dans lesquels on a omis à dessein une lettre de l'alphabet. C'est la définition d'Émile Littré qui cite « *l'Odyssée* de Tryphiodore, qui n'avait pas d'*a* dans le premier chant, point de *b* dans le second, et ainsi des autres ». Auparavant, Nestor, dans une *Iliade* avait inauguré, semble-t-il, ce curieux système. D'autres anciens s'illustrèrent dans ce genre, comme Lasus et Pindare. Au moyen âge, des poètes latins reprirent ce jeu : Gordianus Fulgentius, Pierre de Riga. En France, l'abbé de Court écrivit comme Salomon Certon des lipogrammes. En Italie, ce fut pratique courante avec Vincent Cardone dans *la R sbandita* et Horatio Fidele dans *la R bandita.* En Allemagne, Burmann élimina la même lettre dans *Gedichte ohne Buchstaben R,* au XVIIIᵉ siècle. Chose curieuse, au XXᵉ siècle, la tradition a été reprise par des « Oulipiens » comme Raymond Queneau, Michel Laclos. Le romancier Georges Pérec récidivera en éliminant de son roman *la Disparition* l'emploi de la lettre *e.* Artisan du vers, Certon sut comme Jodelle et Baïf introduire un rythme haletant où, comme dit Montaigne, le vers « s'élance plus brusquement » :

> Satan, la mort, l'enfer, d'envie, rage, genne,
> Seduisit, tua, prit le cœur, le corps, l'esprit

D'Adam qui, glorieux, vivant, libre, entreprit
A plus d'honneur, de vie et de franchise vaine.

Dans le maniement de cette rythmique, il ne sera guère plus heureux que ses prédécesseurs soucieux de retrouver les mesures antiques. Seul un Jean de Sponde pourra y parvenir avec bonheur.

Au temps de Du Bartas : la poésie de tendance scientifique.

Deux savants subirent encore l'influence de Du Bartas, mêlée à celles de poètes comme Scève, Peletier, Ronsard et Lefèvre de La Boderie, en ce qu'ils ont de scientifiques : Bretonnayau et Du Monin.

Médecin angevin, René Bretonnayau, auteur de *la Génération de l'homme et le temple de l'âme,* 1583, réunit dans ses vers la matière d'une ample connaissance embryologique, thérapeutique et clinique, sans oublier d'y inclure des conseils aux amants impuissants. Ce rigoureux protestant, dès qu'il s'agit de son art médical, ne craint pas, lorsqu'il parle de la goutte ou des hémorroïdes, un certain réalisme :

Comme l'on voit rougir sur son arbre la mûre,
Comme l'on voit les grains sur la grappe grossir,
Aussi, au fondement, voit-on souvent noircir
De gros boutons de sang, que la nature humaine,
Tâche d'épanouir, déchargeant la grand'veine...

Il a tenté des poèmes de physiologie humaine. Gendre de l'apothicaire Thibaut Lespleigney, il part comme lui, à la recherche des plantes guérisseuses, joue le chimiste et se sent pris d'enthousiasme :

Il n'y aura liqueur, pierre, métal ou mine,
Profitant aux mortels qu'en soufflant je n'affine,
Dressant pour cet effet maint fantasque fourneau
Pour en tirer l'esprit, l'huile, le sel et l'eau.

Tous les recoins du monde lui fourniront ses remèdes et son laboratoire saura les recevoir. Comme le fit Scève dans son *Microcosme,* il décrit l'accouchement à grand renfort de verbes traduisant l'effort et la douleur :

Il s'étend, il s'allonge, il trémousse, il tressaut,
La tête il vire en bas, et les deux pieds en haut :
Il pétille, il regimbe, il s'ébranle, il se tourne,
Il rompt le voile blanc qui l'affuble et contourne.

> Il se bande et raidit, lors les nœuds nombrillés
> Du corps de l'amarry se rompent par milliers.

On ne saurait nier la véracité du poème ni sa bonne volonté descriptive. Les disciples de Delille ne feront pas mieux. Et puis, nous nous sommes promis de ne rien ignorer de la poésie : nous avons là un exemple rare. Pour Albert-Marie Schmidt, il y a chez Bretonnayau de l'érotisme pédant et du faux goût, mais on peut apprécier « l'espèce de métaphysique psycho-physiologique que, sous le signe de la lumière vitale, il conçoit et développe ».

Son confrère en médecine et en poésie, le Bourguignon Jean-Édouard Du Monin (1557-1586) dédie à Du Bartas maints poèmes didactiques où les défauts de l'auteur de la Sepmaine semblent multipliés : néologismes lassants, métaphores approximatives, pseudo-harmonies imitatives, et, parmi tout cela, quelques étincelles de magnifique, quelques éclats de poésie aux confins du mystère. Auprès de discours, odes, hymnes, amours et contre-amours, églogues, son Discours du ciel et son Phénix sont ses principales œuvres. Pédant, extravagant, il joue au pion et multiplie les contresens. Il mourut à vingt-six ans assassiné et n'eut pas le temps d'approfondir ses connaissances. Pour Vauquelin de La Fresnaye, il fut « un forgeur de mots bizarres ». Marcel Raymond et Albert-Marie Schmidt ne sont pas tendres envers lui, mais le dernier pense que de son fatras une cinquantaine de vers isolés pourraient être sauvés comme celui-ci :

> Dieu n'a rien mis en nous qui ne soit musical.

Restons dans la science médicale avec Joseph Du Chesne, sieur de La Violette, médecin et philosophe ami de Du Bartas, et excellent poète. Chez lui, rien de tarabiscoté comme chez Du Monin, mais une succession bien ordonnée de stances. S'il ne conçut jamais la poésie que comme un passe-temps, du moins la servit-il fort bien. Dans la Morcosmie, le Grand miroir du monde ou l'Anatomie du petit monde, il chercha sur la terre les traces des travaux d'un Dieu qu'il voit, à la manière de Du Bartas, comme un peintre, mais ayant le ciel pour palette. Les planètes, les signes zodiacaux l'attirent donc aussi bien que les végétaux et les métaux qu'il ne sépare pas de la théologie.

Un autre poète scientifique est le neveu du « Banni de Liesse », Isaac Habert (1560-1615) qui a laissé des Œuvres poétiques, 1582, et surtout des Météores, 1585, poèmes scientifiques faisant le point des connaissances héritées de Pline et d'Aristote. Comme Rémi Belleau, il traite des gemmes, minéraux et métaux sans rien apporter de nouveau par rapport à son prédécesseur, à ce point que ces imitations touchent au laborieux plagiat.

Paul Contant (1570-1629) est poète, botaniste, apothicaire, voyageur, dans son *Bouquet printanier* où il chante deux siècles avant Delille *les Jardins*. Auteur aussi d'une *Ode à la pharmacie* tout l'intéresse, plantes et oiseaux, arbres et fruits, la mandragore, la licorne, le caméléon, l'hippocampe, le crocodile, les poissons étranges et les monstres. Un amateur comme il en fut beaucoup dans la suite de Ronsard.

Médecin et poète, Nicolas Ellain (1534-1621) fut surnommé « l'Atlas des Écoles »? Il sut manier la poésie avec goût mais son acte principal fut de faire adopter par le conseil d'État un projet non versifié défendant de vendre les remèdes sans ordonnance médicale.

Filbert Bretin (1540-1595), autre médecin, même lorsqu'il parle d'amour n'oublie pas son métier. Il traduit *les Aphorismes* d'Hippocrate. D'esprit satirique, il est de ceux que lassent les tenants d'une science livresque et non expérimentale. Pour lui, l'étude médicale se fait sur le terrain. Il s'en prend aux maux du temps. Il déteste l'alchimie qui pour lui est fausse monnaie. Il aime parler de la nature et prend des accents à la Jean-Jacques Rousseau.

Paul Perrot de La Salle, occultiste, auteur de *la Gigantomachie,* mit ses théories en vers. Beaucoup de ces poètes attirés par la science ou la fausse science procèdent simplement du vieux fonds scientifique antique et ne font que mettre en vers un savoir d'autant plus susceptible de poésie que l'intuition la fonde, de même que l'observation de spectacles bucoliques ou l'interrogation du ciel. D'autres laissent prévoir ce que sera une science rigoureuse fondée sur des méthodes, mais ils buttent dans leurs vers sur le prosaïsme qui accompagne les exposés théoriques. Si bien que souvent les plus savants au sens moderne voient les mystères et le charme quitter leur poésie tandis que les intuitifs, les analogistes, les ésotéristes, les musiciens de la nature nous entraînent en pays merveilleux.

Les poètes religieux.

La religion connaît ses grands monuments de poésie baroque. Ils sont souvent dus aux poètes protestants bien que la voix catholique par les poètes nationaux de la Pléiade et leurs suivants retentisse, elle aussi.

Personnalité de premier plan, le Bourguignon Théodore de Bèze

(1519-1605), un des plus célèbres réformateurs, publia en 1548 des *Poésies lascives* : il n'était pas encore le second de Calvin. En 1550, il donna *le Sacrifice d'Abraham,* tragédie imitée des Grecs. Ronsard le tenait pour un rival en religion, mais aussi en poésie. Ses pièces satiriques témoignent de sa combativité. Opposé à l'imitation servile des Anciens, il proclama la nécessité de les prendre pour modèles. Étienne Pasquier dit : « Il faisait partie de cette grande compagnie qui mit la main à la plume sous le roi Henri II. Scève, Peletier et lui composèrent l'avant-garde de cette guerre que l'on entreprit contre l'ignorance, et furent les avant-coureurs des poètes de la Renaissance. »

Le pasteur genevois Simon Goulart (1543-1628), commentateur de Du Bartas, traducteur d'une *Histoire du Portugal,* auteur de *Mémoires* et de *Discours chrétiens,* si réduite que soit sa production poétique, l'a toujours conduite à la perfection, et, à son propos, Albert-Marie Schmidt a parlé d'un ton prépascalien :

> Quand je permets à ma folle raison
> De dominer sur tout ce que je pense,
> Incontinent, hautaine, elle dispense,
> Comme elle veut, de toute ma maison.
>
> A mes amis elle apprête un poison,
> Mes serviteurs si fort travaille et tance,
> Que de fuir chacun d'iceux s'avance,
> Et à moi-même use de trahison.
>
> Elle m'endort, puis tout mon bien me pille ;
> Ce n'est pas tout : si je ne suis habile,
> Elle m'apporte à la gorge un couteau.
>
> Mais un ami, qui avec moi demeure,
> Et qui ne veut qu'ainsi dormant je meure,
> En m'éveillant me sauve du tombeau.

La poésie baroque protestante compte encore le théologien Antoine de Laroche de Chandieu (1534-1591) qui écrit sous les noms de Zamariel ou de Sadéel. Auteur de *l'Ode sacrée de l'Église française,* ses visions démoniaques atteignent au cosmique :

> Quel monstre voy-je la qui tant de testes porte,
> Tant d'oreilles, tant d'yeux de differente sorte,
> Dont l'habit par devant est seme de verdure,
> Dont les piedz vont glissant par une boule ronde,
> Roulant avec le Temps qui l'emporte en courant
> Et la Mort court apres ses flesches luy tirant ?
> Je le voy, je l'ay veu. Qu'estoit-ce donc ? Le Monde !

A l'opposé d'Agrippa d'Aubigné, le sieur Du Colon, protestant du pays de Gex, approuva la conversion du roi Henri IV comme le prouve son *Cavalier français,* « songe poétique ». Il écrivit aussi *la Mort,* poème inspiré par l'épidémie de peste à Genève.

Et puisque nous parlons d'Agrippa d'Aubigné, signalons Hubert-Philippe de Villiers qui, dans ses *Cinq livres de l'Érynne française* tenta la satire épique. Le récit de bataille du tiers livre est digne des *Tragiques.*

Dans la troupe protestante, il y a encore Jean Tagault (mort en 1560), auteur d'odes pour une Pasithée et d'un marotique *Abraham sacrifiant,* Bernard de Montmeja (1534-1591), les Poitevins Albert Babinot, poète de *la Christiade,* et André de Rivaudeau (1540-1580) qui fait précéder l'œuvre de son ami d'un réquisitoire contre le paganisme de Ronsard et donne lui-même une tragédie, *Aman,* des complaintes, hymnes et épîtres, dont une très belle à Belleau car ce poète de choix admirait la Pléiade qu'il attaquait. La curiosité trouve à se satisfaire avec tous ces poètes protestants qui mêlent le plus souvent l'art des Rhétoriqueurs au baroquisme religieux, et l'on trouve encore Odet de La Noue, Pierre Poupo, le frère Apollinaire, Pierre Dubosc, Jean Figon, auteur du *Poétique trophée* et de *la Pérégrination de l'enfant vertueux.* De celui qu'on appela « le pape des huguenots », le controversiste Philippe Du Plessis-Mornay (1549-1623), on trouve un sonnet baroque sur le thème de la barque et du port, parabole religieuse, qu'Alan M. Boase a repris dans son édition de Sponde.

D'autres poètes religieux, catholiques ou protestants, honorent les lieux du sacré. René Flacé (1530-1600) traduit des prières de la Bible en vers français. Jean Sevestre écrit un *Chant royal en l'honneur de la Sainte Trinité,* les cinq strophes et l'envoi portant des titres grecs : Proode, Strophe, Mésode, Antistrophe, Épode et Épirrhème. Le Savoyard Étienne-Claude Nouvelet ajoute des touches chrétiennes à ses séries de sonnets du *Bracquemart* ou des *Divinailles.*

C'est pousser le baroquisme à son comble que de devenir à la faveur d'une anagramme Olenix du Mont-Sacre quand on se nomme Nicolas de Montreux. Un *Jésus-Christ en l'autel de la Croix* se détache de romans, œuvres dramatiques, philosophiques et historiques, bergeries, le tout déclamatoire et banal, avec des éclats précieux.

Religieux aussi le théologien Pierre Duval (mort en 1564) avec *le Triomphe de Vérité, De la grandeur de Dieu,* etc. Ne pas le confondre avec un autre Pierre Duval, poète du *Puy du souverain amour de la* déesse Pallas. Quant à Jean Loÿs (1555-1610) et son fils Jacques Loÿs (1585-1611), plus proches de Marot que de ces poètes, ils se ressemblent. Jacques Loÿs excelle dans les chants royaux et il donne un traité : *l'Artifice du Chant Royal. Le Petit sommaire de doctrine chrétienne* de Michel Coyssard (1547-1623) connaît dix éditions.

Ajoutons quelques titres pour mémoire : *l'Encensoir d'Or* de l'Ardennais Remacle Mohy qui deviendra *les Fleurs de Phylomèle* quand son frère les rééditera, *le Job* de la Bible traduit par Sébastien Rouillard, *la Chrétienne récréation* du protestant Jean-Denis de Cecier, *le Brasier spirituel* de Jean Cossart, ami du cardinal Du Perron, *les Poèmes français* de Jean Rosier, *le Boccage de Jossigny et autres vers saints* de Jacques Le Vasseur, *les Dévots élancements* d'Alphonse de Ramberveiller qu'il présentera à Henri IV, *le Sacré Hélicon* de Louis Godet, *De la Providence de Dieu* de Jean de Caze, *la Muse catholique* de La Croix-Maron, *les Vers chrétiens* de Jean Le Frère, *la Mariade* et *la Christiade,* épopées chrétiennes d'Antoine de La Pujade, *la Magdaliade* de M. A. Durant, *les Flammes saintes* de Denis Pourrée.

4

La Poésie de cour

Pierre de Ronsard, ne l'oublions pas, meurt en 1585. Même s'il y a un déclin apparent, sous le signe de la faveur plutôt que sous celui de la qualité poétique, au profit de jeunes rivaux qui cherchent en Italie de nouveaux modèles, on ne trouve pas de rupture avec l'art et les genres de la Pléiade. Que la relève s'établisse est indéniable, et aussi que le goût de la haute poésie s'affirme. Elle continue à être inspirée par la science, la philosophie, la religion, la politique, l'histoire avec les louanges ou les satires des princes. L'érudition, le raffinement sont de mise. Avec Philippe Desportes et Jean Bertaut comme avec Jean de Sponde et Jean-Baptiste Chassignet, Béroalde de Verville et Jean de La Ceppède, Agrippa d'Aubigné et Du Bartas, les œuvres sont riches et diversifiées. François de Malherbe présent prépare la grande bataille du début du xviie siècle où l'on verra Mathurin Régnier champion de son oncle Philippe Desportes qui, pas plus que Ronsard, ne mérite les extrêmes rigueurs du nouveau censeur. Lorsque se terminera le présent volume, il sera superflu d'indiquer le mot « fin » car le siècle littéraire, nous l'avons dit, n'est pas clos le 31 décembre 1599. Le classicisme est encore loin malgré ses amorces et entre le temps de Ronsard et celui de Corneille, une période éblouissante se déroule.

Philippe Desportes le Précieux.

Philippe Desportes (1546-1606), né à Chartres, fut d'abord employé chez un procureur, puis devint secrétaire de l'évêque du

Puy qu'il accompagna à Rome. C'est là qu'il découvrit la poésie italienne à laquelle il doit plus que d'autres, et aussi cette habileté qui fait les bons courtisans.

Il bénéficia sans cesse des faveurs royales. Charles IX lui donna une petite fortune pour le simple poème de *Rodomont* et il paya ce bienfait en chantant Marie Touchet. De même, pour Henri III il célébra Marie de Clèves et Renée de Chateauneuf. Le roi qu'il avait suivi en Pologne le fit lecteur de sa chambre, conseiller d'état, lui donna trois abbayes. Après cela, Desportes pouvait bien devenir le louangeur des mignons du roi et chanter, après les favorites, les favoris des amours particulières :

> Heureux en qui le Ciel ces deux thresors assemble,
> Qu'il ait la face belle et le cœur genereux!
> Vous l'honneur plus parfait des guerriers amoureux,
> Nous faites voir encor Mars et Venus ensemble.

Lié durant ses jeunes années avec Ronsard, Baïf et Jamyn, on doit reconnaître qu'il n'oublia jamais de faire profiter de son aide ses confrères Vauquelin de La Fresnaye, De Thou ou Du Perron.

Il n'aurait été qu'un des innombrables disciples attardés de Ronsard si le déclin de ce dernier ne l'avait protégé d'erreurs. Lorsque Boileau dit que cela « Rendit plus retenus Desportes et Bertaut », il ne fit que répéter l'opinion de Guez de Balzac qui voyait en lui « les premières lignes d'un art malherbien », ces lignes qu'en son temps on distingue chez quelques autres. Bien que réprouvé, tout comme Ronsard, par Malherbe, Desportes est à bien des égards son précurseur.

Ne cherchons pas chez Desportes quoi que ce soit de vrai et de profond. Prenons-le tel qu'il est, un poète de cour qui ne voit dans la poésie ni une dignité ni un sacerdoce, mais un moyen d'augmenter ses revenus. On connaît ses dernières paroles : « J'ai trente mille livres de rente et je meurs! » Le potage de ce riche courtisan devait être bon puisque Malherbe lui dira : « Votre potage vaut mieux que vos Psaumes! » Or, ses vers sont souvent excellents, et, toutes réserves faites, on se doit d'en venir à ses réelles qualités.

Nul mieux que lui ne sait amplifier et harmoniser en français les canzoni et les concetti italiens. Or, tout en italianisant sa pensée, il sait préserver son langage de la contagion étrangère et lui donner une pureté et une élégance dans la tradition des meilleurs poètes français. Précieux, il sait éviter le faux goût et la redondance. Ce courtisan a réuni toutes les qualités, joliesse, facilité et grâce, des poètes de salon.

Son retour de Pologne lui fit écrire un *Adieu à la Pologne*. Fêté, puissant, menant grand train, sa table et sa bibliothèque furent renommées. Il connut bien des aventures galantes. Parfois satirique comme dans ses adieux polonais, sa *Satire contre un trésorier* et ses *Stances du mariage,* il eut en ce sens une influence sur son neveu Mathurin Régnier.

Ses *Sonnets spirituels,* sa traduction des *Psaumes de David* sont des réussites. Dans ces derniers, soixante ans après Marot, il apporte un renouvellement et l'on peut le situer au début du chemin qui conduit à Malherbe, puis au Corneille des stances de *Polyeucte* ou à celui de *l'Imitation*.

Ses chansons savent être naturelles et ravissantes, comme la villanelle qui commence ainsi :

> Rozette, pour un peu d'absence,
> Votre cœur vous avez changé,
> Et moy, sçachant cette inconstance,
> Le mien autre part j'ay rangé.

> Jamais plus beauté si légère
> Sur moi tant de pouvoir n'aura :
> Nous verrons, volage bergère,
> Qui premier s'en repentira.

On retrouvera ce ton durant deux siècles. Et lorsque dans une poésie plus stoïcienne, il parle de liberté, on peut penser que ce courtisan des princes et des rois l'était parce qu'il ne supposait pas qu'il pût en être autrement, et se croyait naïvement dégagé de toute influence, à moins qu'il n'ait voulu tromper son monde :

> O bien heureux qui peut passer sa vie
> Entre les siens, franc de haine et d'envie;
> Parmy les champs, les forests et les bois,
> Loin du tumulte et du bruit populaire;
> Et qui ne vend sa liberté pour plaire
> Aux passions des princes et des rois.

Amours de Diane, Amours d'Hippolyte, chansons, bergeries, cartels et mascarades, imitations de l'Arioste ou de l'Arétin, auprès de ses poèmes religieux, forment le corps d'une œuvre sans cesse rééditée de son vivant. Il imite, improvise, paraphrase avec talent, il est comme le prétendra mademoiselle de Scudéry « le plus amoureux des poètes français », en apparence toutefois car on distingue que ses vers d'amour sont convenus et fabriqués.

On retient surtout l'attention de la Précieuse et l'on comprend que René Bray fasse de Desportes un « empereur du précieux ». Se séparant du platonisme, il perd cette richesse, cette contention qu'on trouve chez Maurice Scève. Il se relie davantage aux poètes médiévaux de cour. L'amour qu'il chante n'est plus ni charnel, ni idéalisé, ni souffrant, il reste un badinage, un constant madrigal où l'antithèse lasse, où l'hyperbole paraît fausse.

Les thèmes appliqués à l'amour sont ceux qui ont cours de longue date : feu, soleil, larmes, amour, guerre, mer, naufrage, etc. Non seulement Desportes utilise les clichés mais il les développe et les explique. Ce qui le sauve, c'est finalement de rester léger, de faire des pointes. Parfois, ses exagérations laisseraient penser qu'il pastiche en critique la poésie de son temps. Mais non, il y croit, ce mondain. Il nous prépare le xviie siècle des salons, et lorsqu'il lui reste quelque trace des richesses de son époque, on en est presque heureux. Il perd déjà du pittoresque, il n'est pas encore complètement frivole et superficiel, il représente une tendance précieuse. D'autres pousseront à bout ses défauts, oublieront quelques qualités.

Entre Ronsard et Malherbe, il sera considéré par ses contemporains comme le plus grand poète vivant, le « Tibulle français ». N'ayant pas le détachement de Scève ou du grand Agrippa d'Aubigné, il soigne sa gloire.

Avec Bertaut, il annonce une renaissance et une transformation de la poésie religieuse. On reconnaît sa force dans ces vers annonciateurs du classicisme :

> Délivre-moi, Seigneur, de la mort éternelle,
> Et regarde en pitié mon âme criminelle,
> Languissante, étonnée et tremblante d'effroi;
> Cache-la sous ton aile au jour épouvantable,
> Quand la terre et les cieux s'enfuiront devant toi
> En te voyant si grand, si saint, si redoutable,
>
> Au jour que tu viendras en ta majesté sainte,
> Pour juger ce grand tout qui frémira de crainte,
> Le repurgeant de neuf par tes feux allumés.
> Ô jour, jour plein d'horreur, plein d'ire et de misères,
> De cris, d'ennuis, de plaintes, de soupirs enflammés,
> De grincements de dents et de larmes amères.

Philippe Desportes connaissait admirablement son métier. Il avait les outils d'un grand poète. Il reste comme le premier des poètes mineurs de son temps.

Jean Bertaut le précis.

Le poète Jean Bertaut (1552-1611), à son contraire, eut l'heur de plaire au sévère Malherbe qui le jugea seul digne d'être retenu parmi les gens de son époque. Comme Desportes, il traduisit des psaumes et fit des poèmes d'amour. C'est un chanteur languide, qui a réussi dans la complainte. Dès ses débuts, il se rendit compte de la modestie de son talent et limita ses ambitions. Il eut le courage de dire de cruelles vérités quand on lui demandait des éloges, blâmant le goût de la guerre chez les grands. Le métier restait dur cependant, il dut multiplier les déplorations, les monuments destinés à encenser Anne de Joyeuse, Henri III, Henri IV, le dauphin (plus tard Louis XIII), mais il sut chaque fois ajouter aux conventions une note mélancolique personnelle.

Aimant les pointes, il annonce Voiture, Sarrazin et leur cortège. Précieux, il sait quitter la broderie fine pour des élégies dignes des poètes du XIXe siècle. On le voit écrire avec conviction son *Vase brisé* :

> Félicité passée,
> Qui ne peux revenir,
> Tourment de ma pensée,
> Que n'ai-je en te perdant, perdu le souvenir!

Catholique, une de ses joies fut l'abjuration d'Henri IV à laquelle il contribua. Évêque, il prononça l'oraison funèbre de ce roi qu'il aimait. On le lit encore avec un certain plaisir, et l'on comprend l'appréciation de Malherbe comme le goût qu'en eurent les solitaires de Port-Royal. Il écrivit même un roman rimé, *Timandre,* auquel *la Princesse de Clèves* ressemble. Desportes aussi fut bon prosateur, notamment dans ses *Prières et méditations chrétiennes* plus heureuses parfois que ses poèmes.

Comme Desportes, il cisèle ses vers, excelle dans la précision menue, dans la pointe héritée des concetti. Il ouvre en même temps la porte à bien des puérilités en écrivant :

> Ne vous offensez pas, idole de mon âme,
> De voir qu'en vous aimant j'ose plus qu'il ne faut;
> C'est bien trop haut voler; mais étant tout de flamme,
> Ce n'est rien d'étonnant si je m'élève en haut.

C'est le regret qu'il nous laisse, encore qu'on fera pire. Heureusement, il y a meilleur chez Bertaut. Célébrant les louanges du Seigneur, il apporte un lyrisme qu'on peut qualifier, sans employer une formule facile, de lamartinien, par l'ample orchestration de la nature :

Orageux tourbillons qui portez les naufrages
Aux vagabonds vaisseaux des tremblants matelots,
Témoignez son pouvoir à ses moindres ouvrages
Semant par l'univers la grandeur de son los.

Faites-la dire aux bois dont vos fronts se couronnent,
Grands monts qui comme rois les plaines maîtrisez ;
Et vous, humbles coteaux, où les pampres foisonnent,
Et vous, ombreux vallons de sources arrosés.

Féconds arbres fruitiers, l'ornement des collines,
Cèdres qu'on peut nommer géants entre les bois,
Sapins dont le sommet fuit loin de ses racines,
Chantez-le sur les vents qui vous servent de voix.

Mathurin Régnier, peut-être par comparaison avec son oncle Philippe Desportes, dira de Bertaut qu'il est « un poète trop sage ». Il fut un des plus doués de la fin du XVIᵉ siècle, il ne sut, par manque d'ambition, dépasser ses beautés fragmentaires.

Disciples et attardés.

Sur le conseil de Philippe Desportes, Jacques Davy Du Perron (1556-1618), élevé en Suisse où s'était réfugié son père calviniste, abjura la religion réformée, choix qu'il conseillera à Henri IV. Ce religieux, originaire de Saint-Lô, formé au grec et au latin, revint à vingt ans à Paris où il poursuivit ses études avec Desportes et Baïf, Scaliger et Cujas.

Encore laïque, il prêcha avec talent devant la cour *Sur l'amour de Dieu* et prononça *l'Oraison funèbre de Ronsard* avec cette éloquence polie et affectée qui plaisait à l'époque. Son succès d'orateur se poursuivit, lorsqu'il entra dans les ordres et fit l'oraison funèbre de Marie Stuart en attaquant ses anciens coreligionnaires. Il était à ce point confiant en lui que lorsque Henri III le félicita d'avoir prêché contre les athées, il fit ce mot : « J'ai prouvé aujourd'hui qu'il y a un Dieu ; s'il plaît à Votre Majesté de me donner audience, je lui prouverai par raisons aussi bonnes qu'il n'y en a point du tout. » Le roi, peu sensible à cette forme d'humour, faillit le disgracier. Sa réputation était telle que Paul V disait : « Prions Dieu qu'il inspire Du Perron, car il nous persuadera tout ce qu'il voudra. »

Les grandes étapes de sa biographie : il présida à l'abjuration d'Henri IV, fut évêque d'Évreux, puis cardinal, archevêque de Sens et grand aumônier, améliora l'institution et les bâtiments du Collège de France. Passons sur ses sermons, ses traités théologiques et écrits de controverse pour en venir à son œuvre poétique.

Auteur d'un *Traité de la rhétorique française,* après sa mort on publia ses *Œuvres* poétiques où l'on trouve çà et là de bonnes choses, des vers harmonieux, et aussi bien des négligences de style : paraphrases des *Psaumes,* traduction du IVe livre de *l'Énéide, Épître de Pénélope à Ulysse* imitée des *Héroïdes* d'Ovide qui de tous temps inspirèrent la littérature française, et une œuvrette galante, *le Temple de l'Inconstance* qui le fera appeler « le Bernis du XVIe siècle », du nom d'un autre archevêque, la « Babet la bouquetière » de Voltaire :

> Je veux bâtir un temple à l'inconstance ;
> Tous amoureux y viendront adorer
> Et de leurs vœux jour et nuit l'honorer,
> Ayant le cœur touché de repentance.

Desportes, Bertaut, Du Perron, et aussi Robert Garnier, tous ces poètes catholiques ont en commun d'avoir paraphrasé les *Psaumes.* C'est Desportes qui apporta le plus de variété en utilisant même les vers métriques comme Baïf ou Jodelle. Bertaut sut accommoder un petit nombre de ces pièces aux événements, aux goûts et à la sensibilité de son temps. Garnier adapta à son propos les vers bibliques. Du Perron connut le succès parce qu'il savait influencer par son savoir. Dans ce domaine, La Ceppède et Chassignet feront mieux, et, bien sûr, Malherbe.

Du côté protestant, *les Psaumes* de Marot et de Théodore de Bèze, soutenus par la religion réformée, et aussi de langage plus populaire, dureront davantage. Quant à nos quatre poètes, leurs paraphrases furent considérées comme l'antidote catholique aux œuvres protestantes. D'autres paraphraseurs, se réclamant de Desportes ou de Du Bartas, ne survivront guère à Malherbe. Cette tradition de la paraphrase religieuse se poursuivra jusqu'en 1660 environ.

Parmi les disciples de Desportes, figure honorablement Robert III Estienne (1560-1630), fils de Robert II Estienne (mort en 1570), auteur d'une ode sur la mort de Ronsard, mais d'autres tâches que celles de la poésie requéraient ces maîtres imprimeurs. Auprès d'eux situons le libraire Guillaume Bouchet, Poitevin (1526-1606), auteur de trois livres de *Serées* (soirées), conteur, moraliste imprégné de Montaigne, qui a laissé des vers mineurs.

Pierre de Bourdeille, abbé et seigneur de Brantôme (vers 1537-1694), le célèbre mémorialiste et historien des mœurs au xvie siècle fut poète, mais son *Recueil d'auculnes Rymes de mes jeunes amours,* inspiré de Pétrarque et de Ronsard, ne reflète qu'un amateurisme médiocre, sans piquant et sans lyrisme. Il laisse augurer les poètes de ruelle et n'a qu'un intérêt historique.

Arrêtons-nous quelques instants à Scalion de Virbluneau, sieur d'Ofayel, ne serait-ce que pour honorer les mânes de Théophile Gautier. Dans ses *Grotesques,* il va, « hyène littéraire », comme il dit, le déterrer, décrivant longuement le livre : *les Loyales et Pudiques Amours,* 1599. Il ironise : « C'est qu'au xvie siècle l'amour ressemblait, à s'y méprendre, à la théologie. C'est la même métaphysique embrouillée, la même subtilité, la même symétrie de pensées et de forme. » Et il dit l'inextricablement tortillé, l'excessivement pointu, le tiré aux cheveux. Le sieur d'Ofayel, il le prend comme tête de turc, se livre à des plaisanteries faciles, « bien de chez nous », ridiculisant à travers lui toute une époque. Certes, les sonnets de Virbluneau ne méritent pas les louanges de son contemporain Philippe Perault qui le congratule dans *l'Élégie de M. de Virbluneau et Mademoiselle Angélique,* mais Gautier, excellent ailleurs, montre ici une singulière méconnaissance et un irrespect médiocre d'un moment de la civilisation littéraire et des prestiges baroques du poème. Lorsque sa victime lui fait dire : « Il souhaite d'être un gant, afin de pouvoir toucher la main de sa déesse », il se moque d'un blasonnement précieux qui porte son charme. Il aurait pu s'en prendre à des poètes plus prestigieux ; il a choisi par facilité le plus inconnu ; il ne parvient pas à convaincre, sinon de son aveuglement.

Jean de La Jessée (né en 1551) lorsqu'il ne se fâche pas en vers contre son libraire parce qu'il vend « plus de Rabelais que de Bibles », écrit hardiment un sonnet non rimé, qu'on trouve dans *les Baroques et Classiques* d'André Blanchard, se répand en odes et satires, trouve la voie royale de l'oraison avec clarté et simplicité, même si une force intérieure ne l'anime pas. Chantant sa protectrice Jeanne d'Albret, se faisant appeler « l'Amoureux errant », il suit la cour en écrivant beaucoup. En prison durant un an, il compose des vers sur son état de captif. Selon Guillaume Colletet, il ne cessait de polir et repolir ses vers et « comme un vaste océan, n'a point eu de bornes ni de limites ». Satirique, il s'en prit aux courtisans, aux mauvaises mœurs, aux troubles du royaume. Prosaïque et conventionnel, il arrive que, paradoxalement, il étonne brusquement par sa hardiesse et ses trouvailles.

Comme Pétrarque, le Grenoblois Pierre de Cornu (1558-1622)

brûle d'amour pour une Avignonnaise qu'il nomme Laurini. Il va de la grivoiserie à la stance chrétienne, du sonnet amoureux au quatrain moral.

Jusqu'à la fin du siècle et au delà, l'influence de la Pléiade se fait sentir, mêlée à celles de Du Bartas, Scève, Desportes ou Bertaut. Le frère aîné d'Honoré d'Urfé, Anne d'Urfé (1555-1621), à dix-huit ans, publie cent quarante sonnets à *la Diane*. Quelques amoureux encore : Antoine de Blondel, poète de Tournai, qui, dans ses *Opuscules* pétrarquise et mignardise pour apparaître tout autre dans de violentes satires; Antoine Mahé de Laval qui chante sa femme dans *Isabelle* en imitant l'Arioste; Philippe Tourniol, avec *l'Entretien de l'amour;* M.-J. Tripon, avec *les Frénétiques amours;* P. Arquesson, avec ses *Diverses poésies* où se rencontrent muse sérieuse, muse latine, muse amoureuse; Pierre Bricard, avec ses sonnets d'amour en italien et en français.

Au XIXe siècle, les érudits ont exhumé maints poètes de cette époque. Prosper Blanchemain a révélé le Nivernais Jehan Marion (mort vers 1580), maître d'école ambulant, qui, avec ses *Rondeaux et vers d'amour* connut une certaine notoriété. Auguste Benoit a découvert le pétrarquisant Jean Palerne. Edgar Quinet et Albert Lacroix ont projeté la lumière sur Marnix de Sainte-Aldegonde (1540-1598), écrivain belge, proche de Rabelais, diplomate, théologien, traducteur de la Bible en néerlandais, dont la prose touche parfois à la poésie. Marigues de Champ-Repus a révélé Jacques de Champ-Repus, son lointain parent, dont la tragédie d'*Ulysse* pouvait rivaliser avec les pièces de Jodelle, Baïf ou Hardy.

D'autres poètes sont aussi tributaires des plus grands : Nicolas Filleul, Guillaume Du Sablé, Jean de Vitel, Soffrey de Calignon, Gilles Durant, Jean Pallet, Loÿs Papon, Jean Pissevin, Pierre d'Abbadie, Pierre Boton, Pierre Faucheran de Montgaillard, Timothée de Chillac, Y. de La Goutte, Julien Pilieu, Jacques Du Fouilloux, Étienne Du Tronchet, Jean Vatel, la plupart provinciaux, hommes de bien cultivant les lettres, avec parfois des poèmes de qualité. Pour les chercheurs de l'avenir, la mine reste ouverte.

Forêts et bocages.

Jean Vauquelin de La Fresnaye (1535-1606) publia à Poitiers les deux premiers livres de ses *Foresteries* imitées de Théocrite et de Virgile, comme ses *Satires* portant la marque de ses amis Ronsard et Baïf viennent d'Horace, avant qu'il soit prolongé par Mathurin Régnier et Boileau.

Dans son *Art poétique français* commencé dès 1574 mais qui paraîtra trente ans plus tard, il s'inspira d'Aristote et d'Horace, émettant des idées qui sont celles de la Pléiade, avec cette différence qu'il proteste contre les abus mythologiques et souhaite que les poètes français s'en tiennent aux sujets nationaux et chrétiens. Cet art poétique en 3 520 alexandrins jetés confusément sur le papier clôt la série des grands traités didactiques de la Renaissance. S'il ne fait qu'entériner les choix de la Pléiade, il a le mérite de donner une place à la poésie du moyen âge, fait peu courant en son temps. Il y exprime une idée préclassique mais qu'on trouve déjà chez Du Bellay, l'union du don poétique et du travail. En général cette œuvre manque de caractère; son auteur est modéré, sage, craint les excès de l'imagination nuisibles à la vraisemblance, prêche la mesure, insiste sur la valeur éducative de la poésie. Nous sommes en 1605 et déjà la doctrine classique montre le bout de l'oreille.

Combien l'on préfère le Vauquelin de La Fresnaye chrétien des *Idillies* conjugales ou le poète bucolique sensible ouvert au vrai sentiment de la nature, celui des *Foresteries!* Il avait débuté en chantant une *Philis,* il l'épousa. C'est à Angers où il s'était rendu en compagnie de deux amis, les poètes Raphaël Grimoult et Charles Toutain, qu'il rencontra Tahureau qui les « affrianda au suc de son art ». C'est à Poitiers qu'il fit connaissance de Scévole de Sainte-Marthe dans un univers intellectuel et mondain que nous allons retrouver.

Jean Le Houx (mort en 1616) affirme une liaison provinciale avec le moyen âge. Il remit au goût du jour les vigoureux et campagnards *Vaux-de-Vire* d'Olivier Basselin, et il en composa d'autres. Chantant cidre et vin, il a composé des tableaux ruraux où apparaissent des types comme le forgeron, l'avare, les censeurs, les piaffeurs. Après un siècle, l'esprit de Basselin n'a pas changé.

Plus artificiels sont Antoine Du Cotel (1550-1610), imitateur mignard de Théocrite; Jacques de Fonteny, auteur du *Bocage d'amour* avec *la Pastorelle de la chaste bergère,* et des *Ébats poétiques* avec *la Pastorelle du beau passeur,* si différents de sa *Fustigation d'Angoulevent* plus proche de ce confrère de la Passion, céramiste comme Bernard Palissy; Simon-Guillaume de La Roque (1551-1615) avec ses *Amours de Charistée* ou sa *Chaste bergère;* Philibert Guide Hégémont (1535-1595), qui, comme dans les almanachs, donne avec *la Colombière ou la maison rustique,* mois par mois, des conseils aux cultivateurs; René Bouchet et sa pastorale *Sidère*.

A la fin du siècle, le sentiment de la nature est ressenti plus artificiellement que chez les poètes de la Pléiade : Honoré d'Urfé et les « bergers » futurs ne sont pas loin.

5

Deux personnages singuliers : Lasphrise et Des Accords Que suivent quelques autres et une puce.

Le capitaine Lasphrise, poète.

UN fervent catholique montre une personnalité poétique qui le rapproche, par sa vigueur, de certains poètes protestants. C'est le fameux capitaine Lasphrise, autrement dit Marc de Papillon (1555-1599), belle figure de soldat poète qu'on peut situer, sous le seul aspect de sa personnalité, auprès d'Agrippa d'Aubigné et de Guillaume Salluste Du Bartas, gens de l'autre côté des armes.

Dès l'âge de quinze ans, il combat sur les côtes barbaresques de la Méditerranée, participe aux guerres civiles tout au long de sa vie, écrit des milliers de vers qu'il publiera peu avant sa mort. Nul n'est plus opposé à la guerre que ce soldat, et Verdun L. Saulnier, qui le dit « l'un des plus grands poètes de tout son siècle » a cité ces quatre vers :

> Quoi! violer, brûler, assassiner le monde,
> Dérober, saccager, troubler la terre et l'onde,
> Nommes-tu cette horreur un œuvre glorieux?...
> La guerre est le surgeon de tout vice abhorrable.

Il écrivit des *Amours* sur Théophile ou Noémie, en y mettant de l'art et de la passion, sans taire les choses physiques, et sachant se mêler d'érotisme avec mesure. Si, pour Henri IV, Paris valut bien une messe, il estime, lui, que l'amour de sa belle vaut bien de changer de religion :

> Je me rendrais plutôt Huguenot volontaire
> Pour embrasser ton cœur que j'aurais fait humain.

De ses *Premières œuvres poétiques* dédiées à César Monsieur, fils naturel du roi et de la Belle Gabrielle, âgé de trois ans, à son *Oraison chrétienne pour dire en mourant,* il est un des rares à s'éloigner des schémas habituels.

Dans sa manière de soldat, on trouve du franc-parler comme chez Agrippa d'Aubigné, un ton gaillard et satirique comme on en trouvera chez Mathurin Régnier et Saint-Amant. Si une vie aventureuse lui fouette l'imagination, elle ne lui permet pas toujours de se soucier d'harmonie et de perfection. Avec plus ou moins de bonheur, selon les hasards de la fourchette, il a jeté tant de vers que les uns sont fichus à la diable, les autres plus polis et procédant d'un baroquisme sensuel.

Il croit innover et inventer le vers fraternisé, celui où le dernier mot de chaque vers est le premier du vers suivant :

> Fallait-il que le ciel me rendît amoureux,
> Amoureux, jouissant d'une beauté craintive,
> Craintive à recevoir la douceur excessive,
> Excessive au plaisir qui rend l'amant heureux.
>
> Heureux si nous avions quelques paisibles lieux,
> Lieux où plus sûrement l'ami fidèle arrive,
> Arrive sans soupçon de quelque âme attentive,
> Attentive à vouloir nous surprendre tous deux.
>
> Deux beaux amants d'accord qui s'en meurent d'envie,
> D'envie leur amour sera tantôt finie;
> Finie est la douleur qu'on ne peut plus voir,
>
> Voir, entendre, parler, sentir, toucher encore,
> Encore crois-je bien que je ne suis plus ore,
> Ore que ma moitié est loin de mon pouvoir.

Les Rhétoriqueurs trouvent-ils un héritier? Clément Marot a fait mieux en jouant sur des syllabes :

> Plaisir n'ai plus, mais vis en déconfort,
> Fortune m'a renié en grand' douleur :
> L'heur que j'avais est tourné en mal heur :
> Mal heureux est qui n'a aucun confort.

Non, l'héritier n'est pas Marc de Papillon, mais celui que nous allons rencontrer. Notre capitaine Lasphrise a mieux à dire et il dit mieux dans ses *Amours* où nous sommes loin des épanchements timides de ses contemporains transis. Ainsi, un objet de piété peut être étrangement contemplé :

> Compagnon chapelet sur tous bien bienheureux,
> D'avoir touché les flancs de ma belle maîtresse,

> Tu m'es donné afin que ma prompte jeunesse
> Supplée au lieu d'amour le maître Dieu des dieux.

Ce Marc de Papillon possédait, selon Prosper Blanchemain, une réputation détestable : coureur, vicieux, débauché, pillard, homme de sac et de corde... En fait, ce truand a de l'allure. Traîneur de sabre, passant d'une fille à l'autre, il sait être, dans ses vers, rude et délicat, soudard et amant raffiné, malhabile et gracieux, jamais banal. Marcel Schwob aima sa muse soldatesque qui s'exprime en argot dans ce *Sonnet en authentique langage soudardant* qui nous situe entre Villon et Lacenaire :

> Accipant du Marpaut la Galiere pourrie,
> Grivolant porte-flambe enfile le trimart,
> Mais, en despit de Gille, ô gueux, ton Girouart,
> A la mette on lura ta biotte conie.
>
> Tu peux gourd piailler me credant et morfie,
> De Lornion du Morme et de l'oygnan criart,
> De l'Artois blanchemin; que ton riflant chouart
> Ne rive du courrier l'andrimelle gaudie.
>
> Ne ronce point du sabre au mion du taudis,
> Qui n'aille au Gaulfarault, Gorgonant de tesis
> Que son journal oflus n'empoupe ta fouillouse.
>
> N'embiant ou rouillarde, et de noir roupillant,
> Sur la gourde fretille, et sur le gourd volant,
> Ainsi tu ne luras l'accolante tortouse.

Et puisque nous sommes avec un guerrier, nous en présentons deux autres. Christophe de Beaujeu (1552-1635), commandant des Suisses du roi Henri IV, a laissé en plus de poésies officielles comme *le Convoi de M. le Duc de Joyeuse,* un recueil, *les Amours de Christophe de Beaujeu.*

De même, Nicolas Le Digne (né vers 1550) fut poète et soldat avant de finir prieur en Champagne. En plus de poèmes d'apparat pour les fêtes, de vers de cour, il chanta les belles des pays d'Europe qu'il parcourait. Ami de Béroalde de Verville il lui dédia un discours satirique inspiré par le poème *Contre les Pétrarquistes* de Joachim Du Bellay où l'on pressent la troupe des « régniéristes » du XVIIe siècle. Mais ni chez Beaujeu ni chez Le Digne on ne trouve le ton libre et inimitable de Marc de Papillon Lasphrise.

Le Seigneur des Accords.

Non moins étonnant que Lasphrise est Étienne Tabourot (1547-1590) qui se faisait appeler le « seigneur des Accords ».

Il commença par des pièces figuratives : *la Coupe, la Marmite,* où la mesure variée des vers figurait l'objet décrit. Mis en appétit par ces jeux rabelaisiens, il n'en finit pas de se lancer dans les tours de force déjà chers au moyen âge. Nul mieux que lui ne manie l'acrostiche comme on en trouve un dans *Cléomadès* d'Adènes le Roi et chez Villon qui en signe certains poèmes, avant que Marot ne s'en mêle et, après le seigneur des Accords, Neufgermain. Or, Tabourot va compliquer le jeu, l'acrostiche devenant double, au début et à la fin du vers, quadruple en diagonale, quintuple même pour s'appeler pentacrostiche.

On avait de lui *Synathrisie ou Recueil confus,* 1567. Dans un nouveau recueil, *les Bigarrures,* 1572, il tire des unions de mots toutes sortes de rébus, d'équivoques, de calembours; il recherche les anagrammes, manie les vers comme un illusionniste ou un acrobate, les faisant rétrogrades, numéraux, rapportés, lettrisés; il se jette dans le macaronisme et l'amphigouri; et voici encore des vers léonins, monosyllabiques, comme autant de jeux de patience. La poésie n'est-elle pour lui que cela?

Non, dans la deuxième partie des *Bigarrures,* ayant recours au didactisme, il perd un peu de sa faconde. Parfois oiseux, cela gagne en force quand la fantaisie, l'accumulation, les paradoxes rejoignent une certaine forme de poésie. Dans *les Touches,* 1585, on trouve des tons ingénieux sans être des casse-tête, des épigrammes, des pièces gaies dans le sens rabelaisien. Le tour de son esprit amuse, en fait une sorte de fol du jeu poétique facétieux. Et puis, on peut avoir la surprise de *Stances* graves sur l'amour et la mort mais où l'originalité a disparu.

Originaux et francs lurons.

Le croirait-on? Tabourot a eu un disciple : Jean Des Planches auteur du *Premier livre de synathrisie, alias recueil confus, avec le dialogue d'un philosophe et d'un pou,* mais peut-être le Seigneur des Accords, si l'on en juge par le titre, a-t-il mis la main à ce recueil de quolibets, épitaphes burlesques, hénaurmités et obscénités. Ce poète n'est pas le Jean Desplanches que publiera son neveu Joachim Bernier de La Brousse.

Jean Richard, Dijonnais malmené par Tabourot, réagit avec *l'Estrille du Seigneur des Accords.* Cela rappelle cette *Surprise et fustigation d'Angoulevent par l'archipoète des Pois pilés* à laquelle notre Prince des Sots attardé, bouffon du roi Henri IV, Nicolas Joubert dit Angoulevent répondit par une *Guirlande et réponse d'Angoulevent.* De Nicolas Joubert encore, *Satyres bastardes et autres œuvres folastres du cadet Angoulevent.*

Le même esprit gothique se retrouve dans *les Épines du mariage* du Bernois Varin, *le Tombeau des Ivrognes avec les accidents du nez écarlate,* de Philippe Pistel, *les Sonnets et épigrammes* de Jean Poli, *le Bouquet bigarré* d'Honorat de Meynier.

Les « originaux » le sont souvent à leur insu. Mettre en vers *l'Heptaméron de la Navarride* comme l'a fait le Sieur de La Palme est un grand et vain projet. Après Ronsard, le rocailleux Jean Godard (1564-1630) donne une *Franciade,* mais c'est une tragédie, Claude Garnier aussi écrit une *Franciade,* épopée, tandis que son homonyme Sébastien Garnier fait une *Henriade* qu'on réimprimera par malice, alors que Voltaire croit faire triompher la sienne, et Charles de Navières, lui aussi, fait son *Henriade.* Jacques de Meirier ajoute sa *Guisarde provençale.*

L'érudit Pierre Le Loyer (1550-1634), sérieux auteur du traité de démonologie *les Quatre livres des spectres,* sage poète des *Amours de Flore,* savant qui cherche dans les langues orientales l'étymologie des noms de villes de France et de villages d'Anjou, expert en procédure criminelle, donne une *Nephelocugie,* autrement dit : « nuée des cocus ». On en rapproche Nicolas de Cholières qui inclut dans ses *Mélanges poétiques* une « guerre des mâles contre les femelles ».

Alexandre Van den Bussche (1535-1585), Flamand devenu poète français, dit « le Sylvain des Flandres » joue aux énigmes et aux anagrammes, et donne des *Procès tragiques* qui seront traduits en anglais et où l'on trouve le sujet du *Marchand de Venise.* Tristan l'Hermite les rajeunira sous le titre de *Plaidoyers* historiques.

Parfois la minceur d'un sujet crée la curiosité d'un poème : un clocher s'écroule et le chanoine Jean de Bullandre (1544-1614) en fait un *Discours en vers,* ou bien il chante *le Lièvre* en 740 alexandrins.

Versifier l'histoire généalogique de la maison de Savoie est l'affaire de Louis Galaup de Chasteuil (1555-1598) bien avant que la reine Marie-José de Savoie ne s'attaque en prose au sujet. François Le Poulchre (1546-1595), lui, se limite à son autobiographie en mêlant vers et prose, avec idées morales et thèmes de journal littéraire. Originaux, à nos yeux, le sont tous ceux qui se servent du poème pour servir d'autres sciences, et l'on cite encore Miles de Norry décrivant le ciel dans *les Quatre premiers livres de l'univers,*

Pierre Pineton de Chambrun, alchimiste de *la Théodorée,* maître Grimache qui dans *le vrai médecin qui guérit de tous les maux* donne des conseils aux maris pour faire taire leurs femmes. Plus sérieux que celui-là est l'avocat Jean Heudon dans ses *Aventures de la France.* Citons *l'Épisémasie du Duc de Guise* de La Valletrye, *le Poème sur la paix de Belgique* de Léon de Méyère, *le Dauphin,* poème sur les devoirs du prince de Jacques de La Fons (1575-1620), *l'Oreille du Prince* de Guillaume Du Buys qui posa un regard sage sur les hommes, traitant de la noblesse, de l'aumône, de l'avarice, de la charité, de la guerre ou de la flatterie en satirique. Le Dauphinois Jean Lescot chante une victoire navale des Dieppois. Charles de Rouillon consacre des épitaphes aussi bien à Henri II qu'à Joachim Du Bellay. Historien, Alexandre de Pontaimery de Focheran écrit occasionnellement des vers.

Notre revue de « curieux » entrevus dans un siècle où toute production poétique suscite la curiosité se terminera par le peu connu Christophe de Bourdeaux, auteur de chansons spirituelles et de poèmes politiques, avec *le Tocsin, bouteselle et sonne-tambour,* chanson sur les sonneries militaires, et *Chambrière à louer à tout faire* et *Varlet à louer à tout faire* dont le contenu humain, populaire et social est important. Paul Éluard a longuement cité *le Varlet* qui, pour énumérer ses qualités et capacités, use de termes vrais, saisis sur le vif, traçant un poème des métiers comme Henri Pichette en fera un, avec ce je ne sais quoi de touchant et de mélancolique qui vient de l'âme du peuple.

Cela nous ramène vers les trésors populaires anonymes. En effet, parallèlement à la poésie aristocratique, la voix humaine n'oubliait pas, comme le dit si bien Henri Pourrat, « le trésor de la France en ses enfances magiques : les Évangiles, la légende des saints, des paladins, des fées; tout cela, ses grandes chansons, ses courts proverbes et ses contes fols, ses fabliaux trop raisonnables, tout ce qui était né de sa terre comme un rosier sauvage ». Il en est resté quelques fleurs et rappelons qu'on chantait à l'époque *Il était un petit navire, le Roi Renaud, la Légende de Jean le Blanc, J'ai vu le loup, Marguerite ou la blanche biche, Chanson à grand vent,* et autres merveilles.

Poètes autour d'une puce.

Une puce eut un jour la fantaisie de se poser sur le sein d'une demoiselle Catherine de Fradonnet, en présence de sa mère, Madeleine Neveu, lors d'une visite d'Étienne Pasquier à ces dames dites

Des Roches. Ce mince événement se passait à Poitiers, en 1579, durant les fameux Grands Jours, en pleine guerre civile.

Étienne Pasquier déclara à ses hôtesses que « cette puce mériterait bien d'être enchâssée dans leurs papiers et qu'il ferait volontiers des vers sur un pareil sujet ». Il en résulta un recueil collectif de poèmes français, italiens, grecs et latins publié en 1583 sous le titre *la Puce des Grands Jours de Poitiers* qu'on rééditera au XIXe siècle.

On avait déjà chanté la puce au XIVe siècle dans *le Ménagier de Paris*. L'Italien Calcanini avait donné dans sa langue un *Éloge de la puce*. En 1565 dans une facétie intitulée *la Vraie Médecine,* on lisait :

> Si des puces craignez le mors
> Vous qui avez blanche tétine...

Plus tard, Desbarreaux, La Fontaine, Boileau, François Perrin, Pierre Motin s'occuperont en vers de cette compagne de l'homme avant que Gérard de Nerval, après Goethe, ne la fît loger, gentille, chez un prince qui l'aimait.

Ces vertueuses dames recevaient la société brillante et lettrée du temps, et Poitiers était une ville riche en poètes. Cette puce fournit, on l'a compris, une occasion de les réunir ici. Les dames Des Roches composaient des vers pas mal faits. Ceux de la fille sont mièvres, et sages :

> Quenouille, mon souci, je vous promets et jure
> De vous aimer toujours et ne jamais changer
> Votre honneur domestic pour un bien étranger.

Moins habile, la mère, Madeleine, laisse parfois passer un attendrissement élégiaque :

> Las! où est maintenant ta jeune bonne grâce
> Et ton gentil esprit, plus beau que ta beauté.

Cela n'aurait pas suffi pour immortaliser ces dames qui moururent en 1587 de la peste.

Le promoteur de cette idée de la puce, le magistrat Étienne Pasquier (1529-1615) est célèbre à d'autres titres : ses *Lettres* et ses *Recherches de la France* publiées de 1560 à 1621 d'où la poésie, nous l'avons vu par nombre de citations, n'est pas absente et s'intègre à l'histoire nationale. Même si avec Sainte-Beuve on sait reconnaître que dans ses poèmes ne se trouve « aucun trait original qui puisse assigner rang à leur auteur parmi les vrais poètes » on doit le saluer au passage pour son action en faveur de la poésie et citer ses *Jeux poétiques* en latin et en français qui ne dépassent pas leur titre.

Parmi les poètes de la Puce, le fils du savant Turnèbe, Odet de Tournebu (1552-1581), commença par être un enfant prodige. Il n'est resté de lui que des vers français, espagnols et italiens célébrant l'insecte sauteur et quelques sonnets.

Son voisin de volume, déjà cité, Claude Binet (1553-1600) unit à vingt ans ses premières œuvres à celle de La Péruse, et l'année de la Puce, traduisit *les Épigrammes* de Pétrone. On lui doit encore *le Discours sur la vie de Ronsard* et les *Destinées de la France,* 1594.

A Poitiers, on trouve un soldat poète, Nicolas Rapin (1539-1608), selon Régnier « superbe honneur du Pinde », chantant l'amour et la nature avec grâce, traduisant les *Psaumes* en leur donnant le ton de la chanson, collaborant à *la Satyre Menippée.* Il fait état ici d'un agacement de provincial devant la toute-puissance des poètes établis :

> Celui qui maintenant n'est connu de Ronsard,
> De Jodelle et Baïf, il ne peut pas qu'il pense
> Faire bien recevoir sa poésie en France,
> Car ceux-là sont de vrai les Princes de cet art.
> Nous autres Poitevins nourris à la rustique,
> Qui n'avons jamais vu Ronsard qu'en un tableau,
> Qui ne connaissons point ni Baïf ni Belleau,
> N'osons pas aspirer à si haute musique.

Condisciple de Scévole de Sainte-Marthe, Nicolas Rapin, comme son futur homonyme René Rapin a le sentiment de la nature. Poète français, à l'exemple de Baïf, il tenta de faire entrer dans notre prosodie les vers antiques. Ses traductions d'Horace en sont le reflet. Impliqué dans les querelles religieuses, lorsqu'il mourut après une vie bien remplie un *Tombeau* en vers latins lui fut consacré par Dominique Baudius, Nicolas Bourbon, Jacques Gouthières, Salomon Certon, André Tiraqueau et quelques autres.

Parmi les poètes de Poitiers, auprès de Barnabé Brisson, André de Rivaudeau, Albert Babinot, Pierre Langlois de Bélestat, Jean Boiceau de la Borderie, et le neveu de Rapin, Raoul Cailler, il faut s'arrêter à un jurisconsulte : Gaucher, appelé Scévole Ier de Sainte-Marthe, « l'homme le mieux disant du royaume » selon Henri IV. A dix-sept ans, il publia un recueil, *le Tombeau de Brunette;* à vingt ans, il termina la tragédie de *Médée* commencée par La Péruse. Il se partagea entre l'éloquence et la poésie, excellant dans les vers latins. En français, dans ses *Métamorphoses sacrées,* récits bibliques, dans ses élégies et sonnets célébrant non pas quelque Délie mais son épouse, il montre qu'il a du ton. Il fut surtout connu pour ses poèmes de circonstance : *Hymne sur la naissance de François de Lorraine,* 1560, *Hymne sur l'avant-mariage du roi Charles IX,* 1570, *Larmes à la mémoire du très chrétien roi Henri III,* 1590, etc. Maniant l'épigramme, il compare les états du poète et du financier, ne tirant nullement à bout portant sur le second comme on pourrait s'y attendre. Il sait aussi jeter une *Invocation solaire* avec grandeur :

> Soleil, dont la vitesse à nulle autre seconde
> Va sans fin tournoyer autour de ce grand monde,
> Le père nourricier dont la vive chaleur
> Entretient ici-bas toute chose en valeur,
> L'ornement des beaux cieux, dont la claire lumière
> Sur tous les autres feux apparaît la première...

Certains de ses vers sont dépouillés et coulent comme ceux que fera La Fontaine. Scientifique et chrétien, il est proche de Ronsard et Baïf. Comme Du Bartas et Peletier, il s'intéresse poétiquement à la physiologie humaine et aux astres. Il aura les honneurs d'une oraison funèbre d'Urbain Grandier et un éloge de Théophraste Renaudot. Cet élève de Turnèbe, Muret et Ramus, orateur, jurisconsulte, historien, poète français et latin, grec et hébreu, ce notable s'inscrit au cœur d'une de ces familles, comme les Estienne, qui donna bien des savants. Il est aussi un aimable satirique s'en prenant, ce qui est rare, à la gourmandise.

Plaçons auprès de lui et des dames Des Roches maints Poitevins : Jean Desplanches qui chante en sonnets Marguerite, Isabelle, Catherine, avant d'écrire des vers religieux, de se montrer opposé aux dames dans *le Misogyne,* puis avec elles dans *le Philogyne.* Son neveu Joachim Bernier de la Brousse, poète d'*Amours* lui aussi, célébrant son terroir en dialecte proche du français, l'éditera. Poitevins encore Guillaume Aubert, Baïf, Babinot, Tahureau, Vauquelin de La Fresnaye dont nous avons parlé, un René Arnoul (1569-1639) qui, à dix-huit ans, composera son unique ouvrage *l'Enfance de René Arnoul* avant de se taire. Au XVIe siècle, Lyon, Poitiers, les provinces d'Anjou et de Touraine furent poétiquement fécondes.

6

Trois lieux de la poésie au XVIe siècle

La poésie au théâtre.

AU théâtre, le xvie siècle marque une époque de transition, pauvre d'œuvres mais riche d'espoir. Durant la première moitié du siècle, on en reste aux mystères vieillissants, aux moralités qui perdent leur vigueur en glissant peu à peu vers l'allégorisme moral. Au temps de la Pléiade, ceux qui vont, selon Ronsard « Françoisement chanter la grecque tragédie » seront marqués par l'habitude de prendre les tragédies chez le Latin décadent Sénèque et les comédies chez Térence. Dans *l'Abraham sacrifiant,* 1550, de Théodore de Bèze, l'influence des mystères est encore présente bien qu'une construction tragique se dessine.

Le véritable mouvement est lancé par Jodelle que suivra Jacques Grévin et son *Jules César* ou Jean de La Péruse et sa *Médée,* tandis que les poètes protestants préfèrent les sujets bibliques : *David* du solide Loÿs Des Masures, *Aman* d'André de Rivaudeau et *Saül furieux* de Jean de La Taille. Déjà ce dernier conçoit la règle des trois unités mais toutes ces pièces ne mettent pas en scène les grands affrontements entre personnages, ne créent pas une action permettant de faire monter le climat dramatique, s'en tenant à des chœurs, des monologues, des tirades déclamatoires n'arrachant pas le sujet à la monotonie.

Avec Robert Garnier (1534-1590) s'ouvre la période où, à défaut de la plus haute intensité dramatique, naîtra un style tragique original, seront reconnues des préoccupations contempo-

raines passant par le cadre théâtral. Plus que nul autre, il inspirera les classiques.

Né à La Ferté-Bernard, Robert Garnier fit des études de droit
à Toulouse où il se lia avec Guy Du Faur de Pibrac. C'est là qu'avec
d'autres poètes il accueillit Catherine de Médicis et Charles IX.
Son premier recueil de poèmes, *Plaintes amoureuses,* lui valut un
prix des Jeux Floraux. Il monta à Paris avec son ami Pibrac,
devint avocat au parlement de Paris, composa un *Hymne à la
monarchie,* collabora quelques années plus tard au *Tombeau de
Ronsard.* Il fut allié aux poètes de la Pléiade.

Célébré par Ronsard qui juge son « parler haut », ami de
Desportes à qui il a adressé une belle élégie, goûté par Brantôme
qui, lui, trouve son « parler grave », par Scévole de Sainte-Marthe
qui parle de *verborum ubertas,* il apparaît comme l'aïeul de Corneille.

Que ce soit dans *Porcie,* 1568, dans *Hippolyte,* 1573, selon Ronsard, « plus dur contre les ans que marbre ni qu'airain », dans
Cornélie, 1574, dans *Marc-Antoine,* 1578, dans *la Troade,* 1579, dans
Antigone, 1579, imitée de Sophocle, de Stace, de Sénèque surtout
comme beaucoup de ses tragédies, dans *Bradamante,* 1580, qu'inspire *l'Orlando Furioso* de l'Arioste, pièce à laquelle il donne le
nom de tragi-comédie qui fera fortune au siècle suivant, dans
Sédécie ou les Juives, 1580, que le sujet soit romain ou biblique,
son propos se rapporte toujours à une actualité déchirée dont il
souffre, dont il dit les désastres, ce qui est une manière pour lui
de lutter contre la guerre civile.

Auprès d'alternances de fureur et de sentiment, on trouve de
l'emphase, des fautes de goût, des tours ampoulés et déclamatoires,
et pourtant, par l'apparition de vers fortement frappés, par la
conviction, la voix de la tragédie classique est présente. « Robert
Garnier, écrira Émile Faguet, c'est Corneille en rhétorique ».
Sans doute influença-t-il ce dernier et Racine (peut-être même
aussi Shakespeare avec *Marc-Antoine*). Pour nos classiques français, nous indiquons ici à titre documentaire quelques comparaisons de La Force. Ainsi, quand Robert Garnier écrit :

> Quoi ! verrons-nous toujours cette ville féconde
> De nouveaux nourrissons seigneurier le monde ?
> Verrons-nous, sans pouvoir, les plus superbes rois,
> Portant le joug au col, plier dessous ses lois ?
> C'est trop, c'est trop duré, c'est trop acquis de gloire,
> C'est trop continué sa première victoire,
> Rome, il est ore temps que sur ton brave chef,
> Il tombe foudroyeur de quelque extrême méchef.

Corneille semble avoir délivré le poème de ses mots vieillis pour le conduire à sa perfection :

> Assez et trop longtemps l'arrogance de Rome
> A cru qu'être Romain c'était être plus qu'homme.
> Abattons sa superbe avec sa liberté :
> Dans le sang de Pompée, éteignons sa fierté ;
> Tranchons l'unique espoir où tant d'orgueil se fonde
> Et donnons un tyran à ces tyrans du monde.

Et lorsqu'il écrit encore :

> Mais oses-tu penser que les Serviliens,
> Les Cosses, les Métels, les Pauls, les Fabiens...

sans doute a-t-il lu les vers de Garnier :

> Que diront les Marcels, les Torquats, et encore
> Les Scipions vainqueurs de la campagne more?

Ce jeu des comparaisons, fertile en surprises, pourrait se poursuivre pendant des pages. On verrait que la *Phèdre* de Racine a des rapports avec Garnier comme l'*Aman* de Rivaudeau en a avec son *Esther,* que Victor Hugo dans ses drames connaît lui aussi des réminiscences. Le mérite de Garnier est de fournir un modèle aux classiques, de défricher pour leur ouvrir la voie.

L'art de la tragédie eut au xvie siècle ses théoriciens avec Scaliger et sa *Poétique,* et surtout Jean de La Taille. Les œuvres sont nombreuses mais pauvres chez Catherine Des Roches, François Chantelouve, Guillaume Le Breton, Pierre Mathieu, Adrien d'Amboise, Jean de Beaubreuil, Jean Godard, Jean Behourt. Jean Heudon et même chez Mellin de Saint-Gelais, Florent Chrétien, Henry de Barran, Simon Belliard, Aymar de Veins du Coudray, Étienne Bellone, Pierre de Bousy, Jean de Hays dont le sujet de *Cammatte* sera repris par Thomas Corneille. Rien ne peut être comparé à Robert Garnier qui est bien l'homme de théâtre du siècle.

Un effort cependant se remarque dans l'action scénique avec Gabriel Bounyn qui se meut dans l'étrangeté, n'hésite pas à employer le vers de quatorze pieds, fait un théâtre où l'action est soutenue. Dans *la Sultane,* il prend un sujet turc qui tentera Jean Mairet, Vion d'Alibray, Desmarets de Saint-Sorlin, Tristan L'Hermite en des *Soliman, Roxelane, Tamerlan, Osman,* en attendant le *Bajazet* de Jean Racine, sans doute inspiré par *la Sultane.* Ajoutons au passage que Bounyn publia des satires obscures comme *l'Alectriomachie ou Joute des Coqs.* Son *Ode sur la Médée* de Jean de La Péruse figure dans les œuvres de ce dernier.

La comédie au XVIᵉ siècle suivit à peu près le même chemin que la tragédie, mais resta cependant plus vivante. Elle prit ses sujets généralement dans la comédie italienne en schématisant les personnages, en ne les saisissant pas sur le vif comme Molière. En vers, aucune œuvre majeure, malgré Loÿs Le Loyer ou Ronsard, Jean-Antoine de Baïf ou Charles Estienne, Jacques Grévin ou Rémi Belleau. Odet de Turnèbe acclimate *la Célestine* qui réussit assez bien. Avec Claude Chappuys ou Jean Godard, tout retombe et il en est de même quand Nicolas Filleul, Nicolas de Montreux, Roland Brisset ou Claude de Bassecourt veulent adapter la pastorale au théâtre. Pour la scène, le XVIᵉ siècle est celui de Robert Garnier. Il faudra attendre les auteurs du XVIIᵉ, ceux des vingt premières années, comme Alexandre Hardy, pour trouver mérites comparables, avant d'entrer dans la période dorée.

La poésie occitane.

Les poètes du Sud continuent difficilement à s'exprimer dans cette langue d'oc chère aux troubadours. Nous ne saurions les abandonner au moyen âge comme cela se fait généralement. Certes, nous avons rencontré ceux qui écrivent en français, Desportes, D'Aubigné, Du Bartas, encore que ce dernier connaisse l'occitan, La Boétie, Malherbe, Sponde, La Ceppède; pourquoi ne pas leur adjoindre les Garros, Bellaud, Tronc, Ruffi, Gaillard, Ader, Larade, Godolin, même si ces noms ne parlent qu'aux spécialistes? Robert Lafont nous y invite et l'on voit bientôt qu'un regard sur ces poètes victimes du conflit ethnique révèle des poètes importants.

Eux aussi sont de leur temps et non les exilés soupirant après une splendeur morte à l'aube du XIVᵉ siècle. Ils ne sont absents d'aucun des grands mouvements poétiques et les signes baroques sont nombreux chez eux. Un Auger Gaillard que nous avons rencontré, un Pey de Garros, s'ils sont proches de Ronsard et de Du Bartas, ont leurs particularités. Le charron de Rabastens fut placé dans sa province au-dessus des maîtres de la Pléiade. Cependant, pris par l'ambition, ce poète finit par délaisser sa culture originelle pour plaire à ceux qui pouvaient lui assurer leur protection. Il se para des plumes du paon, fit le pédant comme tout un chacun, ce qui lui nuisit.

Pey de Garros, militant autonomiste gascon, jurisconsulte, théologien, humaniste hébraïsant, il fut à la cour de Navarre ce qu'était Ronsard à la cour de France. Il imita Marot dans ses

Psaumes de David viratz en rythme gascon, 1565, et il employa des arguments parallèles à ceux de Du Bellay pour la défense et illustration de la langue gasconne. Il dédia ses *Poèmes gascons* au roi de Navarre. On y trouve des héroïdes ovidiennes, des églogues, le manifeste en faveur de sa langue.

Un autre poète, Arnaud de Salette, fit une traduction des *Psaumes* en béarnais. Robert Lafont a fait cette comparaison : « Garros écrivait dans une langue menacée une œuvre conquérante, orgueilleuse. Salette écrit dans une langue conservée une œuvre timide, de maintenance. »

Si les fils de Nostradamus écrivirent, l'un, César, des poèmes héroïques et des pièces diverses, l'autre, Michel, des oracles d'almanachs, le frère de l'auteur des *Prophéties,* Jean de Nostredame, est connu pour ses *Vies des plus célèbres et des plus anciens poètes provençaux,* mystification littéraire, mais qui contient aussi des éléments positifs. Érudit, en relation avec les savants italiens, il fit un travail de fantaisie en interprétant à sa façon des biographies approximatives et mensongères. Il commença par ramener maints poètes d'oc au seul territoire de la Provence, il embellit les thèmes des cours d'amour, il fit sa reconstitution dans le goût de son temps, remplaçant, comme le dit Lafont, la Provence historique par « la Provence des familles en place ». Ce sont des aspects fâcheux, mais à partir de sa construction mythique, il renouvela l'intérêt de ses contemporains pour l'ancienne poésie des troubadours, et marqua ainsi un relais dans ce domaine.

Dans le même temps, des poètes écrivaient, comme Louis Bellaud de la Bellaudière (1532-1588), père de la Renaissance provençale. Ami de Malherbe, de Scipion Du Périer, de César de Nostredame, de Pierre Paul, c'est-à-dire de poètes français et provençaux, il vécut à Aix et Avignon. Il connut une vie d'aventures, errant avec ses « arquins » (ses compagnons) de ville en ville, fut mis en prison à Moulins en 1572 où il écrivit cent cinquante-neuf sonnets avant d'entrer au service du grand prieur Henry d'Angoulême. Dans ses poèmes, il se sépare des réalités souvent tragiques pour évoquer une Provence heureuse, épicurienne, joyeuse, idéalisée. Si ses *Obros* sont anecdotiques, son *Don don infernau* (la cloche de l'entrée de sa prison) constitue une chronique de la vie du prisonnier qui se révolte par la voix de la satire et par une ironie qui ne cache pas les blessures. *Lous Passatems* est un de ces ouvrages traditionnels pour les plaisirs et distractions.

Pierre Paul est l'auteur de *lou Repenti de la Barbouillado* et de *l'Autounado* où il se montre « Troubadour et Virgile provençal ».

A la suite de cette dernière œuvre, on a trouvé *las Humours à la lourgino* de Michel Tronc, soldat qui chante la guerre tout en lui préférant la paix, qui attaque la Ligue, mais compose aussi des sonnets amoureux et des farces.

Le Marseillais Robert Ruffi se fit le porte-parole de la race phocéenne, et cela en virgilien chantant la terre maternelle, l'agriculture; les plaisirs de la vie rustique, la vieillesse. Dans ses sonnets unis deux par deux, il écrivit *les Contradictions d'amour*. Ailleurs, il fit chanter les saisons. Pris dans le mouvement de francisation, il n'oublie pas sa langue originelle.

Il y a bien d'autres œuvres d'oc à citer : celles de Balthazar Burle, de Louis Galaup de Chasteuil, de poétesses comme Madeleine de Hault-Pris, Marseille d'Altovitis dont les poèmes sont joints à ceux de Louis Bellaud de la Bellaudière, de Gabrielle Brunette qui marotise en français, de nombreuses dames de Toulouse, sans oublier le cortège des œuvres anonymes et les savoureuses chansons populaires.

Au début du xviie siècle, nous rencontrerons Ader, Larade, Godolin, poètes d'oc artisans de cette *Renaissance du Sud* que Robert Lafont a si bien dépeinte, avec abondance de renseignements littéraires, linguistiques, sociaux, économiques, historiques.

La poésie féminine au XVIe siècle.

Marguerite de Navarre, Louise Labé, Pernette Du Guillet, les dames Des Roches eurent nombre de consœurs, parfois poètes occasionnellement, bien souvent attachantes.

Lorsque Joachim Du Bellay célèbre Jeanne d'Albret (1528-1572) avec quatorze sonnets, la mère de Henri IV en écrit quatre en guise de réponse et feint l'ignorance avec grâce. D'autres princesses ont sacrifié à la poésie. La mère de François Ier et de Marguerite de Navarre, Louise de Savoie (1476-1531) a écrit des poésies honorables publiées avec celles de son fils. Marguerite d'Autriche (1480-1530), qui protégea Jean Molinet et Jean Lemaire de Belges, a laissé des manuscrits contenant rondeaux, chansons, vers amoureux ou religieux. Diane de Poitiers (1499-1566) fit une odelette charmante en y disant avec esprit :

> Mieulx vault estre sage que reyne.

En 1884, des *Poésies inédites* de Catherine de Médicis ont été publiées par Édouard Frémy. Marie Stuart (1542-1587) fit une chanson *Sur la mort de François II* et des *Adieux à la France* écrits sur le vaisseau qui la conduisait en Écosse vers son destin fatal. Élisa-

beth d'Autriche (1554-1592) écrivit une complainte sur la mort de
sa fille.

Marguerite de Valois (1552-1615), la reine répudiée par Henri IV,
en plus de ses *Mémoires* et de ses *Lettres,* écrivit des poèmes, notamment des *Stances* sur ses amours avec Champvallon, où s'exprime
toute la passion de cette célèbre reine Margot, la troisième Marguerite, où l'on pense parfois à Louise Labé :

> J'ay un ciel de desir, un monde de tristesse,
> Un univers de maux, mille feux de destresse,
> Un Etna de sanglotz, et une mer de pleurs.
> J'ay mille jours d'ennuis, mille nuicts de disgrace,
> Un printemps d'esperance et un hyver de glace;
> De soupirs une automne, un este de chaleurs.

On retrouve la splendeur des ballades médiévales dans l'œuvre
attardée mais magnifique de Catherine d'Amboise qu'a fait
connaître en 1861 l'abbé Jean-Jacques Bourassé. Bien que cette
poétesse soit morte au milieu du XVIe siècle, André Mary la choisit
pour clore son anthologie médiévale, ce qui la situe bien. Dès
la première strophe son *Chant Royal* sur la Vierge est éblouissant :

> Anges, Trônes et Dominations,
> Principautés, Archanges, Chérubins,
> Inclinez-vous aux basses régions
> Avec Vertus, Podestats, Séraphins,
> Transvolitez des hauts cieux cristallins
> Pour décorer la triomphante entrée
> Et la très digne naissance adorée,
> Le saint concept par mystères très hauts
> De cette Vierge où toute grâce abonde,
> Décrétée par dits impériaux
> La plus belle qui jamais fût au monde.

Auprès d'elle, Philiberte de Feurs pâlit. Elle pleure un mari
disparu, « accompli et parfait » qui lui laisse « l'œil fontaineux »
en cinq cents vers assez plats.

Georgette de Montenay (1540-1581) fit *Cent Emblèmes ou Devises
chrétiennes* traduits en six langues et souvent réédités, dédiés à
Jeanne d'Albret. Chaque emblème y est commenté par un quatrain latin et un huitain français.

Paule de Viguier (1518-1610), surnommée « la Belle Paule »
parce qu'elle avait été choisie pour présenter les clefs de Toulouse
à François Ier à cause de sa beauté, fit d'élégants poèmes.

Le nom de Suzanne Cailler ne serait pas parvenu jusqu'à nous si son oncle, Raoul Cailler, neveu de Rapin, n'avait publié ses vers. Nous savons que Marie de Romieu répondit à la misogynie de son frère Jacques par un discours en vers sur la prééminence féminine surtout en candeur et bonne foi. Elle cultiva tous les genres, traduisant Pétrarque et Sannazar, plaçant comme Anacréon la rose près du vin dans un hymne.

Anne Des Marquets (morte en 1588), « la Belle Religieuse », fut célébrée par Ronsard et Dorat. Ses traductions des poésies latines de Flaminio, ses *380 Sonnets spirituels* ont une réelle qualité, ces derniers étant conçus comme des *Amours* consacrées au Divin, sans mysticisme outrancier, mais dans une ligne simple, harmonieuse, avec d'heureuses images.

La Toulousaine Gabrielle de Coignard (morte en 1594), comme Christine de Pisan, se consola du trépas de son mari par la pratique du poème. Ses sonnets durables la rapprochent de la Belle Cordière :

> Tu as bâti mon corps de chair, d'os et tendons,
> De peau, veines et sang, rate, foie et poumons,
> Souvienne-toi Seigneur, que je suis poudre et cendre :
>
> Comme un fétu poussé par la rigueur du vent,
> Tu me peux balayer, et réduire à néant,
> Hé! ne me laisse pas aux abîmes descendre.

Marie de Brabant traduisit en vers *le Cantique des Cantiques* et fit une très osée *Épître aux Bombancières.* Celle que chanta Jacques Grévin dans ses *Amours d'Olimpe,* Nicole Estienne, de la famille des imprimeurs, féministe, fit une *Défense des femmes* en prose, puis des *Misères de la femme mariée,* stances didactiques qui sont encore d'actualité, et, enfin, une *Réponse aux stances du mariage* de Philippe Desportes. La querelle des Amies de cour se poursuivait.

Sous le signe de la prose poétique, la Lyonnaise Jeanne Flore a sa place ici avec ses *Contes amoureux,* et plus encore Hélisenne de Crenne, traductrice de Virgile, mais surtout auteur du premier roman sentimental en français, *les Angoisses douloureuses qui procèdent d'amours,* ouvrage autobiographique « avec décoration du style poétique ». A la fin de ce roman, trop chargé de latinismes, se trouve une *Ample narration* où la prose cadencée, lyrique, exclamative, touche au poème.

Amie d'Isaac de Laffemas qui, au XVIIᵉ siècle, écrira des mazarinades, Léonie Camus lui offrira un poème liminaire pour une de ses œuvres en 1605. Le nom de Marguerite d'Auvrelat ne reste que par un dizain, *le Tout d'un Rien,* inséré dans *le Puy du Souverain*

Amour, à Rouen en 1543. Anne de Graville, fille d'un amiral, composa une suite de rondeaux sur le thème de *la Belle dame sans merci* d'Alain Chartier et un roman en vers, *Palamon et Arcitat.* Elle aura un arrière-petit-fils nommé Honoré d'Urfé.

Arrêtons-nous à Madeleine de L'Aubespine (1546-1596) pour reconnaître avec Jeannine Moulin qu'elle « accède même à une poésie cosmique dont l'étourdissante fantaisie présage celle de Théophile de Viau ». Ce ton existait déjà, il est vrai, chez les poètes scientifiques de la Pléiade :

> L'on verra s'arrêter le mobile du monde,
> Les étoiles marcher parmi le firmament,
> Saturne infortuné luire bénignement,
> Jupiter commander dedans le creux de l'onde.
>
> L'on verra Mars paisible et la clarté féconde
> Du soleil s'obscurcir sans force et mouvement,
> Vénus sans amitié, Stilbon sans changement,
> Et la lune en carré changer sa forme ronde.
>
> Le feu sera pesant et légère la terre,
> L'eau sera chaude et sèche et dans l'air qui l'enserre,
> On verra les poissons voler et se nourrir,
>
> Plutôt que mon amour, à vous seul destinée,
> Se tourne en autre part, car pour vous je fus née,
> Je ne vis que pour vous, pour vous je veux mourir.

Ronsard voulait qu'elle changeât son nom de L'Aubespine en « Palmes et Lauriers ». Elle reçut dans son salon les poètes de la Pléiade. Rémi Belleau lui dédia une de ses « pierres précieuses ». Philippe Desportes lui adressa une villanelle à laquelle elle répondit sur un ton léger et mondain. Cependant, l'érudit Frédéric Lachèvre dit que ses *Chansons de Callianthe* seraient plutôt d'Héliette de Vivonne (vers 1558-1625) que Desportes a chantée sous le nom de Cléonice, mais on a tranché par la suite en faveur de Madeleine de L'Aubespine.

Henri IV inspira à Catherine de Parthenay-L'Archevêque, vicomtesse de Rohan (1554-1631) une satire, *Apologie pour le roi Henri IV* et de fines élégies. Elle fut l'âme du parti calviniste, une Pasionaria protestante, savante et courageuse, admirée même par ses ennemis. En plein siège de La Rochelle, cette Jeanne d'Arc huguenote fit représenter sa tragédie *Holopherne* pour encourager les assiégés. Elle connut la captivité, traduisit une partie d'Isocrate, composa des élégies sur la mort de quelques personnages.

Auprès de Louise Labé, la poésie des femmes au xvie siècle tint une place prestigieuse, mais les affaires littéraires, comme toutes celles du royaume de France, étaient, et cela durera longtemps, entre mains masculines.

7

A la frontière de deux siècles

Jean de Sponde.

D ANS le foisonnement individualiste, d'autres poètes marquent la transition qui s'opère entre Ronsard et Malherbe. En découvrant Jean de Sponde (1557-1595), Alan M. Boase nous a montré quel poète métaphysicien, digne de John Donne, nous avons eu en sa personne.

Il y a un siècle, ce poète né à Mauléon, fils d'un secrétaire de Jeanne d'Albret assassiné par les Ligueurs, n'était connu que comme un érudit, traducteur d'Homère, d'Hésiode et d'Aristote. Il abjura peu après Henri IV, ce qui provoqua la colère d'Agrippa d'Aubigné dans *la Confession de Sancy* : « Le pauvre Sponde ayant sacrifié son âme pour l'Église a tellement pipé qu'il a vu, avant de mourir, ses enfants aux portes, sa femme au bordeau et sa personne à l'hôpital. » Jean de Sponde mourut en effet misérablement, couvert de dettes, avant sa quarantième année. Il fut estimé d'Honorat Laugier de Porchères, Pierre de Brach et Marie de Gournay.

Mort avant la fin du XVIᵉ siècle, en plein épanouissement baroque, il annonce la métamorphose poétique. Baroque? Précieux? Quand, dans ses *Sonnets de la mort,* il exprime le drame humain mieux encore que ses prédécesseurs, on oublie toute étiquette. Sa rigueur, son sens métaphysique portent ces œuvres graves, nettes, au sommet de l'émotion. Il utilise cette stance d'origine italienne prisée si fort à la fin du siècle, en gardant cette mesure qu'on dira malherbienne, cet ordre qu'on dira classique.

> Ton Mal, c'est ta prison, et ta prison encore
> Ce corps dont le souci jour et nuict te devore :
> Il faut rompre, il faut rompre en fin ceste prison.
> Tu seras lors au calme, au beau jour, a la plaine!
> Au lieu de tant de vents, tant de nuicts, tant de geine,
> Qui battent, qui noircist, qui presse ta raison.
>
> O la plaisante mort qui nous pousse a la Vie,
> Vie qui ne craint plus d'estre encore ravie!
> O le vivre cruel qui craint encor la Mort!
> Ce vivre est une Mer ou le bruyant orage
> Nous menace a tous coups d'un asseure naufrage :
> Faisons, faisons naufrage, et jettons-nous au Port.
>
> Je sçay bien, mon Esprit, que cest air, et ceste onde,
> Ceste terre, et ce feu, ce Ciel qui ceint le Monde,
> Enfle, abisme, retient, brusle, esteint tes desirs :
> Tu vois je ne sçay quoy de plaisant et aimable,
> Mais le dessus du Ciel est bien plus estimable,
> Et de plaisans amours, et d'aimables plaisirs.

Toute son œuvre est le poème continuel, en stances ou en sonnets, de la vie terrestre qu'il connaît et de la vie éternelle qu'il espère. Les deux mots Mort et Vie ne sont pas là pour le jeu des antithèses, mais pour tenter sans cesse une nouvelle définition de l'être. Le poète, dans sa nuit, guette de fugitives clartés, tente des interrogations :

> Tout s'enfle contre moy, tout m'assaut, tout me tente,
> Et le Monde, et la Chair, et l'Ange révolté,
> Dont l'onde, dont l'effort, dont le charme inventé
> Et m'abisme, Seigneur, et m'esbranle, et m'enchante.
>
> Quelle nef, quel appuy, quelle oreille dormante,
> Sans péril, sans tomber, et sans estre enchanté,
> Me donras-tu? ton Temple où vit ta Sainteté,
> Ton invincible main, et ta voix si constante?
>
> Et quoy? mon Dieu, je sens combattre maintes fois,
> Encore avec ton Temple, et ta main, et ta voix,
> Cest Ange révolté, ceste Chair, et ce Monde.
>
> Mais ton Temple pourtant, ta main, ta voix sera
> La nef, l'appuy, l'oreille, où ce charme perdra,
> Où mourra cest effort, où se perdra ceste onde.

Ces *Sonnets de la mort* sont l'aboutissement que ses *Sonnets de l'amour* pouvaient laisser espérer. Dans ces derniers, nous nous éloignons du schéma pétrarquisant où l'on célébrait la dame en disant sa cruelle indifférence. Plus que la belle présente et inaccessible, Jean de Sponde chante l'absence, l'amour de loin. Il exalte sa propre passion par des vers bien frappés, au tracé net, à la démarche haletante accordée aux rythmes terrestres, au mouvement des éléments, à la respiration des corps. D'une expression à l'autre, il construit son dépassement, se hausse vers des sommets où l'amant apparaît aussi grand que son mal, aussi grand que cette mort qui porte l'amour à son comble. Il n'est que le Scève de *la Délie* qui lui puisse être comparé pour sa puissance d'envoûtement.

S'il fait appel à la mythologie, c'est parce qu'elle lui permet des raccourcis de virtuose :

> Je suis cet Acteon de ses chiens deschiré!
> Et l'esclat de mon ame est si bien altéré
> Qu'elle, qui devrait me faire vivre, me tuë :
>
> Deux Deesses nous ont tramé tout nostre sort,
> Mais pour divers sujets nous trouvons mesme mort,
> Moy de ne la voir point, et lui de l'avoir veüe.

Jean de Sponde va plus loin que les clichés de la mort médiévale. Il a des résonances pascaliennes. Il veut lever ces masques portés par les humains qui, pour oublier leur condition mortelle, se jettent frénétiquement dans les plaisirs du monde et jouent l'indifférence. Il demande que la mort soit regardée en face. Sa leçon est celle de la lucidité :

> Qui sont ces louvoyeurs qui s'esloignent du Port?
> Hommagers à la Vie, et felons à la Mort,
> Dont l'estoille est leur Bien, le vent leur Fantasie?
>
> Je vogue en mesme mer, et craindrois de perir
> Si ce n'est que je sçay que ceste mesme vie
> N'est rien que le fanal qui me guide au mourir.

Pour lui, la vie n'est qu'un moment de l'éternité divine. Il faut que l'homme le sache bien pour trouver une réponse apaisante, pour s'éloigner des fausses questions et des hantises que lui vaut sa faiblesse.

Pour exprimer ses idées, dans ses alexandrins martelés, il se fait flagellant à coups d'antithèses sonores, de verbes accumulés, d'allitérations, de répétitions, d'affirmations cinglantes. C'est une poésie qui claque au vent, a des mouvements violents de vagues, les forces qui agitent les âmes tourmentées trouvant leurs correspondances en ampleur dans le rythme des éléments soulevés. D'un mot à l'autre, d'un vers à l'autre, se traduit l'effort de l'homme qui ne peut atteindre à la sérénité qu'au prix d'une lutte énorme et incessante.

Les originalités, chez Sponde, résident non dans les trouvailles verbales et les délicatesses de langue, mais dans l'expression ferme et virile d'une vérité recherchée en tout temps et en tout lieu. En ce sens, ses recherches poétiques sont importantes, et on trouve là, comme l'ont vu Marcel Arland, Thierry Maulnier, Dominique Aury et d'autres, une exploration des régions chaudes de l'amour et des régions froides de la mort qui fait honneur à la poésie française.

Jean-Baptiste Chassignet.

La réforme poétique a commencé bien avant Malherbe. On le constate aussi chez Jean-Baptiste Chassignet (1578-vers 1635), de Besançon qui, encore très jeune homme, donne l'importante somme que constituent 444 sonnets publiés dans *le Mépris de la consolation de la mort,* 1594.

Cette œuvre d'un jeune homme, religieuse, élégiaque, mélancolique, procède gravement, avec monotonie, et la savante facture du vers, l'harmonieuse prosodie font de son auteur un compagnon digne de Sponde ou de Béroalde de Verville, les grands poètes de cette époque transitoire.

La mort physique y apparaît :

> Tantost la crampe aux piés, tantost la goute aux mains,
> Le muscle, le tendon, et le nerf te travaille;
> Tantost un pleuresis te livre la bataille,
> Et la fievre te poingt de ses trais inhumains;
>
> Tantost l'aspre gravelle espaissie en tes reins
> Te pince les boyaus de trenchante tenaille :
> Tantost une apostume aux deus poumons t'assaille,
> Et l'esbas de Venus trouble tes yeux serains.

L'influence de la poésie scientifique est présente, et aussi cette médecine anatomique figurant en tant de magnifiques planches. Mais nous habitons un logis étranger, un corps qui nous est

prêté. Il ne faut point redouter la mort, il faut la regarder luci-
dement, comme chez Jean de Sponde :

> Ainsi en advient il a quiconque demeure
> En la maison d'autruy, mais s'il faut que tu meures,
> Tu deviens aussi tost pensif et soucieus :
>
> Helas aimes-tu mieus mourir tousjours en doute
> Que vivre par la mort? celuy qui la redoute
> Ne sera jamais rien digne d'un homme preus.

Et toujours la conclusion tend vers une réponse affirmative à
cette question : la mort est-elle renaissance et avènement d'une vie
nouvelle?

L'ensemble constitue un chant de foi, de piété, voire d'édification religieuse qui n'atteint pas les dimensions secrètes, métaphy-
siques de Sponde. Parfois même, des démonstrations paraissent
simples, attendues, mais il y a une sorte de franc-penser, de vérité
juvénile qui reste unique. Il n'enveloppe pas d'un voile hypocrite
les vérités charnelles. Il sait se situer, avec une sincérité comme on
en trouve chez François Villon, dans sa faiblesse de créature face
au Divin :

> Tu aimes pureté, je recherche l'ordure,
> Tu aimes la beauté, j'embrasse la laideur,
> Tu aimes le silence et j'aime la clameur,
> Solitude t'agrée et moi la multitude.

Il dit simplement :

> Je chante ici la mort et tel pense d'amour.

Poète de ces deux pôles, sa poésie, comme celle d'un Du Bartas,
est dominée par leur antithèse. Une virtuosité constante ne nuit
jamais à l'approfondissement du sujet. S'il se complaît dans les
images de la mort, comme un poète de danse macabre, il en extrait
tout le suc d'horreur pour conduire son art jusqu'à l'exorcisme.

Plus tard, il écrira des paraphrases, *Sur les Douze petits prophètes,*
1601, *Sur les Psaumes de David,* 1613, *le Cantique des Cantiques,* et ces
œuvres sont dignes de celles du début. Il n'a qu'une ligne, celle de
sa foi. Il transforme ses trésors de vie, sa sensualité en trésors
d'écriture sans jamais les oublier au cœur même de ses exercices
spirituels, permettant ainsi une lecture sans ennui. Malgré
quelques provincialismes, des licences, des anachronismes, sa poésie
souffrante et belle reste un des joyaux du temps.

Béroalde de Verville.

Avec François Brouart, dit Béroalde de Verville (1558-après 1623), fils du théologien protestant Mathieu Béroalde, on accède à d'aussi beaux trésors.

On ne le cite guère qu'avec *le Moyen de parvenir,* livre en prose dont le cadre est celui d'un banquet où des gens de qualité venus de différents milieux et de divers siècles font des récits souvent lestes, drus, et même pornographiques, et se perdent en digressions verbales. Ce livre est un chef-d'œuvre de la littérature post-rabelaisienne. On a tort d'oublier chez Béroalde de Verville le poète de transition, au carrefour de diverses tendances, notamment celle qui va des auteurs de psautiers au Corneille de *l'Imitation.*

Il fit aussi beaucoup de vers d'amour sur le chemin qui va des traditions platoniciennes et pétrarquisantes aux salons précieux : *les Soupirs amoureux,* 1583. Et aussi des poèmes philosophiques : *les Appréhensions spirituelles,* 1584, *De l'Ame et de ses excellences,* 1593, des vers religieux : *les Lamentations de Jérémie,* ou politiques : *l'Idée de la République,* 1584, ou scientifiques : *les Cognoissances nécessaires.* Il se consacra aussi à l'encouragement d'une industrie : *l'Histoire des vers qui filent la soie, la Sérédokimasie,* 1600.

Comme en se jouant, il travaille dans tous les genres, dans tous les mètres, avec facilité, mais a pour défaut d'un peu trop encombrer ses vers d'érudition et de savoir. Il va de l'érotisme à la farce, de la préciosité amoureuse au poème de circonstance, de l'élégante désinvolture à la pesante philosophie, avec une totale liberté et sans oublier les grâces d'un baroquisme allégé. Le sonnet suivant, pour reprendre une expression de la Pléiade, a du « doux-coulant » et est significatif de son talent :

> Je suis faible de moi, je ne suis rien que terre,
> Je suis tôt étonné, et d'un petit effort
> Je péris abattu au vouloir de la mort
> Qui mène dedans moi une cruelle guerre.
>
> Je me meurs, je languis, pensif et morne j'erre
> Par les tristes sentiers de mon contraire sort,
> Et de ma volonté le mutiné discord
> Jusqu'au creux de l'enfer misérable m'atterre.
>
> Je péris en mon mal, mais quand du Ciel Voûté
> Je cherche la lueur en ma calamité,
> Je sens dedans mes os une force seconde.

De la divinité je me sens éclairé,
Sa main m'est secourable, et de désespéré
Me rend fort sur l'enfer, sur la mort, et le monde.

Lorsqu'il se mêle de « belles résolutions philosophiques », ses poèmes de cabaliste sont grands. Et aussi ses œuvres de philosophie religieuse où il se mesure avec la création du monde, comme plus tard Jules Supervielle. Voici un extrait :

Je recherche de tout la forme intérieure,
La matière du monde, et de ce qui demeure
Dessous l'enclos du ciel, et les justes accords
Qui tiennent les esprits arrêtés à leurs corps,
Et volant bienheureux de l'un à l'autre pôle,
Poussé d'un beau désir sur l'air de ma parole,
Je me guinde à ce rien duquel l'éternité
A tiré l'existant de ce corps limité.
Je monte, je descends, et d'une âme ravie
Je cherche tels secrets, sans peine et sans envie,
Et aux opinions n'étant point arrêté,
De nature je dis selon la vérité.

Jean de La Ceppède.

Avec ses *Théorèmes,* 1594, sans cesse complétés, 1613, 1621, Jean de La Ceppède (1550-1622) se situe parmi ces baroques religieux dont le verbe brille comme les dorures d'un autel. Malherbe admira ces poèmes où le sens du sacré s'exprime en sonnets suivis de commentaires. De puissantes traductions des *Psaumes,* des symboles s'exprimant en métaphysique, font penser aux poètes anglais du XVIIe siècle.

515 sonnets composent ces *Théorèmes spirituels* qui forment une méditation christologique proche des Écritures. Un homme pieux livre le fruit d'exercices spirituels en marge de la Bible, un praticien de la poésie savante évite les pesanteurs didactiques grâce à une fraîche imagination. Marcel Arland lui reconnaît « un sens très savant du symbole et un réalisme de primitif ». La Ceppède a un don d'enlumineur en même temps que celui d'un peintre de nature : il sait aussi bien faire naître des visions célestes que des paysages de terre. Suivant son titre, il cherche à convaincre, à démontrer, mais ses théorèmes, si savants qu'ils soient, ne sont pas pour cela logiques et mathématiques. Tout est chez lui transfiguré par son intériorité, par un pathétisme jamais forcé, par la splendeur d'accents gonflés de sève qui sont le fait des meilleurs poètes de la Renaissance, à la fois rigoureux et imagés.

L'espérance sous une robe verte.

Si le Blésois Clovis Hesteau, sieur de Nuysement, se livre aux joies de l'ode ou de la satire ronsardisante dans ses *Gémissements de la France* où une nation souffrante parle de ses enfants criminels, il laissera un temps de silence avant de devenir, au début du XVIIᵉ siècle, un maître de la poésie alchimiste et hermétique : *la Table d'Hermès expliquée par sonnets, le Sel secret des Philosophes, le Poème de l'Azoth des Philosophes.*

Dans ses visions, on assiste à des métamorphoses troublantes, avec des éclairs paisibles d'une réelle beauté :

> La foy marche a ton flanc, d'un voile blanc couverte,
> L'esperance te suit sous une robbe verte ;
> Les yeux doux et riants ; le visage tout feinct ;
> Le chef couvert de fleurs ; la bouche et les mains pleines
> De propos abuseurs et de promesses vaines.

S'il s'adresse à la Déesse, il lui dit les seules faveurs qu'il réclame :

> Mes desirs n'ont d'object que la plume et le livre
> Pour les labeurs d'Hercule et de Jason poursuivre.
> Ton Œil soit mon sainct Herme, et mon phare, et mon nord,
> Et pour guider ma barque au salutaire port,
> Fay qu'au milieu des flots, pour remarque asseurée,
> Quelque jeune Triton sur sa teste azurée
> Eslevant hors de l'onde un gazon verdissant,
> Tesmoigne que les Dieux vont mon cours benissant :
> Comme de leur faveur et de ton secours digne.
> Lors pour juste guerdon de ce bien fait insigne
> Je doreray ta roue ; et le globe roullant
> Que tes pieds immortels pour baze vont foullant.

Agacé par tant de poèmes d'amour, il s'en prend à « cette tourbe usurpant le saint nom de Poètes ». Pourquoi écrire si ce n'est pour chanter « des Dieux l'essence pure, les merveilles des cieux, les secrets de nature » ? Il marque sa distance et ne conçoit de poésie que sous les signes hermétiques. Contre un poète secondaire, Du Gault qui, dans une *Palinodie chimique,* se plaignait des ténèbres qui obscurcissent le Grand Œuvre, il se dresse en défenseur du symbole. Toute son œuvre est un plaidoyer pour l'alchimie contre la charlatanerie. Maître de ce que nous appellerions aujourd'hui parascience, il est plein d'intelligence et de probité. S'il paraît s'éloigner de Du Bartas, de Scève ou de Peletier, à des signes poétiques autant que scientifiques, on découvre une continuité.

Mais Clovis Hesteau inaugure déjà le xviiᵉ siècle, y transplantant avec sa vie une image de cette Renaissance totale des arts, lettres et sciences en une atmosphère où règne une curiosité des poètes, une ouverture à tous les secrets, qui se perdra.

Au cours d'un siècle, nous avons vu mourir le moyen âge et apparaître l'époque classique. Les derniers grands Rhétoriqueurs et l'avènement de Marot, les Lyonnais et la Pléiade, l'épanouissement baroque, la recherche d'un nouvel ordre, il est difficile de faire revivre tout cela dans sa luxuriance et son foisonnement — les mêmes que connaîtra la poésie du xxᵉ siècle.

Que d'audaces, que de passions, que de curiosités, que de recherches savantes! C'est le siècle où la poésie fut prête pour répondre à toutes les exigences : historiques, politiques, sociales, philosophiques, religieuses, sentimentales, individuelles. On y fut voluptueux et on y fit montre de courage. On y fut courtisan et bon soldat. On y fut pédant mais aussi adepte de vrai science. On y fut gourmand de mots, mais avec quel respect pour le langage! Enfin malgré les artifices, on y fut en accord avec la nature. L'ami de la poésie qui saura avoir recours, par-delà ces lignes, à la lecture des œuvres, seul but et seule récompense, n'en finira pas de boire à cette coupe renaissante : elle est inépuisable.

Index

Table